JOURNAL
D'UNE BOURGEOISE

Mme Jullien de la Drôme
née Rosalie Ducrollay.

JOURNAL

D'UNE

BOURGEOISE

PENDANT LA RÉVOLUTION

1791 — 1793

PUBLIÉ PAR SON PETIT-FILS

ÉDOUARD LOCKROY

PARIS
CALMANN LÉVY, ÉDITEUR
ANCIENNE MAISON MICHEL LÉVY FRÈRES
3, RUE AUBER, 3

1881
Droits de traduction et de reproduction réservés.

AVERTISSEMENT

Mademoiselle D....., mon arrière-grand'mère, fille d'un négociant de Pontoise, avait épousé, vers 1774, M. J..... (de la Drôme). Ils vivaient retirés dans un coin du Dauphiné, près de Romans, quand, en 1785, M. J..... amena son fils aîné à Paris où il voulait lui faire faire ses études classiques. La mère, restée un instant seule avec son jeune enfant, ne tarda pas à les venir rejoindre. C'est là que la Révolution la surprit. Elle assista à la réunion des États-Généraux et aux grands événements de cette époque, événements auxquels son mari devait se trouver bientôt mêlé.

Quand la Constituante eut voté sa dissolution, M. J..... repartit pour le Dauphiné. Les électeurs l'y nommèrent député suppléant à l'Assemblée législative. Il paraît avoir passé presque tout le temps de cette suppléance à Romans où le retenaient, à la fois, des affaires de famille et des intérêts politiques. Sa femme lui écrivait presque tous les jours. Elle écrivait en même temps à son fils aîné, dont elle avait été obligée de se séparer, et qui était allé terminer son éducation à Londres. Plus tard, M. J....., nommé député à la Convention, revint à Paris. La mère continua d'écrire à son fils en Angleterre d'abord, puis à Toulouse où le gouvernement de la République l'avait chargé d'une mission. La réunion de toutes ces lettres compose le présent volume.

Madame J..... (de la Drôme) ne pensait pas qu'on publierait jamais sa correspondance. Elle n'écrivait pas pour le public, mais pour les siens. Demeurée seule à Paris, elle voulait les tenir au courant de ce qui s'y passait d'important et de remarquable. Pour eux, elle allait aux Jacobins, au jardin des Tuileries, à l'Assemblée ; elle résumait les discours, elle décrivait les fêtes ou les émeutes, elle se mêlait aux mouvements populaires. Menant une vie très austère, d'ailleurs, ne recevant personne, elle paraît avoir eu pour unique société une vieille bonne, nommée Marion, qui l'aidait à élever son dernier enfant presque toujours malade et menacé. Ses lettres ont l'attrait de causeries intimes. Tout en racontant les événements du jour, elle demande des conseils à son mari et elle en donne à son fils. Elle leur fait part de ses espérances et de ses craintes. Elle mêle la politique à ses affaires de famille, et cela tout simplement, parce qu'elle sait ne pas être lue et parce qu'elle ne veut parler qu'à ceux qui la connaissent et qui l'aiment.

Elle s'était mariée tard. A l'époque où elle écrivait ces lettres, elle avait déjà de quarante à quarante-cinq ans. C'était, comme on verra, une personne fort instruite. Elle savait le latin, l'italien, l'anglais et elle connaissait à fond la littérature classique. Son style se ressent de l'influence de Rousseau et des grands écrivains du XVIIIe siècle : il est loin, cependant, d'être impersonnel. C'est celui d'une honnête femme et d'une mère passionnée qui raconte tout ce qu'elle voit dans l'émotion du premier moment, et qui, n'ayant rien à cacher, parle en toute liberté et à cœur ouvert.

Toutes ses lettres, en même temps qu'un livre

de compte dont on trouvera deux extraits dans les notes qui accompagnent le volume, me sont parvenues avec d'autres papiers de famille. J'ai scrupuleusement respecté le texte; j'ai tenu à conserver aussi quelques lettres de M. J..... (de la Drôme) qui se trouvaient mêlées aux autres. Enfin, je n'ai point supprimé la première partie de la correspondance, qui date de 1785 et qui n'a point trait à la politique. Toute cette partie-là, d'ailleurs très courte, m'a semblé curieuse en ce qu'elle peint rapidement et sous de vives couleurs la vie paisible et gaie que menaient dans leurs provinces ceux qui allaient jouer un rôle dans les grandes tourmentes révolutionnaires ; c'est une sorte d'introduction nécessaire pour connaître la femme qui a écrit ces pages et les idées familières à la société qui l'entourait au moment où le drame allait commencer.

Le point de départ de l'auteur est peut-être un peu loin de son point d'arrivée; c'est qu'il s'est passé dans l'esprit de Mme J..... ce qui s'est passé dans l'esprit de la nation. La logique irrésistible des faits l'a d'abord amenée à la République. Son patriotisme l'a ensuite poussée dans les rangs du parti Jacobin. Les événements qu'elle commente, et qu'elle raconte au jour le jour, expliquent la marche de ses idées. Elle a été tout droit là où il lui apparaissait qu'était le salut. C'est en voyant les périls que faisaient courir à la chose publique l'invasion d'une part, les conspirations monarchiques de l'autre, qu'elle s'est ralliée aux seuls hommes assez énergiques pour protéger la démocratie contre les ennemis de l'intérieur et la France contre l'Étranger.

Et c'est précisément parce qu'elle a appartenu à un parti depuis odieusement et systématiquement calomnié; c'est précisément parce que les siens ont été attaqués même par des historiens équitables d'ordinaire, que j'ai cru devoir publier sa correspondance. Je l'ai fait par respect pour sa mémoire et par affection filiale; je l'ai fait aussi dans l'intérêt de la vérité historique souvent volontairement altérée. Un livre, si humble qu'il soit, appartient à l'histoire quand il nous fait connaître les opinions, les mœurs, les idées, ou même les craintes d'un groupe d'hommes dont l'influence sur les destinées du pays s'est trouvée, à un moment donné, prépondérante. Et puis, il m'a semblé que ce ne serait peut-être pas, aujourd'hui, un tableau inutile à présenter au public que celui de cette famille jacobine, si profondément honnête, si ardemment française, groupée autour d'une femme supérieure qui n'aime dans le monde entier que son mari, ses deux enfants et plus qu'eux encore, peut-être, la Patrie.

Édouard LOCKROY.

JOURNAL
D'UNE BOURGEOISE

I

Romans, 20 septembre 1785.

Mille grâces, mon bon Jules [1], de ta charmante petite lettre et de tous les détails de votre voyage. J'avais besoin de cela pour dormir des deux yeux. Imagine-toi, mon petit, que l'ennui m'a chassée de ma retraite, et que je suis venue tout exprès à la ville hier, pour être plus à portée de recevoir ta lettre. Aujourd'hui je la tiens, cette chère lettre, et j'ai déjà lu et relu les précieuses assurances de ton amitié. Je t'écris de mon nouveau petit cabinet. Ma chambre est toute arran-

1. Son fils avait dix ans et demi, et venait d'arriver à Paris avec son père, pour y faire ses études.

gée. La bonne Thérèse y travaille en silence et ton petit Auguste [1], qui est devenu enfin sage, joue sans faire de bruit. Tes tantes et ton oncle se sont rassemblés à l'heure du courrier, et je leur ai communiqué ce que tu m'écris, avec des larmes de joie et d'attendrissement. J'ai, sur-le-champ, envoyé chez nos amis Miques, pour leur apprendre votre bonne arrivée et la bonne arrivée de ta lettre; car je n'ai encore vu personne. Mon goût pour la retraite est fortifié par ma tristesse, et j'aime mieux penser librement à vous, que de me livrer à la société. Je me propose pourtant d'aller voir madame N... l'un de ces jours. Elle est venue passer une grande journée à mes Délices, et elle m'a bien répété combien elle aimait mon bon Jules. Mon ami, tes tantes, ton oncle, ton frère, nos servantes, notre domestique, nos grangers, tous t'appellent *le bon Jules*. Voilà un surnom, mon fils, qu'il faut toujours mériter. C'est le plus flatteur et le plus aimable de tous les titres. Sois bon, mon fils, gagne tous les cœurs, gagne celui de tes supérieurs par ta soumission; celui de tes camarades par ta complaisance, et surtout attache-toi à ton cher oncle. Souviens-toi, mon ami, de tout ce que je t'ai dit, la veille de notre séparation.

[1]. Son second fils

Tu m'as fort priée de te donner des détails, et cette partie de ma lettre est la plus difficile ; car rien n'est intéressant pour moi, depuis votre départ. Je vais, je viens, avec une distraction ennuyée. Plus d'études ; des lectures peu suivies. Je fais le journal de ton frère exactement, et je lui fais lire tous tes cahiers de 1784. Plus de Berquin, plus d'autres lectures que nos souvenirs de famille et il s'en amuse beaucoup. Il a lu aujourd'hui ta lettre, et il s'y est vu nommé avec plaisir. Mon Dieu, ne l'oublie jamais ! Il croit que tu ne l'aimes pas, quand tu ne mets pas son nom en toutes lettres. Nous parlons souvent de vous ensemble. Hier, nous avons été seuls, de ma nouvelle habitation, jusqu'auprès du parc, tout en causant de vous. Ce matin, encore une promenade. Je n'ai point d'autre détail à te faire. Nous nous promenons et nous parlons de vous ; nous parlons de vous et nous nous promenons : ces deux choses sont nos plus agréables occupations. Le reste ne vaut pas la peine d'être compté.

Je te prie, mon bon Jules, de faire tes lettres de manière que ton papa n'y puisse pas mettre un mot. Quand il se verra contraint à prendre une nouvelle feuille de papier, il la remplira, j'en suis sûre ; et toi, mon bon ami, remplis complètement les tiennes. Tous les nouveaux objets qui frappent tes yeux doivent fournir des matériaux à ta plume. Parle-moi beaucoup de tes jeunes amis. Fais des portraits, entretiens-moi de leurs caractères, de leur esprit, de vos jeux, de vos conversations et, bientôt, de vos occupations. Fais-toi aimer surtout ; et cela veut dire : Sois bon et aimable. Je t'embrasse.

II

Aux Délices [1], jeudi 29 septembre 1785.

Les objets nouveaux qui environnent mon fils ne m'effacent donc pas de sa mémoire, et les agréments de sa nouvelle position ne lui font pas oublier la simplicité de nos plaisirs champêtres. Je te reconnais, mon cher Jules, à ces traits qui marquent un bon cœur ; et les tendres regrets que tu me témoignes redoublent encore les miens. Je n'ai plus de plaisir dans ces champs où nous étions si heureux ensemble. J'y marche, la tête penchée, dans une contenance triste ; et le soleil brille en vain de toute sa force. Mon imagination forme des nuages, qu'il ne peut percer, et je sais, par entendre dire, qu'il fait le plus beau temps du monde.

1. Maison de campagne au village de Pisançon.

Mon bon Jules, une seule chose peut me consoler de tant de peines, ton application à l'étude. Travaille avec ardeur, mon enfant ; souviens-toi des tendres recommandations de ta mère et surtout pratique les aimables vertus que nous avons toujours cherché à t'inspirer. Fais-toi aimer de tout le monde ; rien de plus doux que d'être aimé. Songe aussi, mon bon Jules, à tout ce que tu dois à l'Être suprême, pour t'avoir donné l'existence, pour t'avoir donné de bons parents, pour t'avoir déjà comblé de faveur. Prie et aime Dieu de toutes les forces de ton jeune cœur. Sois pieux et recueilli dans tes exercices de dévotion. Avec combien de larmes je demande tous les jours au ciel des vertus pour mon fils ! Fais qu'il exauce mes prières, en y joignant les tiennes. Sois bon et vertueux ! Je te répéterai cela dans toutes mes lettres. Je ferai ce vœu à tout moment. Je ne souhaite que ce bien pour mon Jules, et je suis sûre qu'il en connaît déjà le prix.

Ton bon papa va donc demeurer auprès de toi au collège. Quel sacrifice nous te faisons, mon cher Jules, et que ta tendresse doit redoubler pour ce bon papa, en pensant à toutes les preuves qu'il te donne de la sienne ! Sous quels heureux auspices tu vas commencer cette carrière ! Songe à ne pas rester le dernier dans la lice ; et pense à la joie que tes succès feront à ta bonne mère.

Mais j'ai tant de choses à te dire encore, pour satisfaire ta curiosité, qu'il faut passer bien vite aux détails. Nous avons fait vendange, et nous n'avons eu que vingt bannes de raisins. Les orages sont si communs et si terribles de nos côtés, que nous ne sommes pas les seuls maltraités. Dimanche, la grêle a ravagé le canton de Genissieux, et raisins et blés noirs ont été abîmés. Ton pauvre cousin François y perd sa belle part. Sa vigne, prête à vendanger, a été vendangée par la grêle.

Mademoiselle Reine Servan, mademoiselle Félicité de M..., deux demoiselles P..., tes deux tantes et le chevalier sont venus, dès le matin mardi, pour passer gaiement la journée en campagne. Ils arrivèrent à 9 heures du matin, dans notre char des *Délices.* Après un supplément au premier déjeuner, nous sommes allés au château de Tendillon. On a couru sur les cartes de géographie. On a causé, on est revenu aux *Délices*, où le dîner était servi. La Manon s'était surpassée. Deux jolis services, pâtisserie, crème, pain aux truffes, entrée, rôti, rien n'y manquait ; et pour le dessert, une bouteille de vin de Lunel, qui mit si bien en train nos jolies demoiselles qu'elles se mirent à chanter et à danser assez longtemps. Après une partie de loto, après un tour aux vendanges, que j'avais ajustées pour ce jour-là, elles ont rempli une banne. Et puis, autre plaisir : nous sommes allés par les charmants ruisseaux du Riousset dans notre prairie, où la troupe folâtre a dansé un branle. De là, nous avons été nous asseoir au bout du Parc. Mademoiselle Félicité, qui a une belle voix, a chanté avec ta tante. Les échos du voisinage, habitués à n'entendre que des sons plaintifs, se sont bien réjouis. Ils ont répété de bon cœur les éclats de rire de la bande joyeuse. On a fait des courses du haut de la prairie au bord de l'Isère. J'ai soupiré de n'avoir pas mon cher Jules dans une fête si convenable à son âge, et je suis restée plus d'une fois à vingt pas de la troupe avec le chevalier, méditant et pensant à mes plus tendres amis. Ton frère a lu ta lettre à ces demoiselles de fort bonne grâce. Mademoiselle Flavie, l'aînée des P..., lui a donné une bonbonnière avec un petit enfant peint dessus et cette devise : « J'aimerai toujours. » Il ne voulait ni de la boîte, ni des bonbons, parce qu'on lui disait qu'il était engagé par là à être le petit mari de la Flavie. Chaque fois qu'on parlait mariage, il rendait la boîte. Cette folie a bien fait rire, et la boîte lui est restée. Mais elle ne lui fait pas oublier ta lettre et ton image qu'il préfère à tout. Au retour de notre promenade, à 6 heures du soir, nous trouvons une jolie collation préparée, et mes jeunes demoiselles, qui avaient fait de l'exercice, ont mangé là, comme si c'eût été le premier repas de la journée. Après cela, adieu paniers, vendanges sont faites. Le char est attelé de nouveau. Maître Joseph remmène la jolie compagnie où il l'avait été prendre.

J'oubliais de te dire que, pour faire honneur au vin de Lunel, on a bu à la santé de M...., de M. Servan [1] et de M. Jules. N'es-tu pas bien aise de voir ton petit nom associé à ceux de ces grands hommes? Je souhaite qu'il en soit digne un jour.

Marche à pas de géant; travaille, étudie, force-toi. Songe que tu combleras de plaisir cet excellent père qui quitte tout pour ne pas quitter son fils. Songe au plaisir de ta mère, et que ta bonne petite âme s'échauffe un peu au beau feu de la gloire. Je te parle comme à un homme, mais n'es-tu pas habitué au langage de la raison? Ton cœur te fait tout entendre. N'étais-tu pas ici mon ami, mon petit confident, mon homme d'affaires? Adieu, mon Jules, embrasse pour moi, mille et mille fois, mon ami par excellence. Tu le connais.

1. M. Servan, avocat général au Parlement de Grenoble, savant publiciste, écrivain distingué, frère du général Servan qui fut, en 1792, ministre de la guerre.

III

Aux Délices, mardi matin 8 novembre 1785.

Quoique je ne fusse pas fâchée de ton silence, mon cher Jules, parce que ton papa m'avait instruit de sa cause, je suis néanmoins charmée de le voir rompu, et je t'engage à dérober ainsi, de temps en temps, un moment à tes occupations, pour réjouir un peu le cœur de ta bonne mère par cette marque de ton amitié.

J'ai véritablement besoin de consolation et d'encouragement, dans la misérable situation où je me trouve, par l'éloignement de mes plus chers amis. Tu ne saurais croire combien je souffre ; et le temps, loin d'adoucir cette plaie, la rend plus douloureuse et plus profonde.

Mon bon Jules, mon pauvre Jules, il y a aujourd'hui deux mois et trois jours que je ne t'ai parlé, que je ne t'ai embrassé ; et ton papa, n'est-ce pas de la même date que nous sommes séparés ? Mais je veux étouffer un peu toutes ces idées et retenir ma sensibilité dans les bornes de la modération.

Profite, mon cher ami, des avantages de ta nouvelle position pour acquérir de la sagesse et de la science, et mon sacrifice me deviendra moins cruel.

Tu me parles bien de tes occupations; mais tu ne me dis pas si elles te sont agréables et si tu te trouves heureux dans ce nouvel ordre de choses? De quel œil te regarde ton professeur? Tâche, mon bon ami, de répondre à ses soins, et surtout sois-en reconnaissant. Gagne son cœur par ton application; et celui de tes camarades par ta douceur et ta complaisance.

Qu'on reconnaisse dans mon Jules l'enfant d'un père vertueux et d'une mère douce et sensible.

Mon cher enfant, quel père le ciel t'a donné dans sa faveur! Aime-le et imite-le; et tu feras et tu seras tout ce que peut souhaiter ta bonne mère. Parle-moi souvent de ton papa : parle-m'en toujours. Comment se porte-t-il? Que fait-il? Que dit-il? Suis-je continuellement dans votre pensée, comme vous êtes dans la mienne? Vous occupez-vous de moi, comme je m'occupe de vous? Me rendez-vous le sujet de vos entretiens, comme vous l'êtes sans cesse des nôtres? Mon Dieu, que je vous aime! Ce sentiment est si vif dans mon âme, qu'il faut qu'il s'en exhale à tout moment.

Nous sommes à la campagne, depuis jeudi. Les brouillards, la bise et le froid nous y tiennent renfermés, comme à la ville, et nos champs sont dépouillés de tous leurs charmes. Nous ne te désirons plus pour courir, nous sommes tapis au coin de notre foyer, où nous mangeons des marrons de Bellevue, et jamais sans dire : où sont nos amis ? Pourquoi n'en mangent-ils pas avec nous ? Auguste le dit quelquefois de son propre mouvement. Il fait de petites suppositions tout à fait drôles. Il vous fait arriver à l'improviste. Il sait fort bien tout ce qui en résulterait. Il dépeint les transports de joie, les embrassements, il dit les paroles de tendresse convenables à la circonstance. Enfin, il fait des scènes de sentiment tout à fait gentilles et qui me vont droit au cœur.

..... J'ai le cœur malade et toujours malade, quoique le corps soit en assez bon état.

Je suis inquiète de vous, six jours de la semaine ; et le septième, qui est celui du courrier, j'ai la fièvre de peur, jusqu'au moment où il arrive.

Mon Jules, je te recommande de surveiller ton papa, pour qu'il ne manque pas de m'écrire ; et toi, écris à ta chère Clarisse. Elle brûle d'impatience de recevoir une épître de son neveu. Écris à madame Nuquet, et je te pardonnerai une petite lacune dans notre commerce, en faveur de ces chères personnes. Tu apprends donc le grec ? Apprends bien des choses ; applique-toi à tout, je t'embrasse en faveur du grec, et je te dis en latin : *diligo meum filium*. Pour moi, je n'apprends plus rien, et je fais autant de progrès dans l'ignorance que tu en fais dans la science. Je ne fais rien apprendre à ton frère que *deux et deux font quatre*, et qu'un enfant faible doit obéir à un être fort. Il est doux et soumis, quoique libre et gai; j'en suis contente. J'écris tous les jours sur son journal, et il lit beaucoup. Voilà tout. Il t'envoie mille baisers. Voilà une de ses idées; il a cherché de quel côté était Paris, il s'est tourné au Nord, et avec sa petite main il t'a jeté les mille baisers au gré de la bise qui les porte justement au point opposé de leur destination, en Afrique ou dans le grand Océan.

Adieu, aie soin de ton papa, comme de mon meilleur ami. Engage-le à manger, à dormir, à se reposer, à se promener, à être heureux, à m'aimer : enfin, aime-le toi-même avec ma vive sensibilité, et dis-le-lui, et prouve-le-lui sans cesse. Pense à moi, souviens-toi d'Epaminondas et de Coriolan, qui avaient un double plaisir à bien faire, en considération de la joie qu'ils feraient à leur bonne mère. Quelle sera la mienne de tes succès dans tes études et de ton avancement dans la sagesse ! Sois bon et vertueux, mon Jules ; ce sont les derniers mots que j'ai prononcés dans le triste adieu que je te fis, il y a deux mois, et ce sont les premiers vœux de mon cœur. Sois bon et vertueux ! Songe de bonne heure que les succès les plus brillants, les plus grands avantages de l'esprit, ne valent pas même les vertus obscures et les trésors cachés dans une belle âme. Sois bon et vertueux. C'est tout ce que je souhaite à mon fils, et tout ce que j'aime le plus à lui dire. Adieu, mon ami, mon cher fils, mon bon Jules, adieu.

IV

Romans, 6 septembre 1789 [1].

Tu m'as écrit deux charmantes lettres, mon cher enfant, et je te remercie de tout le plaisir que tu m'as donné. Je l'ai fait partager à tous nos amis, qui te chérissent bien tendrement et qui me chargent de t'en assurer.

Les troubles de Paris et l'embarras dans lequel ils mettent l'Assemblée nationale ont quelque chose de bien effrayant. Cependant je conserve toujours les plus douces espérances. Tout ce qui, jusqu'à présent, nous menaçait des plus grands maux, nous a procuré de grands biens : et j'aime à me flatter qu'il en sera de même dans cette

---

[1]. Son fils qui avait alors quatorze ans et six mois était resté à Paris tandis qu'elle avait été faire un voyage à Romans.

occasion. Nos courageux représentants, après avoir bravé les foudres du despotisme, ne se laisseront point intimider par les clameurs d'une multitude effrénée ; et, si elle voulait se porter à des excès dangereux, le héros qui est à la tête de la milice parisienne [1] saurait bien les réprimer. Tout est fort tranquille maintenant dans notre province et dans celles que j'ai traversées pour venir ici ; mais il y a eu bien des châteaux brûlés, et, ce qui est bien plus cruel, il y a eu un grand nombre de paysans massacrés par les soldats de milice bourgeoise, ou immolés par la main du bourreau. Ces infortunés, trompés par de faux édits qu'on leur faisait lire, croyaient obéir aux ordres du roi, en brûlant les châteaux et les titres de leurs seigneurs. Si jamais coupables furent dignes d'indulgence, c'était certainement ceux-là. Cependant, on les a traités avec la dernière barbarie. Tout cela est bien déplorable ; mais quand on connaît les hommes, leurs passions et leurs préjugés, on s'en afflige bien plus qu'on ne s'en étonne.....

1. M. de la Fayette.

V

A SON MARI.

Paris, mardi 1ᵉʳ juin 1790.

C'est comme qui dirait un coup d'épée dans l'eau. Je ne sais où vous êtes, je ne sais où vous prendre ; mais il faut que je vous écrive pour soulager mon cœur de ses ennuis. Il faut vous dire une pauvre petite tendresse pour exister un peu plus à l'aise et ne pas étouffer tout à fait, faute de parler. Si par hasard vous êtes à Pisançon ce soir, eh bien, mon ami, je vous y embrasse de toutes mes forces ; je vous y assure de ma vieille et forte amitié qui a commencé là et qui ne finira nulle part. Je vous comble de caresses pour moi et mes enfants, et je vous engage à revenir sur l'aile du vent, nous sommes comme des corps sans âme, quand vous n'êtes pas au milieu de nous. M. Boucly[1], qui donne à dîner, jeudi Fête-Dieu, à MM. Barnave, Monnier, Charles Lameth, donnerait je ne sais quoi pour que vous fussiez un de ses convives. Il a dit là-dessus à Jules tout ce qu'on peut de plus flatteur. Enfin, si ma lettre arrive à temps et que votre philoso-

1. Professeur au collège de Montaigu à Paris.

phie ait la bonté de fléchir aux pieds de votre patriotisme, vous ne verrez pas cela d'un œil indifférent, et vous pourriez, n'ayant aucune affaire, vous procurer ce plaisir. Je crois que les écoliers du collège de Montaigu préparent des couronnes civiques pour ces braves défenseurs de la liberté.

Votre lettre à M. Servan est imprimée sans nom d'auteur et fait la plus vive sensation. Les S... ont eu des aventures singulières. Réfugiés chez M. de Montelegien à G***, ils ont été investis par des paysans qui suspectaient fort ce château d'être un repaire d'aristocratie. Le fameux baron a requis notre municipalité pour donner des ordres à sa troupe. Sur le refus de M. F... on a menacé de lui faire sauter la tête, et notre brave a dit qu'on le hacherait par morceaux, plutôt que de lui faire signer un ordre contraire aux décrets de l'Assemblée nationale et à la sainte humanité ; qu'il fallait aller là désarmé et faire entendre raison aux paysans. Comme les autres Municipaux ont signé, la troupe a marché ; mais, tout s'est passé doucement. Pas une goutte de sang répandu ; pas un coup de fusil même en l'air. On en a été quitte pour la peur, de part et d'autre, et M. S... avec sa femme ont été ramenés à Romans avec sûreté et tranquillité. Le canonnier de V..., qui n'a pas voulu tirer sur le peuple, a passé à Romans, parce qu'il a reçu son congé. Ses camarades l'ont conduit jusque-là avec pompe et au bruit de la musique militaire. La troupe du faubourg l'a reçu avec les plus grands honneurs. Il a traversé la ville, couronné de laurier ; on lui a donné un repas superbe. Les officiers municipaux, F... à la tête, ont apporté cinquante bouteilles de vin exquis, pour boire avec la troupe et la régaler. Ils ont trinqué avec le canonnier et tous les braves. Enfin, cette fête patriotique, donnée dans le jardin de la cure du péage, était si attendrissante et si belle que toutes les femmes pleuraient de joie et de plaisir. Le canonnier a été reconduit par la troupe jusqu'à la première municipalité, où les mêmes honneurs l'attendaient. Il va se rendre, honoré et escorté ainsi, jusqu'à sa destination. Voilà une grande leçon donnée aux soldats qui refusent de verser le sang de leurs concitoyens...

Vendredi, M. de Saint-Priest a demandé à l'Assemblée 2 millions 645,000 livres, pour le premier mois de l'armement des quatorze vaisseaux.

Samedi, M. Necker a paru dans le Sénat, où il a parlé deux heures, en étalant les ressources infinies du royaume. Il a fait un tableau superbe des finances. La recette et la dépense de 1790, non seulement seront de niveau, mais laisseront douze millions dans les coffres. Il a terminé par des plaintes sur des troubles qui agitent ce royaume, et il a fait sentir que le pouvoir exécutif remis en vigueur ferait cesser au même moment ces secousses terribles qui nous désolent. Puis on a lu une proclamation, douce comme miel, signée *Louis*, qui veut, entre autres choses, que la cocarde nationale soit portée et honorée dans toute l'étendue de son vaste empire. Dimanche matin, notre bon roi, monté sur un beau cheval, presque seul, a été des Tuileries au Champ-de-Mars pour passer une revue de 4,000 soldats citoyens. Il a complimenté M. de La Fayette. Il a fait adresser des félicitations charmantes à la troupe : il était gai et content comme un roi. Le peuple était enivré ; les *Vive le Roi* partaient du fond de tous les cœurs. Ouvrons l'histoire d'Angleterre; sondons l'esprit humain, et puis, le champ est ouvert aux réflexions.

VI

Paris, 1790.

L'adresse envoyée au roi par le commandant général de la garde du Dauphiné, le ci-devant pseudo-baron de Gillier, était insidieuse et rampante. C'est pourquoi elle a été distinguée et prônée par les ministres, qui ont présenté à Sa Majesté cet hommage servile comme l'expression fidèle du dévouement parfait de tous les braves citoyens soldats de la province.

Cependant le baron seul, ou son faiseur, avaient fabriqué cette pièce furtivement ; et, quand elle a été produite au grand jour, le venin a été si promptement découvert par les clairvoyants, qu'elle a suscité un orage patriotique dont le baron ne s'est mis à l'abri qu'à la faveur d'une équivoque. Il a donné des interprétations favorables à ce qui en était susceptible ; il a séduit quelques criailleurs publics pour défendre le reste, et notre brave Janus, au double front, s'est flatté, par cet artifice, de pouvoir paraître fin courtisan à la Cour, et bon patriote en province.

Aujourd'hui qu'il a reçu des félicitations de la part de Sa Majesté et que le ministre adoré a joint à cette insigne faveur deux lignes de sa main adorable, notre Janus oublie son double visage, et se montre tel qu'il est. Mais les bons et vrais patriotes disent, à Romans, ce que la renommée, avec ses cent bouches, répète partout : que la faveur qu'a reçue cette adresse prouve justement son hypocrisie et sa lâcheté ; qu'elle tend à induire le roi dans une erreur funeste et qu'elle peut causer d'horribles divisions parmi de braves citoyens.

Autre incident : M. Mercier, journaliste, littérateur, patriote, excellent écrivain, et dans les excellents principes, a l'audace d'attaquer le chef-d'œuvre aristocratique du baron ; celui-ci a déjà fait gémir la presse de ses plaintes. Il a oublié sans doute que les vaillants et généreux Parisiens ont rasé ces tours formidables de la Bastille qui ont servi tant de fois de tombeaux à des citoyens innocents et malheureux, dont le grand crime était souvent une irrévérence toute pareille à celle dont M. Mercier vient de se rendre coupable.

M. le baron devrait savoir, cependant, que le grand distributeur de lettres de cachet n'est plus et que nous avons à sa place un honnête procureur général de la lanterne. Il a regardé de près, M. le baron; il prétend que ce baron est au moins *impartial*, et il doit, dans son premier numéro, le dire à toute la France.

Ce procureur général de la lanterne jouit partout d'une brillante réputation. Son nom est *Camille Desmoulins;* le titre de son journal : *La révolution de France et de Brabant;* son genre, l'Epigrammatique.

Il répand le sel attique à pleines mains, et son caractère est neuf autant qu'original. C'est de la gaieté française avec de la fermeté romaine.

Monsieur le baron peut compter sur la fidélité, la force et la finesse de son pinceau, pour rendre les nuances les plus délicates de l'*impartialité*.

J'avertis néanmoins l'intrépide Desmoulins de

trembler; car, quoique le ci-devant pseudo-baron de Gillier, dans son adresse au roi, n'ait pas daigné faire la plus légère mention de l'auguste Assemblée nationale qui reçoit chaque jour les hommages de toute la France, il vient d'écrire à M. le Président pour dénoncer le téméraire, l'insolent Mercier, qui n'a pas eu la civilité d'être dupe de l'adresse politique du baron dans son adresse au roi. Il a fait parvenir aussi une instruction sur cette importante affaire à M. de La Fayette, afin qu'il le venge de la véracité et de la pénétration de nos journalistes patriotes ; et il a consigné ses hauts faits dans la feuille de son pays. M. Brissot de Varville est prié de les publier dans la sienne, afin de ne rien dérober au baron de toute sa gloire. Ma lettre ne vaut pas la peine d'y être insérée ; mais sur ce, je vous prie, faites un petit article patriotique, qui soutienne et encourage les braves citoyens de Romans.

VII

Le jour de Pâques, à 8 heures du matin, 1790 [1].

Bon jour, bonne œuvre, mon cher petit ; je sais

---

1. Son fils était allé à Courcelles, près Pontoise, passer les vacances des fêtes de Pâques dans une famille amie de la sienne.

que tu n'aimes pas qu'on laisse tes lettres sans réponse, et tu vois avec quel empressement et quelle exactitude je viens t'épargner cette petite mortification.....

J'ai vraiment eu du plaisir à voir, mon bon ami, combien vous en aviez vous-même dans le riant séjour où vous êtes. Marque bien à madame P... toute la reconnaissance que je lui ai des soins qu'elle veut bien prendre d'Auguste et de toutes les bontés qu'elle a pour vous. Je suis ravie de vous sentir tous deux auprès d'elle, et j'ai une telle idée de l'excellence de son cœur qu'il me semble qu'elle vous traite, ni plus ni moins, comme ses propres enfants. Cette bonne pensée me fait trouver mon oreiller moins dur, et j'y attrape le sommeil, en songeant à toutes les douceurs que vous goûtez auprès d'elle. Dis en confidence à cette dame, que je regarde comme une de nos véritables amies, que je fais bien ma pénitence de m'être refusée à cette jolie partie. Je serais avec vous et avec elle. Cela vaudrait mieux que ma solitude; mais il fallait faire ce sacrifice, et, dans tout autre temps, je m'en garderais comme du feu, car j'éprouve un ennui insupportable. J'ai passé enfin la moitié de votre absence; voilà trois jours pleins derrière moi, et le temps me pèse si bien sur les épaules que je regarde comme miraculeux qu'ils soient passés.

Encore trois jours, et nous sommes ensemble.

Sais-tu bien que j'ai un petit reproche à te faire : tu ne me dis pas un mot sur ton papa. J'aime tant qu'on me parle de lui, que je n'ai pas trouvé ta lettre achevée, par cela seul qu'elle ne me disait pas : mon papa t'aime bien, mon papa est ici, il fait ceci, cela ; les petits détails ont une grâce infinie, quand on parle à ses amis ; et il fallait m'entretenir de mademoiselle Adélaïde, de Pauline et de tous vos jeux ; mais vous finissez toujours court, vous autres grands et petits hommes, et vous ne savez pas dire des riens.

Je suis bien aise qu'Auguste se porte bien. Je crois que j'ai bien fait de le laisser avec vous. Ménage-le bien et songe à te rendre son Mentor, et qu'il t'obéisse. J'avais dans la tête qu'il m'écrirait une petite lettre bien tendre ; mais il l'a peut-être fait, et je vais la recevoir aujourd'hui. Je ne te dis pas, mon cher Jules, de te bien comporter, parce que je compte sur ta sagesse et surtout sur ton bon cœur, qui est le meilleur guide, parce qu'il inspire des attentions et une politesse bienfaisante. Adieu.

VIII

DE M. J... (DE LA DROME), A SON FILS.

9 mai 1791.

Tu m'as écrit une lettre charmante, mon cher enfant, et ton père croit te devoir remercier du plaisir et de l'honneur qu'elle lui a fait. Je l'ai lue à tous mes amis, et il n'en est aucun qui ne m'ait félicité avec attendrissement du bonheur d'avoir un fils comme toi. Cher bon ami, tandis que tant d'enfants dégénérés tirent vanité du mérite de leurs aïeux, moi, père inutile au monde, je le sais, je ne puis me glorifier que du mérite de mon enfant. Ce n'est pas de ton style dont je veux parler, quoiqu'en général il soit pur, noble et élevé comme ton âme; c'est de tes sentiments, c'est de ton énergie patriotique; c'est surtout de cette chaleur que tu mets dans l'amitié et dans la défense de la justice. Je me félicite de l'attachement qu'a pour toi M. Euvy[1], mais je le félicite de celui qu'il t'a inspiré. Embrasse-le tendrement pour moi. Je n'ai pas eu la moindre crainte sur les suites de son arrestation, ni sur les mouvements

1. Maître d'études, qui était en même temps rédacteur d'un journal politique du soir.

qui ont produit cette persécution et tant d'autres.

Vous devez vous rappeler, ta mère et toi, de m'avoir entendu dire mille fois qu'il était impossible que la haine de La Fayette pour les Jacobins, et celle des Jacobins pour La Fayette, ne produisît à la fin quelque explosion terrible. Mon étonnement n'est donc pas que ce moment soit arrivé; mais bien qu'il ait été retardé si longtemps. L'état de crise où les dissensions de l'armée parisienne ont mis la capitale n'est peut-être pas près de finir; et, tant que l'état-major de nos soixante bataillons ne sera pas changé par l'élection libre de la commune, vous devez vous attendre chaque jour à de nouveaux malheurs. En lisant ta lettre à nos amis, j'avais soin de calmer leurs alarmes, à mesure que cette lecture les faisait naître. « Soyez tranquilles, leur disais-je; il n'est pas vrai, malgré les apparences, que la majorité des soldats parisiens ait voté ce serment impie, qui fait frémir tout ami de la liberté. La Fayette lui-même n'y a pris aucune part..... Je ne doute pas que les opposants ne soient vaincus; mais je crains qu'ils ne fassent payer cher la victoire, et que des flots de sang ne ruissellent bientôt dans Paris. *Quod omen deus avertat!*..... Une autre crainte plus terrible, et qui ne m'a jamais quitté depuis l'origine de la révolution, c'est que les rois qui environnent la France ne forment une ligue pour étouffer notre liberté naissante, et prévenir de cette manière la contagion de ce qu'ils appellent *le mal Français*. Ils ne réussiront pas, j'en suis sûr ; mais ils nous causeront bien des maux. Adieu, mon cher et très cher enfant.

Je me mets aux pieds de votre excellente mère, et je l'adore. O mes enfants ! mêlez vos hommages aux miens, remercions le ciel de nous avoir donné, à vous la plus tendre des mamans, à moi la plus vertueuse, la plus raisonnable et la plus aimable des femmes.

IX

Paris, mardi 2 août 1791.

Je t'ai plaint de séjourner avec ta vilaine carrossée d'aristocrates[1]. Mais le chapitre des contrariétés est le plus long et le plus fréquent de la vie humaine ; il a cent mille pages ; il faut s'y habituer, mon ami, et prendre le bouclier de la patience en main, pour ne le jamais quitter. Je connais des gens qui ne savent en faire usage que contre les géants et qui se laissent dompter par des pyg-

1. Le fils avait été passer un mois de vacances en Dauphiné, et la mère, restée à Paris, lui écrivait cette lettre.

mées, c'est-à-dire, qu'avec la force de supporter de grandes contrariétés, ils ont la faiblesse de bouillonner d'impatience pour les plus petites. Je recommande à ta philosophie observatrice de me donner la solution de ce problème ; car je ne conçois pas qu'une paille fasse chopper l'homme qu'une grosse pierre ne fait pas broncher.

Passons : comment te trouves-tu, où tu es ? Que j'aurais eu de plaisir d'être témoin de ta réunion avec le plus tendre des pères ; que j'aurais eu de joie de vous serrer dans mes bras tous les deux, au moment heureux qui vous a rejoints. Que dis-tu de tes oncles, tantes, neveux, nièces, amis et de tous les nouveaux objets qui t'entourent ? Quel effet magique font-ils sur ta pauvre âme sensible et tendre comme la mienne ?

Je suis isolée comme un passereau, et il me semble que je suis toute seule dans la nature. Me voici pourtant à Pontoise, mon bon ami, tu as raison, c'est un autre royaume, quelle tranquillité ! Quel calme profond ! Je suis déjà rouillée sur les nouvelles, comme si j'étais dans le fond de nos bois de Romans, et, comme je ne veux que végéter dans ce moment où l'orage me fait peur, je m'interdis la lecture, la parole et, pour ainsi dire, la pensée.

Il résulte de ce que j'ai recueilli dans toutes les

conversations, que l'esprit public est confiant et croit que nous touchons au port. Quant à la coalition des puissances : *parturient montes, nascetur ridiculus mus*. Cette manière de voir fait le repos général. L'événement, (nous y touchons), fera preuve qui, des *clairvoyants* ou des *confians*, ont mieux touché le but. Moi qui crois en aveugle à la providence de la révolution, j'attends avec la foi la plus ferme un nouveau et dernier miracle qui fera notre salut. Mon pauvre ami, les loups ont toujours mangé les moutons, les moutons mangeront-ils les loups? Voilà un petit renversement de nature qui ne s'opère que dans les crises terribles. Encore une fois, il faut un miracle.

Je ne veux plus parler politique; avant de la quitter, dis-moi donc ce qu'ont fait les amis de la Constitution de Romans. La bannière des Feuillants en réunira un grand nombre, si l'on n'éteint pas promptement ce schisme politique. Je voudrais, pour tout au monde, entendre les oracles de mon Apollon [1] sur tout ceci; dis-moi et recueille ses moindres mots. Je n'en ai pas reçu de nouvelles, depuis ton départ, et je compte sur toi pour réveiller sa tendresse pour moi. Je voudrais être entre vous deux. Je prête l'oreille, j'ai l'œil fixe, mon cœur palpite, je vous écoute, et je

---

1. De son mari.

vous regarde d'ici. Enfin, je suis plus avec vous qu'avec moi-même ; et je vous enlace dans mes bras, en vous faisant une chaîne de ma tendresse qui doit augmenter et resserrer la vôtre.

Le prince de Condé se rend en Suède, Bouillé père et fils vont les suivre avec les premiers grades militaires. Le Prince a fait un mémoire justificatif pour lui et accusatif contre la nation. Il y a pourtant des égards pour l'Assemblée nationale. Si la pièce est vraie, il s'engage à ne pas tirer l'épée contre nous ; et il dit que tous les Condé, passés et présents, ont été les zélés partisans de la liberté. Si tous ces gens-là passent encore un mois sans nous attaquer, ce qui est probable, point de guerre, point de guerre avant le printemps ! Redis-moi bien ce que dit ton papa, et parle-moi sans cesse de lui et de toi.

X

Jeudi, 11 août 1791.

Comme tu le dis fort bien, dans la nature entière, il n'existe pas de plus douce jouissance que d'aimer et d'être aimé. Cependant, mon fils, ce charme puissant est si dangereux que je te conseille de toujours tâcher d'opposer les digues

2.

de ta raison au torrent de ta sensibilité, qui me fait peur.

L'histoire de la mort de notre chère Clarisse est racontée avec tant de sentiment, que j'en ai pleuré les chaudes larmes. Mon cher Jules, vous êtes profondément sensible; tâchez de joindre à cette qualité la première des vertus : la force.

A l'ordre du jour. J'ai écrit hier à ton papa et je lui ai conté mes caravanes, en lui faisant part de mes observations sur l'esprit public, qui est, dans tout le canton que je quitte, plein d'une modération sage et douce. On adore la Constitution, on admire l'Assemblée nationale. On voit déjà le vaisseau dans le port; on craint peu les ennemis du dehors; on se moque de ceux du dedans; enfin, l'on est dans un calme qui n'est troublé que par une petite disette d'argent, qui entrave tout ; mais on ajoute : ils ne nous prendront pas mieux par là que par la famine qu'ils avaient imaginée pour nous réduire. Notre constance et notre courage vaincront tout. L'amour de la Constitution élève tous les cœurs à un certain degré d'héroïsme. Pour cela, l'esprit public est mûr et formé. Et puis, le respect pour la loi prend une telle puissance, que, juste ou injuste, on lui veut obéir. On n'entend que ce mot : *La Loi, la Loi.* Si elle venait sans le magistrat, comme dit mon ami Jean-Jacques qui veut la médecine sans le médecin, nous verrions le règne d'Astrée ; mais les hommes gâtent tout par leur manque de tact. *Tout est bien sortant des mains de la nature ;* tout se corrompt dans celles de l'homme. La loi est bonne dans son principe ; mais l'administration est souvent mauvaise.

Mon bon ami, un grand mépris pour les richesses ; et, comme dit l'évangile, n'avoir ni deux poids ni deux mesures, voilà qui donnerait le vrai crédit à notre Thémis et qui ferait fléchir tous les genoux devant elle. J'espère que le nouveau régime enfantera des vertus ; c'est ce qui m'a rendue idolâtre de la Révolution. Tu sais que je ne suis pas de ceux qui y perdent le moins ; ma santé et mon repos, sans compter mon bonheur par l'éternelle absence de ton père, sont furieusement altérés par elle.

J'ai été obligée de renoncer à une infinité de lectures qui me jetaient dans le découragement. Il n'est que dans la nature des belles âmes d'aimer de certaines choses trop relevées pour les autres. Il faut redescendre au niveau commun, et penser que le mieux est l'ennemi du bien. Je me suis donc guérie de ma fièvre romaine, qui pourtant ne m'a jamais fait donner dans le républicanisme par la crainte de la guerre civile. Je me renferme avec les animaux de toute espèce dans l'arche sacrée de la Constitution, et j'attends avec impatience qu'on en fasse sortir la colombe pour nous rapporter la branche d'olivier.

Vois comme tous nos législateurs se réconfortent pour mériter nos respects. Ce qu'il y a de remarquable, c'est que la salle a retenti des applaudissements des tribunes, quand ils ont révoqué le décret qui enchaînait nos électeurs, et des 83 coins de la France on crie : une nouvelle législature ! Cela a le double avantage d'exciter celle qui existe encore à se reporter à ce point d'élévation, auquel l'opinion publique la soulève souvent comme malgré elle, et d'encourager celle qui va venir à nous déployer la véritable grandeur que nous en attendons. Dis-moi bien, cher enfant, dans quelle disposition on est à R...; conte-moi si les Jacobins sont devenus Feuillants. Que j'étouffe de choses !

J'ai dîné à Pontoise chez madame Soret avec deux députés en espérance. L'un avait dîné depuis peu avec Barnave qu'il connaît. Il m'a assuré qu'il l'avait trouvé singulièrement changé en bien, et dans un système politique convenable à tous les bons esprits. *Ecce homo.*

J'ai à vous dire que les gens de province voient la Révolution comme ceux qui sont placés à l'Opéra dans les loges vis-à-vis le théâtre. L'illusion est parfaite. Nous autres Parisiens, nous sommes placés de manière à découvrir ce qui se passe dans les coulisses. Nous voyons les acteurs changer d'habits et de rôles ; nous voyons les cordes qui montent la Divinité dans l'Olympe ; le savoyard tournant les rouleaux de papier argenté qui font l'onde claire, etc., etc. ; mon ami, adieu.

Je ne serais pas étonnée de vous apprendre bientôt que notre Roi part, est parti, etc., etc., et « la garde qui veille à la porte du Louvre » n'en saura rien...

On m'a assuré aujourd'hui que Santerre avait été obligé de fuir. Les clubistes Cordeliers sont poursuivis. Le drapeau blanc est à la place du drapeau rouge, depuis dimanche. Je suis comme votre amie, comme votre mère, comme la plus tendre des femmes, toute à mes deux amis... au prorata de chacun de leurs titres.

XI

A SON MARI.

Dimanche, 14 août 1791.

Il me semble, mon bon ami, que je suis plus à vous ici que chez les autres, et cette puissante raison, jointe à toutes celles qui me font aimer avec passion mon *chez moi*, me le rendent si doux dans ce moment, qu'il me plaît presque autant

que si je vous y avais retrouvés. Votre pensée
est là auprès de moi ; nous avons un petit commerce sylphidien, qui est tout à fait charmant ;
et, comme on est plus familier avec les esprits
qu'avec les hommes, je lui dis à tout propos : « Tu
avais prévu cela, tu m'avais annoncé, il y a six
mois, ce qui arrive aujourd'hui; » mais vraiment tu
as un génie socratique qui te dévoile l'avenir, et
je voudrais pour beaucoup te pouvoir consulter
sur ce qui nous peut advenir d'ici à un mois.
Puisque tu fouilles avec tes yeux de lynx dans le
livre du destin et que ta pénétration t'en fait voir
d'un coup d'œil la feuille et le revers, dis-moi
donc, mon cher génie, ce que le sort nous réserve?
Pour moi, je t'adresse un nouveau tribut de
louanges, depuis que j'ai parcouru d'autres contrées ; j'ai vu des patriotes qui aiment la Révolution, mais qui, superficiels, s'en tiennent aux
superficies et sont contents de tout. Ils croient
avec bonne foi les contes bleus de Métis. J'ai gardé
un silence modeste sur bien des points ; peu de
personnes aiment la chose à notre manière : c'est
le saint amour de l'humanité et le plus saint
amour de la vertu qui nous enflamment. Or, mon
ami, ces deux amours sont inconnus à bien des
gens qui font grand bruit. L'ambition, l'intérêt,
toutes les petites passions humaines exercent
leur empire sur ceux qui pensent, et ceux qui

n'ont pas l'honneur de penser sont en si grand nombre et bêtes si moutonnières, qu'il ne leur faut qu'un berger Guillot pour les mener tous à la boucherie.

Comme je veux mourir de ma belle mort et n'être pas martyre de ma sensibilité, j'ai rompu tout commerce avec les gens qui vous montrent trop crûment les chaînes qu'on nous rive, je n'en peux pas briser un anneau, et je me tue avec toutes celles qui ont des pointes ; je ne lis presque plus, je me paralyse, ou plutôt je me rends à ma véritable et naturelle destination, aux soins de l'éducation de mon cher Auguste et à mes fuseaux. Voilà le fruit de mes observations. On est encore un peu huronne quand on est spartiate ou romaine à Paris. Cela viendra, il faut plus d'un jour pour certaines métamorphoses. Au reste, il y a vraiment un esprit public et un amour de la Constitution très prononcés. Enfin, on a beaucoup de confiance, et peut-être trop ; mais *attendons la fin ; du bout de l'horizon s'avance avec furie le plus terrible des enfants, etc., etc.*

A l'application, le chêne est renversé, le roseau plie ; le roseau, c'est notre Constitution, elle plie en effet ; mais elle ne sera pas rompue. Je la vois résister à tous les vents et tenir, un peu ébranchée, contre la fureur de toutes les tempêtes. Robespierre, Pétion et Buzot, bons et précieux triumvirs, si l'on ne fait pas le bien tant prôné par vous, que vous avez empêché de mal! La digue sévère de vos vertus a retenu bien des fois le torrent. Je voudrais aussi que les 83 départements fussent bien convaincus des obligations qu'ils ont à ceux qu'on a l'injustice de désigner, même dans la capitale, sous le nom de factieux. Sans eux et sans le courage des braves Parisiens, fous et sages, vous n'auriez recueilli, des soins pénibles de votre Assemblée, que des affronts et des fers.

Vous allez nommer de nouveaux législateurs : c'est l'espoir de la patrie. Chacun pense qu'il va venir, du fond des provinces, des Aristide, des Fabricius, des Caton, des Cincinnatus, etc. Point de prêtres surtout, et pas de beaux esprits! Des gens vertueux, qui n'aiment point les richesses. Choisissez bien, mon pauvre ami! Que je voudrais vous dire quelque chose à l'oreille; savez-vous que je ne vous crois ni le droit d'être électeur, ni celui d'être député, à cause du décret qui exige domicile. J'ai là-dessus, (pour la députation), des principes d'autant plus fermes, qu'ils sont fondés sur la vertu la plus pure, mais je n'entrerai dans aucune explication à ce sujet avant que nous puissions nous expliquer seul à seul. Je défie votre philosophie de me trouver en défaut, et l'amitié la plus délicate, ainsi que l'amour le plus exigeant, d'avoir rien à reprendre dans mon cœur. Je voudrais vous le montrer à nu, tant j'en suis glorieuse !

Dimanche au soir.

Le Dauphin ne portera plus ce titre; il s'appellera *Pierre* ou *Paul*. M. Camus a fait placer parmi les décrets constitutionnels celui qui porte que la nation ne payera plus les dettes du roi, ni de la famille royale.

Les représentants à l'Assemblée nationale, élus par chaque assemblée des départements, ne pourront être choisis que parmi les citoyens éligibles du département.

Les électeurs nommés dans chaque département se réuniront pour élire le nombre des représentants dont la nomination sera attribuée à leur département; et un nombre de suppléants égal au tiers de celui des représentants. Les membres du Corps législatif pourront être réélus à la législature suivante, et ne pourront l'être ensuite qu'après un intervalle de deux années. Les représentants nommés dans les départements ne seront pas représentants d'un département particulier, mais de la Nation entière. Il ne pourra leur être donné aucun mandat, soit par les Assemblées primaires, soit par les électeurs.

Je ne sais pas pourquoi je m'amuse à vous copier des choses que vous savez sans doute mieux que moi. J'aime mieux vous dire que ce que j'ai trouvé de plus charmant dans la lettre de Jules, c'est qu'il n'y a pas un mot de politique, et cela peint le calme parfait de votre pays. Je l'ai reçue aujourd'hui, cette lettre qui m'avait été chercher à Pontoise. J'y vois avec plaisir que vous êtes gros et gras; cela veut dire que vous êtes heureux et tranquille *in petto*. Malgré l'ennui de votre absence, j'ai une sorte de jouissance à penser que vous n'êtes pas dans cette tour de Babel de Paris; et déjà je m'inquiète de nos factions nocturnes de cet hiver. Que ma sœur vienne m'aider à porter cette croix !

Ce qui la rend si lourde, c'est l'inimitié qu'on sème entre le citoyen et le soldat. Ce maudit esprit de corps tue l'âme. Pour moi je verrais volontiers faire un feu de joie avec tous les habits bleus qui sont au monde, et j'aurais l'œil réjoui si notre milice nationale était habillée de toute couleur, comme les troupes de Henri IV. Vanité des vanités, tout n'est que vanité.

A propos, Danton, Santerre, Desmoulins, etc., etc., sont sous le joug d'un ajournement pour être ouïs, et d'autres décrétés de prise de corps. L'ami du peuple et l'orateur fulminent tous les jours, à l'ordinaire. Je lis les journaux d'Andoin et de Pestel, le *Journal de Paris* et le *Moniteur*.

XII

Samedi, 20 août 1791.

Pour aujourd'hui, je veux politiquer et philosopher avec M. le secrétaire [1]. Mets, mon cher ami, dans les fonctions que cette place t'oblige à remplir, toute la sagesse et toute la prudence d'un homme mûr. Songe que, sur les vingt-cinq millions de Français qui peuplent ce grand empire, il n'y en a guère plus d'un sur cent qui se soit élevé à la hauteur de la Révolution, et qui comprenne ce que ton âme neuve et énergique sent et conçoit, comme tous ces braves Romains, avec lesquels tu viens d'avoir commerce dans tes études.

Si tu as fait des observations judicieuses, tu auras saisi le véritable esprit public, qui est doux et modéré en général quoique plus ferme qu'on ne pouvait naturellement l'attendre des têtes françaises. Pour moi, j'ai trouvé que les plus communes avaient parcouru un siècle, depuis deux ans, et j'ai suivi la méthode que tu m'avais habilement indiquée. Je me suis courbée pour me redresser. En ne heurtant personne de front,

---

1. Son fils avait seize ans et cinq mois; il venait d'être nommé secrétaire d'une société patriotique à Romans où il était allé passer ses vacances avec son père.

en s'élevant au contraire graduellement au but, on vient à bout d'y faire atteindre même les nains, au lieu que, quand tout d'abord on le présente à sa véritable hauteur, tout le monde croit que vous allez vous perdre dans le vague des airs et chercher votre bon sens dans la lune, où est celui de tant de gens. Souvenons-nous du bon La Fontaine : *plus fait douceur que violence.* Dans tous les coins de la France on adore la Constitution. C'est le mot de ralliement. Les uns croient que nos législateurs auraient pu mieux faire; d'autres, qu'ils font de leur mieux. C'est là-dessus que les disputes sont infinies ; mais, quand on considère la corruption générale et l'abâtardissement des hommes flétris par plus de douze siècles d'esclavage, on se trouve encore heureux d'en obtenir des demi-bienfaits et l'on ne peut espérer que du temps une régénération qui s'opérera malgré tous les obstacles. Si notre seconde législature est vertueuse, comme on l'espère, en faisant exécuter le peu de bonnes lois qu'il y a de faites, que de bien elle va faire ! Elle sera soutenue par l'opinion publique, dont la masse est pure, comme l'air de nos champs. Sans rien innover, que de miracles à opérer ! Enfin, mon ami, la seule responsabilité, mise une fois en action par un bras vigoureux, peut donner une secousse qui nous élève de vingt degrés.

Paris est calme comme la surface d'un étang, à part les rixes particulières qui occasionnent tous les jours des scènes de tragédie.

Jeudi, 25.

Cette semaine, on présente la Constitution. On fait là-dessus toutes les suppositions possibles en divers sens, et Nostradamus n'a jamais plus hardiment divagué. Le roi de la Constitution me paraît si bien traité et tous les fleurons de la couronne ont été ramassés et rattachés avec tant d'art par nos législateurs, que je crois que le bouquet, qu'ils vont lui présenter jeudi, sera flairé de bonne grâce par les nez les plus courtisans. Ils sentent la bonne odeur de la liste civile, qui est restée dans tout son entier. D'autres pensent que l'aveuglement, dont est frappé le mauvais parti, engagera le roi dans une résistance dont les suites sont incalculables. Rien n'approche de l'insolente sécurité de nos ennemis. Pour moi, je ne me sauve qu'à la faveur des miracles que j'attends de la providence de la Révolution, qui en a déjà tant fait; j'espère qu'elle en a un tout prêt, caché dans son grand livre, à l'ordre du jour, à la page de jeudi.

Je ne crains guère toutes ces puissances étrangères, dont on nous fait un terrible épouvantail, fondé sur les affaires qu'elles ont sur les bras et sur la terreur qu'elles doivent avoir de ces droits de l'homme qui circulent partout : ajoutez à cela la rivalité de la prépondérance et la tortueuse politique de tous les ministres. Il y a division de tous côtés ; et d'ici à ce qu'ils soient d'accord sur le point capital, l'attaque, l'hiver nous en garantira.

Pour notre armée noire et nos princes qui en sont chefs, si l'Assemblée nationale avait soufflé dessus bien patriotiquement, ils seraient anéantis. Cette Assemblée pouvait nous porter au faîte des honneurs et des prospérités. Maudite corruption !

On dit que nos Jacobins reprennent faveur et que les Feuillants baissent. J'aime la politique de certaines sociétés, qui ont entretenu la double correspondance, afin de bien juger où était le vrai patriotisme. Au reste, je ne suis sûre de rien ; car je vois peu de monde, et je me suis brouillée volontairement avec les journalistes exaltés, parce qu'ils avaient trop raison pour n'avoir pas tort, et me tourmentaient personnellement, sans aucun avantage pour la chose publique où je ne puis rien. Tu te souviens que l'agitation qu'ils me causaient était comme la fièvre qui ôte le manger et le dormir.

Je n'irai pas à G..., comme je le disais à ton papa,

parce que je n'ai pas été d'humeur à payer trop cher ce plaisir. Auguste me tourmente pour aller respirer en pleins champs. La monotonie de ma retraite fatigue son imagination.

Je jouis de vos plaisirs et l'idée de ta bonne santé me fait supporter toutes les privations avec courage. Souviens-toi de cet adage : *Mens sana in corpore sano ;* et fais de ton mieux pour te faire une bonne provision du bien porter. Le *far niente* paraît charmer ton papa, à Romans, comme à Paris, et je ne sais trop s'il ne perd pas là de ce bon reste d'activité qui l'animait parfois ici, de manière à nous transporter, par ses discours, dans un saint ravissement. C'est une âme forte qui veut s'engourdir, parce que sa philosophie lit trop avant dans le cœur humain, pour en attendre ce qu'il en souhaiterait. J'adore cet homme, mon fils, pour cent mille raisons, dont la première dispense des autres : c'est le plus franc ami de la vertu ; et, si tu en rencontres beaucoup comme lui sur ton chemin, bénis-en le ciel ; ils font l'honneur et le bonheur de l'humanité. Est-il toujours votre président? Et vos assemblées électorales sont-elles commencées?

Dimanche au soir.

Je viens de lire le journal. On a porté des plaintes à l'Assemblée sur différentes sociétés des amis de la Constitution, deçà, delà. On attaque notamment celle de Marseille, et plusieurs de celles de Normandie. Le pauvre diable d'évêque du Calvados, l'abbé Fauchet, a, dit-on, excité ces sociétés ; il a prêché des maximes contraires à la nouvelle doctrine ; il les a portées à renverser les statues des rois, etc., etc. Une municipalité lui intente un bon procès criminel ; et voilà que M. Vieillard fait décréter qu'il sera mis en état d'arrestation et poursuivi. Pétion a élevé la voix ; mais le projet de décret a été adopté. Commentez là-dessus et mettez-vous sous le bouclier de Minerve, pour notre intérêt et votre conservation.

Je t'envoie par Gaspard, qui est parti samedi par la diligence, la clef de la petite commode des Délices. C'est là qu'est renfermé tout ce que tu as fait dans ton enfance. Respecte ces monuments de notre vigilance et de notre amour pour toi.

Il y a eu hier une fête superbe aux Champs-Élysées, où tout Paris a couru. C'était un agneau qu'on tirait, comme à la fête des bouchers que nous avons vue à Lyon. Ne va pas croire que nous sommes tristes ; jamais la capitale n'a été plus brillante, plus bruyante, plus magnifique, plus dansante, plus pavée, plus opulente ; et tout cela en criant misère, en ayant la plus horrible disette d'argent. Nous sommes toujours Français ;

la gaieté nous accompagne et charme tous nos maux.

XIII

DE M. J... (DE LA DROME).

Paris, 30 août 1791.

Des trois propositions que tu me fais, il n'y en a qu'une qui me paraisse bien raisonnable pour le moment; et, ce qui me fâche, c'est que ce n'est pas celle à laquelle tu paraisses désirer que je donne mon aveu. Te le dirai-je, mon bon ami? Le projet de te retirer seul à la campagne, pour y perfectionner tes études, serait à mes yeux la chose la plus folle et la plus ridicule, si je n'avais égard à ton âge et à ton inexpérience. Sans parler de l'ennui profond que tu éprouverais bientôt dans la solitude profonde, crois-tu que tu en saches assez pour pouvoir apprendre, sans secours, tout ce qui te reste à savoir. Sans doute, comme tu l'observes très bien, tes véritables études sont au moment de commencer; et voilà précisément pourquoi tu as plus besoin que jamais de maîtres et de guides; voilà pourquoi le séjour de Paris est le seul qui te convienne; le seul où se puisse opérer avec succès le complément de ton éducation. Livré à tes seules forces dans une retraite éloignée, tu ne tarderais pas à éprouver ta faiblesse, et à regretter les secours de toute espèce dont tu te serais volontairement éloigné. Souvent, pour bien entendre un auteur, il faut recourir à vingt autres ouvrages qui ne se trouvent que dans les grandes bibliothèques ; souvent les livres ne suffisent pas pour expliquer des livres, et jamais on ne retire une grande utilité du commerce des morts sans y mêler celui des vivants. D'ailleurs, mon bon ami, quand on veut, comme toi, faire tourner ses études au profit de ses semblables, c'est du cœur humain surtout qu'on doit faire l'objet de ses méditations ; et sera-ce en fuyant les hommes que tu apprendras à connaître l'homme ? Ne risquerais-tu pas, au contraire, de te faire de lui des idées fausses et de bâtir une théorie chimérique, que l'expérience et la pratique auraient ensuite bien de la peine à renverser. Si tu avais fait en province tes études préparatoires, c'est à Paris qu'il faudrait les aller compléter, et tu parles de fuir ce séjour des talents pour aller cultiver les tiens parmi les cultivateurs de nos champs, parmi des paysans simples et bons, mais ignorants et grossiers ! Tu parles d'aller chercher la clarté dans les ténèbres ; semblable, comme le dit ta maman, à un astronome qui s'enterrerait dans une cave pour observer le cours des astres. En voilà assez et même trop pour te faire revenir de ton erreur. Le cours de tes études dans les collèges n'est pas terminé, comme tu le dis, et la philosophie peut bien réclamer encore les deux ans que l'usage lui a consacrés. Si tu préfères d'étudier la logique et la morale dans ton cabinet et de suivre des cours particuliers de physique et de mathématiques, je n'y mettrai aucun obstacle.

L'année sera fort bonne ; et puisse l'aristocratie crever de rage en voyant que nous ne crèverons pas de faim ! On va bientôt s'occuper des élections ; c'est, je crois, le 23 de ce mois que seront convoquées les assemblées primaires. J'ose à peine vous dire combien tout le monde ici paraît regretter que je ne puisse pas être nommé, et combien je suis aise de n'avoir pas cette chance à courir. Ne va pas te fâcher contre moi, mon bon Jules, et me reprocher d'être un mauvais citoyen. Personne, j'ose le dire, n'a un patriotisme plus vrai, plus pur que le mien ; mais personne aussi ne sait mieux se mesurer, et je sens que les bornes de mon esprit, jointes à sa paresse indomptable, me rendent absolument inhabile à remplir aucune fonction publique. Voilà ce qu'il faut que tu penses de ton père, mon cher enfant, sans l'aimer, ni l'estimer moins, car l'ignorance n'est pas un vice et la paresse, dans un homme qui n'est rien, est tout au plus un défaut.

XIV

Dimanche, 4 septembre 1791.

Je n'ai pas reçu un signe de vie du père et du fils, depuis le 20 et le 24 août. Je sais, par l'opération du Saint-Esprit, c'est-à-dire par miracle, que l'élection du père a été contestée, pour être plus glorieusement confirmée. Je sais par Seigneur, journaliste logographe des Jacobins, qui a passé aujourd'hui deux heures avec moi, qu'une certaine adresse de Romans, signée M. A. J., a été lue et applaudie dans la société avec transport, qu'on a crié à tue-tête : l'impression ! Admirez la jolie chose, d'apprendre, comme cela, par la renommée ce qui intéresse le plus et ce qui vient de nos plus tendres amis. Ma foi, Messieurs, on me demande si je suis de vos parents, ou si j'ai simplement l'honneur du rapport de nom, en me voyant si bien instruite. Ce petit *Seigneur* m'a fait des Jacobins une peinture de Tacite. Tout ce qui vaut la peine d'être nommé un peu *romainement* y est retourné en triomphe : trente-sept députés à la fois, et l'Assemblée est florissante, et les Feuillants défeuillés; il n'a fallu qu'un bon coup de vent. Camille Desmoulins est là, c'est-à-dire aux Jacobins, comme si de rien n'était; notre évêque du Calvados a fait parvenir une justification triomphale : il est nommé député. Enfin, les idées se heurtent dans ma tête, tant j'ai de joie de voir que la noire calomnie manque tous ses coups. Nos élections de Paris surpassent notre attente. Garan de Coulon, Lacépède, Brissot, nous en font espérer d'autres que le patriotisme appelle, et que la coalition éloigne. A Versailles, Lecointre et Soret; et, admirez la vicissitude des choses humaines! le cardinal Loménie, le ministre Brienne, représentants du peuple français; lui, fugitif et proscrit, lui oppresseur et opprimé! En voilà un qui a joué tant de rôles, que je ne le vois de bon œil qu'à titre de bon comédien. En général, le patriotisme, ou le joli masque qu'on s'en applique sur le visage, a seul l'honneur d'être nommé. Pense donc, mon bon Jules, dans quelle sollicitude je suis sur ce qui s'est passé et sur ce qui se passe à Valence. C'est là où est mon cœur et mon âme. Je ne respire pas; la terreur est toute droite devant mes yeux; par malheur, elle ne me peint que des dangers; mais l'espérance publique vient m'imposer silence et me fait étouffer toutes mes pensées et tous mes sentiments particuliers.

Je sèche du désir de savoir ce qui est sorti de l'urne du destin, et j'arrangerai là-dessus toutes mes réflexions philosophiques; mais l'incertitude est le pire des maux. En vérité, mon bon ami, tu aurais dû te faire un cas de conscience de me l'abréger. Suivant le calcul de mon imagination et l'impatience de mon cœur, j'aurais dû avoir de vos nouvelles depuis deux jours ; je suis véritablement en proie aux plus vives inquiétudes. M. Jules, votre âme, qui doit vous mettre très naturellement dans tous les secrets de la sensibilité, aurait épargné de grands tourments à la mienne, si vous aviez pris le peine de me communiquer bien des choses. Ni tante, ni frère, ni sœur, ni parents, ni amies, ne m'adressent un mot ; je parle toute seule à droite et à gauche, la poste retient-elle toutes vos réponses? Bonsoir, je vais souper et me coucher, cela vaut mieux que de se pendre...

Il est actuellement six heures du matin, lundi, et me revoilà à vous, mon cher enfant. L'espérance de recevoir une lettre aujourd'hui me réveille avec des idées agréables. La boîte de Pandore est là sur ma table, comme une tabatière. C'est le plus doux présent du ciel, mon cher fils. Songez pour toute votre vie à mettre une certaine exactitude dans certain commerce ; car la santé, le bonheur et le repos sont bien souvent renfermés dans un morceau de papier, quand nos amis sont absents ; et leur négligence ou la sottise de se faire une affaire d'écrire un bout de lettre fait horriblement souffrir ceux qui l'attendent. Il y aura, samedi, trois semaines que vous n'avez écrit à la plus sensible des mères; le pieux Énée aurait mis cela au nombre des crimes contre nature. Mon bon ami, je vous ai déjà désigné sous ce beau titre du pieux Énée; que votre bon cœur se fasse une gloire de le mériter.

Parlons politique; c'est Pastoret qui a pris la place de Brissot dans la troisième nomination des députés de la capitale. Le scrutin qui les portait tous deux, à son dernier tour a prononcé : Pastoret; mais, pour aujourd'hui, ça sera le cher Brissot, en dépit de la cabale. Ce M. Pastoret est moitié l'un, moitié l'autre.

Les Tuileries ont été ouvertes hier, et l'affluence y était si considérable qu'on s'y portait; on a montré en pompe l'enfant royal. Sa mère, sa tante, le prenaient tour à tour dans leurs bras, pour le présenter au peuple. Le pouvoir exécutif a prononcé, en toutes lettres, qu'il était décidé à ne pas quitter Paris. Toutes les badauderies ont recommencé; la messe du château était hier des plus brillantes, la musique superbe, et des cris sur le passage de *vive le Roi;* j'ajoute *de la Constitution.* On attend son acceptation dans le plus grand calme et avec les plus belles espérances; il serait bien dégoûté, s'il n'était pas content. Voilà encore La Fontaine qui nous crie :

> C'était assez de biens ; mais quoi !
> Rien ne remplit les appétits d'un Roi ?....

Nous verrons. La Fayette est chargé de composer sa maison militaire par lui-même : voilà encore une pierre de touche pour estimer à combien l'or est le carat ; c'est une métaphore tirée du commerce qu'il faut, si tu ne l'entends pas, te faire expliquer ; car je ne puis pas te le dire, et je me flatte bien de ne jamais te le dire. Fais-moi commenter par ton papa. Il a seul le fil du labyrinthe de mes pensées ; et, comme j'écris toujours *currente calamo*, je ne me gêne pas sur le clair obscur de mes idées : c'est le plus bel effet en peinture ; il n'en fait pas toujours un mauvais dans mon style négligé de femme. Habitue-toi, cher enfant, à ma tournure ; *car le vase est imbibé, l'étoffe a pris son pli ;* et voilà encore mon La Fontaine. Je le mets à toutes sauces, parce qu'il les assaisonne toutes.

On donne une nouvelle pièce aux Français, *Virginie* ou *les Décemvirs*. Des vers allégoriques en font le plus grand succès :

> Pour nous donner des lois il faut avoir des mœurs.

On applaudit à tout rompre aux plus fines allusions ; il y en a mille, et ça ira, car la *Regina del Mondo* l'a juré, et c'est la Reine des Rois.

Adieu, cher et très cher enfant, l'espoir de

mon cœur par la sublime idée que tu seras toujours le plus ferme ami de la vertu ; n'écoute qu'elle et, sans regarder à droite ni à gauche, gagne le sommet, quand tu trouverais des lames de rasoir sous les pas. Prends garde à ta jeunesse. Télémaque lui-même, sans Mentor, aurait vu ses cheveux blancs souillés par les fautes de son jeune âge. Sois toujours sous le bouclier de Minerve. Jules, que j'aime cette image ! Adieu.

Cerutti est nommé d'hier député.

XV

Paris, 9 octobre 1791.

C'est dans l'ivresse de la joie et du plaisir, cher enfant, que je t'adresse aujourd'hui la parole. Ton papa est ici. Je ne sais comment t'exprimer le contentement d'âme, la plénitude de joie, la scène attendrissante, les délicieuses sensations qui ont inondé mon cœur. En vérité, mon ami, les mots ne peuvent pas dire tout cela. Il faut, pour le deviner, une âme vraiment sensible et qui aime comme moi. Le plaisant c'est qu'en apercevant ton papa à la porte de la rue, j'ai couru le dire à ton frère, au fond de l'appartement où il était sur un lit de repos. Il a voulu

courir; et sa pauvre jambe de ne le vouloir pas.
Clopin clopant, nous arrivons à la porte, et, dans
notre sot empressement, nous ne pouvons l'ouvrir. A la fin, nous voilà étouffés dans les bras
les uns des autres, pleurant, riant, mourant de
plaisir. Ton pauvre frère a goûté tout cela,
comme moi. Il me semble que sa maladie a développé ses facultés intellectuelles, comme sa
taille ; et nous sommes, pour ainsi dire, plus
avancés dans notre convalescence depuis hier,
que depuis quinze jours. Le plaisir est un baume
salutaire pour tous les maux. Nous avions un
vrai besoin de notre ami pour compléter notre
guérison. Te l'avouerai-je, mon amour, mes tendresses maternelles vous sont infiniment préju-
diciables ; et la mâle raison de ton papa, qu'il
sait allier à la plus douce sensibilité, réparera tant
soit peu les véritables dommages que j'ai véritablement causés à ton frère, en ménageant le corps
aux dépens de l'âme. C'est dans les épreuves
qu'on doit la mettre, en quelque sorte, aux prises
avec elle-même, afin de la fortifier. Et moi, je
l'amollis par mes prévenances, mes sollicitudes
et tous les petits soins qui tuent le courage.

A merveille, me revoilà sous mon égide ; je
sens déjà mes forces renaître, ma raison reprendre vigueur ; et notre gentil malade va, sans
être moins bien traité, l'être un peu en homme.

Que j'avais besoin de notre sage ami, dans ce passage difficile de la convalescence à la santé ! Mon ami, j'étourdis le ciel de mes actions de grâce ; jamais ton père ne me fut rendu dans une circonstance plus importante.

Pour toi, mon fils, que j'ai de choses à te dire en secret ! Mon œil inquiet te suit, et j'ai découvert dans ta lettre, dans celle de ta tante, des choses qui ont livré mon esprit à d'assez tristes méditations. Méfie-toi de ton imagination, de ta sensibilité, comme de tes plus grands ennemis ; redoute ton impétuosité naturelle, souviens-toi que tu ne fais encore que balbutier la langue de la raison alors que tu te crois déjà philosophe ! Mon ami, mon ami, défie-toi de toi, sois en garde contre toi, n'en crois pas des éloges séducteurs et trompeurs. Tu es heureusement né vertueux, voilà tout ; avec cela, on va loin, quand on mesure ses pas.

XVI

Paris, 20 octobre 1791.

Je n'ai vu personne, depuis le retour de ton père. Les pluies continuelles et notre éloignement sont des obstacles insurmontables. Ce cher ami va tous les jours à l'Assemblée nationale [1], de sorte que nous sommes, ton frère et moi, solitaires comme le passereau ; ce qui nous rend notre convalescence un peu triste. Un reste de plaie à la jambe, joint au mauvais temps, nous empêche de mettre le nez dehors. L'habitude de mon *far niente*, bien fortifiée, bien excusable, après une si horrible secousse, vient nous allonger les heures ; enfin, nous attendons votre retour avec impatience, parce que la présence de notre amie Vierge et celle de notre ami Jules, animeront bien notre tranquille retraite. On aura à qui parler et de quoi conter. Voilà tout ce qu'il faut pour le bonheur.

M. Soret[2], ce véritable ami, est désolé que ton papa ne soit pas son collègue ; tous nos amis en ont un dépit patriotique qui leur fait regarder nos Dauphinois comme des sots d'avoir rejeté un homme de cette trempe. Mon cher Jules, c'est peut-être un bienfait de la Providence : la médaille a deux côtés bien différents.

J'en étais là de ma lettre, quand j'ai reçu la tienne. A merveille, mon fils, à merveille. Tant que la raison tiendra le gouvernail, la barque ne fera pas naufrage. Faites une petite réflexion,

1. Il était suppléant. Il ne devint député que plus tard, à la Convention...
2. Député de Pontoise à l'Assemblée législative.

Monsieur, c'est que d'ici que vous payiez à la nature et à la société la dette de tout individu, vous courrez tant de pays, vous verrez tant de monde, qu'il ne faut pas vous hâter de faire un choix. Craignez les changements si ordinaires à votre âge, et pour éviter d'être inconstant, gardez-vous de promettre d'être fidèle. Tu es encore jeune, mon cher Jules[1], jeune homme, jeune homme, tremble d'être la dupe de ta précoce sagesse. Crois que, pour bien démêler ce qui est propre ou non à notre bonheur, il faut être mieux instruit que tu ne l'es par l'expérience. Songe qu'il faut dix ans sur ta jeune tête pour te donner le degré de maturité nécessaire pour bien des choses. Enfin, mon bon ami, reste en attendant, comme tu le dis, maître de ton cœur; c'est le plus bel empire que l'homme puisse avoir, et puisque tu connais le danger des illusions d'une imagination trop vive, d'un cœur trop sensible, et que tu sais te méfier de toi-même, tu as le fil pour ne pas te perdre dans le labyrinthe des passions.

Une chose dont je crois peu nécessaire de t'avertir, c'est d'être peu empressé de montrer tes petites productions. Il faut avoir là-dessus la plus grande réserve et le tact le plus délicat : rien de

---

1. Jules avait alors seize ans et six mois.

plus ridicule que de parler de soi. Je me rappelle une femme de ma connaissance et de la tienne qui a ce gentil défaut : elle me paraît sotte avec beaucoup d'esprit, par cela seul qu'elle fourre son *moi* partout. La véritable modestie, ou l'orgueil bien fin et bien habile, savent se mettre à l'écart, sans rien perdre. La première, qui est la meilleure, le fait par un effet de sa belle et prompte nature ; l'autre par finesse. Celui-ci est bon au défaut de l'autre ; car il nous garantit du piège le plus sot de notre amour-propre, et il garantit les autres du plus sot des ennuis. En voilà assez, mon fils, je prends toujours un petit air de prêcheuse ; mais ce n'est pas en qualité de mère, c'est par un penchant naturel à la réflexion, et c'est là mon style avec mes amies comme avec toi. A propos d'amies, je compte bien qu'après ton papa, tu vas être mon plus précieux et mon meilleur. La plus grande confiance et la plus tendre sincérité : voilà les bons. Après cela, mon fils, je n'attends plus que joie, plaisirs et consolations de vous. *Barnave est plein de vie et de santé, mais il est mort à l'immortalité.* C'est moi qui dis cela de mon crû. Mauvais ou bon, comme il te plaira le trouver. Adieu.

XVII

Paris, 20 octobre 1791.

Vos cris ne sont pas superflus, mon fils, votre père qui ne veut rien autre chose dans le monde que le bonheur de ses enfants, et dont la philosophie éclairée n'est soumise à aucun préjugé, vous laisse la liberté de choisir la vocation qui vous convient. Une bonne conduite dans toute espèce d'état, la pratique sévère des vertus, dont il vous donne l'exemple, voilà tout ce qu'il demande de vous, et plus encore pour votre bonheur, que pour le sien. Quant à moi, mon fils, qui suis moins accommodante, je vais entrer avec vous dans quelque explication. D'abord, je suis blessée de l'espèce de censure que vous faites de l'éducation que nous vous avons donnée, et vos citations de Jean-Jacques sont, en vérité, bien peu applicables au sujet, car vous nous avez vus vivre et vous élever de manière que des promenades au palais royal même ne sont pas plus contagieuses pour vous que pour nous. Toutes les fois qu'on a des principes sûrs de ce qui a une véritable valeur, on ne se laisse pas éblouir par le clinquant. Or, ces principes, ou ils doivent être écrits dans votre cœur en caractères ineffaçables, ou jamais vous ne les concevrez et, dans la plus chétive province, vous trouverez une pierre d'achoppement pour des vertus dont la base est si débile qu'il faut l'étayer de tous côtés. Mon fils, vous êtes homme et fait pour vivre avec les hommes. A Paris, au Pérou, au Japon, en province, au village, il y a des vices et des vertus ; il faut connaître les hommes, il faut chercher à les approfondir, avant de marquer le terrain où ils sont pires ou meilleurs et celui où il vous convient mieux de vous fixer. La province est, toute proportion gardée, peut-être plus dangereuse que la capitale, et le jeune homme qui veut s'isoler ici y est mille fois plus libre et plus à l'abri du danger des passions, que dans l'enceinte d'une petite ville, où il n'en peut fuir les objets. Il y a ici une espèce de corruption, mais si basse et si abjecte que je la crois sans péril pour toute personne qui a tant soit peu d'élévation dans l'âme et qui a reçu de la nature un cœur honnête. Examinez-vous sérieusement, mon fils, et soyez de bonne foi avec vous-même. Peut-être que les trois mois que vous avez passés à Romans ont porté plus de préjudice à votre être moral, que les six années que vous avez employées, dans la capitale, à des exercices que vous regardez, dans votre sagesse, comme futiles. Et, dans cette sagesse insensée, vous rétorquez contre votre père un argument de Rousseau : *Un sage gouverneur doit commencer à soigner le physique,* etc. Est-ce un reproche? Est-ce une leçon? Pauvre jeune homme! Sais-tu que, depuis les premiers moments de ta naissance, on a cherché les moyens de te rendre aussi sain d'âme que de corps? Sais-tu que nous avons habité les champs, dans ton enfance, afin d'y fortifier ton corps? Sais-tu que nous avons abandonné les plus douces jouissances, pour venir avec toi défricher un champ où tu dois seul moissonner? Sais-tu que les autres parents confient leurs enfants à des inconnus et les envoient, au hasard de la vertu, chercher la science? Père et mère t'ont suivi pour te mettre à l'abri sous leurs ailes. Tu n'as pas été heureux dans le giron paternel et dans les exercices ordinaires aux jeunes gens? La tranquillité de nos plaisirs domestiques, le camarade qu'on t'avait donné pour émule dans tes travaux et pour compagnon de tes plaisirs, tout cela a été nul pour ton bonheur? Tes succès et ta bonne conduite dans la carrière littéraire me faisaient les plus douces illusions; je t'ai cru heureux jusqu'au moment où tu m'as dit que tu ne l'avais pas été.

Je me souviens à propos d'un de tes arguments : le bonheur n'est autre chose que l'absence de malheur. Vous avez constamment joui d'une bonne santé, pendant ces six années ; vous avez eu abondamment toutes les choses nécessaires à la vie ; vous avez rempli vos devoirs, de manière à faire croire qu'ils faisaient vos plaisirs; vous avez été tendrement chéri de vos parents. Jamais ni le reproche, ni la plainte, ni aucune punition, n'ont flétri votre âme. L'amitié et l'estime de tous nos amis ont honoré votre enfance, méritées par votre conduite et par les témoignages que le plus excellent des pères et la plus sensible des mères se plaisaient à rendre de vous. Voilà, mon fils, et j'en appelle à votre justice, les malheurs que vous déplorez. Gardez-vous de blasphémer la Providence.

XVIII

A SON MARI.

Paris, 16 avril an IV de la Liberté (1792).

C'est dans une espèce d'ivresse de plaisir, que je vous écris, mon bon ami ; la fête est passée, elle a eu toute la pompe, toute la magnifique simplicité et toute la profonde tranquillité d'une fête du peuple. Rien de si beau ! Je l'ai vue de mes propres yeux ; et si j'ai regretté quelque chose, c'était de n'avoir pas à mes côtés celui qui m'a appris à sentir et à apprécier les véritables beautés. Que n'étiez-vous là? Maudit voyage! Mais, chut, mon cœur, étouffons dans la grande joie publique cette calamité particulière, et venons au récit de la fête.

J'étais placée au premier dans le balcon d'un superbe appartement, sur les boulevards, vis-à-vis la rue Montmartre, sous les auspices de la bonne mademoiselle Canot. Toutes les croisées de tous les boulevards étaient remplies. L'affluence du monde, dans tout le cours de cette longue promenade, était telle qu'on s'imaginait que jamais le cortège ne pourrait passer. Depuis la barrière du Trône jusqu'au Champ-de-Mars, c'était le même spectacle. Rien de plus imposant que le calme et la sérénité qui brillaient sur tous les fronts. La marche a été retardée, au moment du départ, par quelques dispositions infiniment sages et modérées, qui ont donné un autre caractère à la fête, sans en changer tout à fait la primitive intention. Les soldats de Château-Vieux, qui devaient être sur le char, ainsi que les femmes et les enfants et l'emblème de l'abondance, ont tous marché en groupe au milieu des autres citoyens. Cette foule répandue se rangeait en muraille avec un ordre et une précision miraculeuse, de manière que la police n'a jamais été mieux faite et avec plus de douceur. Les *tables de la loi*, portées par des hommes robustes, suivaient les premiers groupes, qui étaient composés de gens tenant en main différentes bannières en l'honneur de la liberté. Ensuite, les portraits des grands hommes, ornés de couronnes civiques. Des pierres de la Bastille, sur lesquelles étaient gravées *Liberté*, *Égalité*, étaient portées sur un brancard décoré aux trois couleurs ; puis, l'arche dans laquelle était le livre de notre sainte Constitution ; puis, un sarcophage lugubre environné de cyprès, couvert de crêpe, renfermant les cendres des malheureux gardes nationaux morts à Nancy. Une bannière élevée et revêtue des couleurs du deuil portait en gros caractères cette triste légende : *Les victimes de Bouillé*. Un corps de musique considérable accompagnait cette décoration avec des sons analogues. Des troupes de gardes nationaux, mêlés aux citoyens, se tenant sous le bras, ayant parmi eux quelques femmes, marchaient dans l'ordre du cortège. Aucun corps constitué n'y était rassemblé, mais, individuellement, on m'a fait distinguer Danton, Manuel, Santerre, etc., etc. Les soldats de Château-Vieux marchaient mêlés à des gardes nationaux et à d'autres militaires. Dans tous les endroits où ils ont passé, c'était une effusion d'applaudissements. Les femmes, les enfants leur tendaient les bras ; les hommes tournaient leurs chapeaux, et les cris unanimes de

Vive Château-Vieux ! retentissaient jusqu'au ciel, accompagnés des cris de *Vive la Nation! Vive la Liberté!*

Un spectacle aussi intéressant change la sensation et donne un nouveau plaisir mêlé d'une tendre pitié : une galère et des rames portées sur un brancard élevé avec cette inscription : *Le crime fait la honte et non pas l'échafaud*, était suivie peut-être par cent jeunes demoiselles, mises comme des Nymphes et aussi belles, portant les fers des malheureux soldats. Ce cortège brillant était terminé par un sarcophage d'une lugubre structure, avec des inscriptions en l'honneur des soldats si inhumainement sacrifiés par la Cour martiale, et quarante jeunes filles portaient, sur des petites bannières, le nom de chacun des soldats de Château-Vieux, qui ont échappé à la vengeance de la Cour. Les drapeaux des trois nations libres étaient enlacés et flottaient enchaînés par une guirlande aux trois couleurs. Je ne les mets pas bien à leur place, et j'oublie sûrement quelque chose ; car je n'ai encore vu aucune relation, et tout ceci est le rapport de mes yeux. Les 83 départements étaient représentés par 83 hommes, qui portaient des bannières aux trois couleurs avec le nom de chaque département, et toujours des groupes de gardes-nationaux, de citoyens, de forts de la halle, dans leur costume. Comme le cortège laissait parfois des lacunes, afin de donner à ce grand corps le temps de se réunir, on formait des rondes, et l'air : *Ça ira* était tellement répété des fenêtres, que la danse allait toute seule et que la petite irrégularité de la fête y fournissait une grande beauté. Le cortège a été plus d'une heure à passer, fournissant les spectacles les plus variés et les plus pittoresques ; les applaudissements et tous les cris consacrés à la liberté s'étaient si unanimement répétés, avec un enthousiasme si touchant, qu'il n'y a pas de concert et de musique, qui soient plus d'accord. Mais réveillez votre attention, et voyez un char magnifique traîné par vingt chevaux superbes et parés des couleurs constitutionnelles, avec des guides en bonnets rouges, qui les menaient à pied, afin d'empêcher les accidents. Deux ou trois étaient dans le bas du char et un seul tenait les premières rênes. Ce char s'élevait à la hauteur de deux étages ; les gradins vides, mais décorés, ne faisaient pas irrégularité. Ils avaient eu une autre destination. La renommée, sous la figure d'une belle femme, représentée par une statue, était au-dessus des premiers gradins, avec une inscription que je n'ai pu lire. La fière statue de la Liberté était sur la plate-forme qui terminait le char, avec la corne d'abondance et tous les attributs de la gloire et du bonheur. Les bas-reliefs étaient magnifiques ;

l'enthousiasme était à son comble, et j'entends encore : *Vive la Liberté, Vivre libre ou mourir*, tant ce cri a été répété. A huit heures du soir, la fête a été couronnée par le plus grand succès et la plus parfaite tranquillité. Le brave Pétion est couvert de gloire. Il avait eu la sagesse de réunir enfin le département et la municipalité dans le noble sentiment de livrer le peuple à lui-même, et de lui confier la police de ses plaisirs. Pas une patrouille, pas une garde nationale en armes, ni dans le cortège, ni dans les rues ; et, au milieu de six cent mille âmes, on n'était pas foulé. La police du peuple est la bienveillance. J'y étais, j'y étais ; et pour que ma bonne sœur Virginie, que j'ai bien regrettée, soit sûre que mon patriotisme n'exagère rien, dites-lui que, si l'on en faisait une autre demain, j'aurais la force d'y envoyer Auguste seul, tant j'y ai vu de politesse et d'égards. Le dessous de cartes, c'est que l'intrigue n'a pas réussi ; je ne vous nomme personne, mais vous les reconnaîtrez, car ils ont tous un pied de nez. La mère d'un certain commandant m'avait suppliée de me renfermer chez moi avec ma famille ; son fils lui avait dit que les troupes, rassemblées aux quartiers généraux, se tiendraient prêtes ; qu'on forcerait Pétion à mettre le drapeau rouge et qu'on balaierait, avec la fatale mitraille des canons, tout ce peuple insensé qui voulait des fêtes. J'ai appris là, dans une conversation intéressante avec M. B.... (peintre de Desisle, et qui est allé à Nancy dans le temps, pour en faire un tableau national qui sera le pendant du serment du jeu de paume de David), des choses étonnantes qu'il tient du père et de la mère de ce jeune héros qui a été tué par des soldats de son régiment. Les Château-Vieux étaient alors hors de la ville.

Cette ivresse de plaisir est en raison de la peur que j'avais qu'il ne se répandît du sang.

XIX

A SON MARI.

Paris, 20 avril 1792.

Tout Paris est aujourd'hui à l'Assemblée nationale. Jules, qui avait eu dix billets de députés avec les douze de votre tribune, en a fait une agréable distribution. Notre bon abbé S.... en avait eu sa part. Il y est allé dès sept heures et demie du matin, et en est revenu, assurant qu'il y avait une si prodigieuse affluence qu'il serait impossible que la moitié du monde y trouvât sa place. Le roi vient aujourd'hui annoncer la guerre. Jules n'a pas cessé, depuis votre départ, de faire le journal; et, le reste du temps, il a toujours la plume à la main. Il voulait, ce matin, m'emmener à l'Assemblée ; mais l'espoir d'avoir une lettre et la méthode nouvelle que nous employons pour faire travailler Auguste ont été deux raisons puissantes pour me priver de ce plaisir. Je n'ai pas sorti de mon nid, de toute la semaine. J'ai su par la renommée que les papiers publics tombaient fort.

L'Assemblée a été si prodigieusement remplie aujourd'hui qu'elle a été levée au moment où le roi est parti. Son discours pour demander la guerre a été simple et constitutionnel ; la réponse du président laconique et juste. La quantité de femmes, que les commissaires ordonnateurs avaient laissées pénétrer jusque dans le sanctuaire, a singulièrement indisposé les bons députés, ce qui a fait lever la séance avant deux heures, justement à la sortie du roi. Voilà, mon bon ami, ce que me rapporte Jules, qui est actuellement à écrire dans sa chambre. Demain commencent les discussions, et tout va devenir d'un intérêt si vif, que nos regrets de votre absence redoubleront.

Le *Moniteur* du jour annonce, en date de Francfort du 14, qu'on reçoit la nouvelle que l'impératrice de Russie est arrêtée et enfermée. Le roi de Suède est bien mort. L'électeur de Mayence est fort malade. La mortalité est si bien répandue sur tous ceux qui sont irrités de la Révolution française, que j'en deviens de plus en plus crédule à ma divine Providence, qui opère si miraculeusement. Je n'ai qu'un petit scrupule, comme le bon suisse qui approchait de la sainte Table ; je crains qu'après une victoire, dont je ne veux pas douter, nos chefs ne tournent leurs canons contre certains décrets qui semblent être ceux mêmes de la Providence, tant ils sont beaux et justes ! Si ces chefs étaient de notre avis, la guerre serait, sous deux mois, le plus sûr moyen d'avoir une paix certaine et universelle.

M. Gouvion a donné sa démission de député et a fait répandre dans les journaux la lettre qu'il a écrite au président. Il ne peut plus, dit-il, siéger parmi des collègues qui ont honoré les assassins de son frère, etc., etc. M. de Moi, curé de Saint-Laurent, a pris sa place. Je vous laisse à méditer sur cette retraite et sur ses motifs ; pour moi, je suis si triste, si désolée, si ennuyée, que je n'ai pas deux idées.....

XX

A SON MARI.

Paris, 26 avril an IV (1792).

L'aventure de M. de Semonville avec la cour savoyarde fait grand bruit.

Je vous parlerais bien politique ; mais le bruit

de la guerre étouffe ma voix, et nos misérables dissensions intestines m'attristent au point que je me fais une loi du silence. Cependant, la confiance publique et l'énergie patriotique sont portées à un tel point, que la Bourse, qui est le thermomètre de bien des gens, est dans une prospérité miraculeuse ; tous les effets haussent. Pour l'Assemblée nationale, elle retentit de dons patriotiques ; et ce n'est plus le Rhin, comme disait certain député, qui roule ses flots dans le manège et sépare la gauche de la droite, c'est le Pactole. Ma foi, gare que ne s'y noie plus d'un de ceux qui ont la soif de l'or ! Le bureau des secrétaires en est couvert, à chaque séance ; c'est une généreuse fureur, qui doit faire trembler nos ennemis et qui est la preuve la plus romaine de la hauteur de l'esprit public.

J'aime autant raisonner pantoufle que de raisonner politique, parce que je ne puis pas tout dire, ni nommer les choses par leur nom ; mais il y a tant d'intrigues, tant de dessous de cartes, tant de singularité dans divers projets, qu'on ne peut prévoir le dénouement de tout ceci, qui trompera encore la prudence humaine ; car la Providence est là toute prête pour faire un de ces miracles, qui étourdissent les plus audacieux.

Il y a une pomme de discorde au milieu des Jacobins. Collot dénonce Rœderer et Brissot,

Robespierre a donné sa démission d'accusateur public ; tout cela s'explique tout bas.

Comme il n'y a pas de digues qui puissent arrêter l'esprit révolutionnaire, que la philosophie souffle dans toute l'Europe, attendons-nous à de grandes choses. Quant à nos petites divagations de sentiment, c'est un jeu de l'esprit humain, qui n'empêchera pas les grands événements ; réfléchissez un peu sur le caractère de Robespierre et pénétrez les motifs de sa démarche. J'ai dans l'idée que vous trouverez le pourquoi tout de suite, si vous pouvez pénétrer ceux qui ont manié la baguette magique qui nous a donné un ministère Jacobin. Voilà qui n'est pas clair, mais devinez, et parlons d'autre chose.....

XXI

A SON MARI.

Paris, fête de la Pentecôte an IV (1792).

Mon ami, j'ai été aujourd'hui à l'Assemblée nationale, pour y recevoir des billets que m'avait promis M. D..., il m'en a donné cinq pour moi et Auguste. Je n'en ai que faire, j'y suis toujours bien reçue, quand je n'y vais pas trop tard. Voilà les miracles de la Providence de la révolution, qui commencent à éclater. Jamais séance plus intéressante, jamais ensemble plus beau n'a frappé mes regards. Ils ont peur et ils montrent la plus ferme intrépidité. Le Sénat est décrété permanent. Il ne désempare plus ni jour ni nuit pour sauver la chose publique dans le plus grand danger. Gensoné, Bazire, Brissot, Merlin, Chabot, Carnot, Isnard, ont tous, par des faits isolés, prouvé la conspiration ; mais le grand rapport et les preuves vont être présentés cette nuit, demain et de suite, jusqu'à parfait éclaircissement. Le prélude aujourd'hui est venu miraculeusement par la municipalité de Neuilly, qui a envoyé à l'Assemblée nationale une poignée de cocardes blanches arrachées aux Suisses par les paysans dans une fête champêtre qui avait lieu hier. Les Suisses ont donné des coups de sabre, en maudissant la Nation et déchirant à belles dents la Constitution. Nos braves paysans ont fait bonne contenance, les administrateurs ont fait merveille et le procès-verbal de cette affaire, lu dans le Sénat, portait le grand jour de la vérité sur la malveillance des Suisses qui ont été arrêtés et rendus pourtant au colonel. On est à commenter là-dessus. Arrive une dépêche de la municipalité de Saint-Cloud qui apprend qu'hier M. de la Porte, intendant de la liste civile, a été à la manufacture de porcelaines, qu'il y est arrivé mystérieusement une voiture chargée de cinquante-deux ballots, que le feu était mis aux fours et que lesdits paquets ont été brûlés. On mande à la barre la Porte ; il y paraît avec la contenance d'un criminel, il fait, je crois, d'impudents mensonges et, grâce à l'art du président, il sort de là sain et sauf. Il dit que les papiers brûlés étaient des milliers d'exemplaires de la vie de madame Lamotte. On lui demande le nom de l'imprimeur ; il est décrété qu'il va paraître, ainsi que les personnages de la manufacture ; mais l'éloignement fait qu'ils ne sont pas arrivés assez tôt pour que je les entende. M. Servan, ministre de la guerre, obtient la parole. La scène change et présente d'autres dangers. Le refus qu'on a fait depuis trois ans, d'armer les gardes nationaux habitant les frontières, les livre, sans défense, à la rage de l'ennemi. Il réclame les plus promptes mesures pour remédier à cette perfidie et parle avec tant de force sur les négligences criminelles de ses prédécesseurs que son discours a été couvert d'applaudissements. On en a demandé l'impression et on fera, demain, un rapport qui sera suivi d'un décret. Il a proposé une de vos idées que vous avez reproduite cent fois : c'est de composer des troupes volontaires dans chaque département, qui auront à leur tête un officier des troupes de ligne en retraite, et les autres tirés de leurs corps. Ces troupes seront dressées, exercées, dans chaque chef-lieu, tous les dimanches. Bazire, Lacroix et Isnard ont dénoncé la garde du roi et ont demandé sa cassation. Ils ont assuré qu'il s'y trouvait des prêtres réfractaires, des laquais, des officiers de Coblentz.

Les orgies recommencent avec les mêmes scandales qu'à Versailles. Les santés des Condé, des Bouillé, sont portées, la cocarde nationale foulée aux pieds et le reste. Un pauvre garde du roi, pour avoir porté la santé du prince royal et non du dauphin, était presque assassiné par ses camarades, si d'autres n'avaient mis le holà. Bazire, qui a fourni le plus de détails, a dit les tenir de braves gardes du corps qui n'étaient là que par des cas fortuits, et qu'ils en seraient déjà sortis sans les circonstances. On a réclamé pour eux la protection de la loi. Je crois qu'ils paraîtront à la barre. Chabot a dit qu'il avait cent quatre-vingts pièces probantes et que les citoyens lassés d'entendre crier à la calomnie s'offraient à venir soutenir leurs signatures. Montmorin a pris la fuite. Et puis doutez du comité autrichien ! Pour nous, jamais nous n'en avons douté ; et vous, mon ami, dans le discours que vous avez fait à Voiron, vous avez bien prophétisé ce qui arrive aujourd'hui ; mais on n'est jamais prophète dans son pays. Si vous aviez été dans l'Assemblée nationale, le mal n'en serait peut-être point venu à cette extrémité, parce que la force de vos lumières, jointe à votre droiture, vous aurait fait des partisans. La moitié se compose d'hommes faibles et aveugles et, quand ils trouvent un sûr appui, ils le savent bien saisir.

Guadet a parlé en Romain ainsi que Kersaint, Carnot le jeune et La Source. Les méchants noirs étaient sots et plats à faire peur. Ils savent si bien le complot pour le rétablissement de la noblesse et les deux Chambres, qu'on prétend qu'il y en a déjà, parmi eux, de nommés ducs et d'autres pairs. Tout cela nous jette dans les plus grandes alarmes, car Paris est plein de Coblenistes et la plupart des officiers de notre garde nationale sont aristocrates. Pétion est requis de venir, tous les matins, à la barre, rendre compte de la police de la capitale. Il est engagé à faire doubler les gardes le soir et la nuit.

La lettre du roi contre ce brave magistrat est le comble de la mauvaise foi royale. La réponse du maire est le langage simple de la vérité et de la vertu. Il y a des gens qui font l'inverse ; et sans tout l'éclat que vient d'avoir le terrible complot, notre cher Pétion courait risque d'être assassiné ; c'était la première tête dévouée.

Servan a fait la peinture la plus déplorable de soixante lieues de nos frontières qui étaient dépourvues de tout. Lacoste a eu son tour ; il a dit que la marine était entièrement désorganisée et que, si l'on ne venait pas à son secours, le mal était si grand qu'il serait bientôt sans remède. Si ces deux ministres avaient eu en vue de décourager ils n'auraient pas fait de tableau plus sombre ; (car, dans ce moment, l'esprit disposé à la méfiance redoute tout, et le plaisir que m'ont fait ces discours est prodigieusement amorti par la réflexion). Tant de travaux et tous urgents semblent au-dessus des forces humaines et peuvent effrayer les têtes les plus fortes ; mais la résolution énergique de tenir des séances continuelles et le parti pris de ne pas se coucher, ni désemparer jusqu'à la fin de cette crise, annonce que le courage est aussi grand que le péril. Duranton, ministre de la justice, fait comme Duport-Dutertre. Assurément l'air de la cour est pestilentiel. Ce Duranton est Bordelais, philosophe comme un Cincinnatus, tiré de la plus profonde retraite, et voilà mon ministre devenu courtisan ! Je n'en reviens pas ; c'est pourquoi je ne crois plus à d'autres vertus civiques qu'à la vôtre. Adieu.

XXII

A SON MARI.

Paris, 30 avril 1792.

Ah! bon ami, que je vous ai regretté ces trois jours-ci! Il faudrait la plume de Tacite pour en faire l'histoire. Jamais, non jamais, le peuple ne s'est montré plus puissant et plus calme, et sa majesté, aux yeux du philosophe et de l'observateur, a bien une autre splendeur que celle des rois. J'ai vu deux ou trois cent mille âmes remplir les Tuileries, les cours du château, les environs du sénat, et il n'y a pas eu un pied foulé. Le peuple était vraiment debout : qu'il est fier et puissant dans cette attitude! Vous n'avez vu rien de semblable, depuis la Révolution, et nos yeux ont été témoins de ce grand spectacle. J'étais entrée, mardi, aux Tuileries pour les traverser, au sortir de l'Assemblée nationale, et j'ai cru que je ne pourrais jamais en sortir. J'ai été aux quatre portes, sans pouvoir sortir, et le jardin complètement rempli. Les vastes cours du château étaient remplies également. En traversant au-dessus, j'ai vu l'antre du lion aussi bien gardé d'un côté que de l'autre ; et de là, jusqu'au Pont-

Neuf, la même affluence. Marion, qui avait été aux Tuileries, et qui s'était fourrée dans tous les groupes, a entendu des choses excellentes. Fier de sa force, le peuple n'en voulait point abuser ; de nombreuses patrouilles, respectant sa modération, mêlées parmi la foule, n'ont rien eu à réprimer, ni à punir.

La séance, où j'ai assisté mardi, depuis huit heures du matin jusqu'à cinq heures du soir, a été d'un intérêt qui a crû jusqu'au dénouement, comme si la Providence avait fait pour ce jour une pièce régulière et magnifique en forme de tragédie, dont la chaleur et l'importance augmentaient à chaque scène. Le magistrat du peuple, Pétion, est venu rendre compte de la police de Paris. Son discours était éloquent et simple : le calme le plus profond avait régné, à la faveur de la plus exacte surveillance ; le législateur pourrait s'élever à la hauteur du poste où le peuple l'a placé, sans craindre que ses délibérations soient interrompues par aucun désordre. La masse des citoyens de cette vaste capitale est pure, son civisme est éclairé et ferme, les malveillants n'oseront se montrer, etc. Les battements de main, les bravos, le délire de joie et de confiance s'est manifesté, de manière à faire ouvrir les voûtes du temple. Le maire l'a traversé, au bruit des plus vifs et des plus sincères applaudissements.

Une vingtaine d'invalides se sont présentés à la barre et ont exprimé, avec noblesse, la douloureuse nécessité où ils étaient de dénoncer leurs officiers pour la consigne qu'ils avaient reçue la nuit. C'était d'ouvrir la porte aux gardes du roi, *même* à la garde nationale. Le discours de ces braves militaires nous a arraché les plus douces larmes. On a mandé les officiers à la barre. Comme je puis rapprocher les événements, je vous dirai qu'astucieusement ils s'en sont tirés, en disant que, craignant du trouble à Paris dans la nuit, ils avaient donné des ordres pour procurer un asile paisible à tous ceux qui se réfugieraient dans leurs maisons. Pesez cela dans votre sagesse et jugez. Ils ont été renvoyés. Bazire a commencé sa dénonciation sur la garde du roi, son discours préliminaire était court et plein de modération. La lecture des pièces bien et authentiquement signées a duré deux heures, et on en a plus laissé qu'on n'en a lu, par dégoût pour le sujet ; et parce que la conviction des délits était plus que suffisante. Trois jeunes gardes du roi ont demandé à être entendus à la barre ; et, avec le parler des âmes neuves et libres, ils ont dénoncé des horreurs, dont ils ont été les témoins et les victimes, ayant, pour leur civisme, été en butte à tous les genres d'oppression. Ils ont dit que, dans l'antichambre de la reine, l'échec de Mons avait été regardé comme un succès glorieux : « Déjà trois cents des sans-culottes ont péri ; bravo ! qu'on purge la terre de cette vermine, et notre maître sera roi, etc., etc. » Ma plume se refuse à écrire ce que j'ai entendu. La férocité des tigres est l'humanité des cours. On a ouvert la discussion. Dumas a osé prendre la défense des gardes du roi. D'autres, plus adroits, ont invoqué la Constitution pour empêcher leur licenciement qui avait été demandé dans le projet de décret de Bazire. Une musique guerrière s'est fait entendre et a reposé l'esprit dans une discussion qui commençait à devenir trop orageuse. Tout a été miraculeux dans cette séance, par l'art des incidents qui faisaient passer l'âme, par gradation, à tous les divers sentiments : l'horreur, la pitié, l'admiration, la joie, le plaisir, la peine, nous avons tout éprouvé et avec une énergie bien excitée par le plus puissant intérêt, le plus terrible danger.

Cette musique guerrière annonçait la section des Gobelins et le faubourg Saint-Marceau. L'orateur, qui était en haillons, a parlé comme Cicéron : je ne sais pas où l'on va chercher les nouvelles beautés de l'éloquence, mais jamais il n'y en a eu de si frappantes. L'orateur a supplié l'Assemblée de permettre que les honnêtes citoyens de la section passassent au milieu de la salle, pour faire voir aux législateurs combien de

cœurs leur étaient dévoués et combien de bras
étaient armés pour les soutenir. Six mille âmes,
soldats, hommes, femmes, enfants, passèrent
dans un ordre nouveau et tout à fait piquant.
Les groupes de citoyens étaient coupés à diverses
distances par trois ou quatre rangées de soldats,
et tout cela marchait au bruit d'un tambour
qui battait une marche gaie et douce. Toutes les
femmes avaient le bras droit levé ; les hommes
étaient armés de piques, de fourches, de tridents,
de volants, mêlés aux baïonnettes des
soldats. Les enfants avaient des sabres nus, et la
salle retentissait des cris de : *Vivre libre ou mourir,
la Constitution ou la mort; vive l'Assemblée nationale,
périssent les tyrans; le Peuple français est
libre, il n'y a plus qu'un maître, la loi; vive la
loi, vive la Nation :* et cela durant une demi-heure.
Les bravos, les applaudissements faisaient une
cacophonie mille fois plus belle que toute l'harmonie
de l'Opéra. Jugez, mon ami, si la Providence
ne préparait pas elle-même, par ce réconfort,
le courage et la force dont avaient besoin
nos députés! Les noirs étaient devenus blancs
par la vertu de la peur. Ils n'ont que celle-là,
avec le courage de la honte. Ils étaient blêmes
et sots. Le faubourg Saint-Antoine, en plus
grand nombre, a répété le soir ce que j'avais vu
et ce que je viens de vous raconter du faubour

Saint-Marceau. La nuit s'est passée dans le plus grand calme. Paris est illuminé avec soin, et les législateurs, dirigés impérieusement par l'opinion publique, ont décrété, dans cette nuit, le licenciement de cette garde prétorienne, qui était prête à nous égorger au moindre signal. Brissac Cossé, décrété d'accusation, a été arrêté et conduit ce matin à Orléans. Je vous ai regretté, je vous ai appelé, je vous ai désiré, mon ami; ces grandes scènes épuisent l'âme. Les dangers où nous avons été, l'insolence des aristocrates qui annonçaient la contre-révolution et une pluie de sang, comme on annonce un orage bienfaisant, tout cela a dû irriter l'Être suprême, et je regarde tout ce qui vient d'arriver comme autant de miracles de sa puissance et de sa bonté envers le peuple. Les hommes n'y ont pas fait grand'chose; les délits se sont accumulés, les circonstances développées et rapprochées par la providence de la Révolution, sans être, pour ainsi dire, aidées de la prudence humaine, ont forcé les législateurs à nous sauver et à se sauver. *Suprema lex salus populi.*

XXIII

A SON MARI.

Paris, 3 mai an IV de la Liberté (1792).

Mon cher ami, je me jette dans vos bras, triste, ennuyée, et ne sachant que vous dire pour ne rien hasarder. On ne respire pas dans l'attente des nouvelles ; tous les cœurs sont agités, tous les esprits sont tendus, et l'on court les uns après les autres avec inquiétude pour s'interroger. Vous savez déjà la déroute de Dillon et son malheureux sort. Une seconde affaire devant Mons, dirigée par M. de Biron, a encore été fâcheuse ; mais il a fait une belle retraite. Ce matin M. Truffer vient de m'envoyer dire que Mons était pris par ce même général, que le courrier était arrivé hier, à neuf heures du soir, et qu'il le savait par une voie sûre. Aujourd'hui nous allons en avoir la confirmation. L'Assemblée nationale nous fait peur ; on voit que le bruit du canon l'étourdira, on n'est pas content d'elle. Nos aristocrates montrent une joie atroce, qui sera, je l'espère, d'une courte durée [1]. Enfin, mon

---

1. Cette joie féroce des Français de l'intérieur, ennemis de la Révolution, qui plaçaient ouvertement leurs espérances dans

ami, le ministère Jacobin fait trembler, et, si la Providence ne frappe pas de grands coups, nous sommes à plaindre. La défiance est tellement autorisée par la trahison, qu'il nous faut des miracles pour nos triomphes. J'en attends de La Fayette, parce que son intérêt et le nôtre se tiennent dans ce moment. Il faut qu'il s'investisse d'un grand pouvoir et d'une grande confiance, et tout ce qu'il fait tend à ce but.

Patience et courage, nous sommes dans une consternation romaine, que l'espérance empêche d'être de l'abattement. Si notre Sénat secondait l'opinion publique, tout ceci ne serait que des roses. Mirabeau avait raison, l'attention qu'exige la guerre absorbe tous les esprits, et cela n'est pas favorable, quand on a tant d'autres affaires sur les bras.

Que d'abominables secrets échapperont à l'histoire et que nos grands étaient et sont monstrueusement méchants! Vous êtes bien heureux où vous êtes. Il me semble que la trompette guerrière ne vous empêche pas d'entendre le flageolet champêtre, et que mes petites sœurs rient et se promènent comme si nous étions en pleine paix.

---

les succès des ennemis du dehors et dans l'occupation armée du territoire français par les soldats de la coalition, explique et justifie l'indignation populaire et générale, qui a fait plus tard explosion.

M. J..., qui s'est bien gardé de donner sa voix au nouvel accusateur, nous a peint l'orage affreux de cette nomination ; c'est incroyable ! Notre sentiment, à moi et à vos enfants, c'est que, malgré des raisons fortes de dégoût et d'indignation, Robespierre devait se tenir à sa place, qu'il a manqué aux grands principes, que le magistrat du peuple doit mourir à son poste.

J'ai trouvé bon aussi que le brave Pétion ait conjuré tous les orages des Jacobins par un discours plein de sagesse, qui a fait passer à l'ordre du jour sur toutes les dénonciations. Oui ; mais le levain de la discorde fermente toujours ; cependant, le calme règne et le grand intérêt réunit tout.

Je prépare avec soin le départ de notre cher fils pour l'Angleterre. Ses lettres de recommandation l'arrêteront jusqu'au quinze ; et, à cette époque, les obstacles ne viendront plus de nous. Le passeport m'embarrasse, je n'ai pas l'esprit tranquille, ni le cœur content. Je recueille toutes mes forces pour agir avec prudence ; j'y ferai de mon mieux. Je suis extrêmement satisfaite de la conduite intérieure de Jules. Il est, avec sa plume, dans son cabinet, ou, la plume à la main, à sa tribune, c'est une passion pour lui.

Embrassez-moi tendrement, mon bon ami, je vous aime comme jamais femme n'a aimé et, sans cette maudite guerre, je vous ferais un volume de tendresses. Que mademoiselle Virginie n'aille pas se ressouvenir que j'avais prophétisé des triomphes, pour faire tomber mon crédit. C'est en grand que je vois la chose, et c'est son ensemble que j'ai considéré. Nous nous sommes attendus aux trahisons et aux petits échecs; mais la guerre m'a toujours désolée, en pensant aux hécatombes des victimes qu'on allait immoler par l'intrigue et la mauvaise foi.

XXIV

A SON MARI.

Paris, 10 mai 1792.

Notre fils aîné a reçu des lettres de MM. Pétion, Dumouriez, Condorcet, Sillery, qui renferment des épîtres de recommandation pour Londres. M. Dumouriez, dans deux lettres obligeantes, l'assure que, s'il reste dans le ministère, il aura une place de secrétaire de légation, qu'il lui aurait sûrement donnée, s'il se fût adressé à lui, six semaines plus tôt. Une vingtaine de députés, entre autres M. Hérault, l'ont recommandé et s'empressent de lui procurer des connaissances à Londres. Enfin, mon bon ami, il part mercredi et j'en suis bien aise, quoique j'en aie le cœur déchiré. Les places de la diligence pour Calais sont si courues que j'ai attrapé celle-là par une faveur signalée de la Fortune. Elles étaient prises pour plus de quinze jours; et en recherchant à ma prière sur le registre, le commis a trouvé une note qui, par le changement d'un voyageur, laissait une place vacante au mercredi seize. Quand vous recevrez ma lettre, je serai dans la douleur des adieux. Vous êtes heureux avec votre bonne philosophie, vous n'avez que les roses de tous nos buissons, les épines sont pour la sensible maman, mais c'est le sort des femmes.

N'ayez pas peur du roitelet savoyard, il fait comme l'aigle autrichienne; mais tout cela n'ira pas loin. Me voilà entrée dans la politique, sans y penser. Je reculais effrayée de tout ce que je vois dans tout ceci. C'est la guerre aux Jacobins que l'on fait et nos badauds redeviennent ce qu'ils étaient jadis. On a eu l'art de jeter la pomme de discorde dans la société, et les commencements de la guerre avec les puissances étrangères ont été arrangés de manière que le ministère Jacobin en supporte tout le blâme. M. de Grave a donné sa démission. M. Servan est à sa place; (ces Dauphinois se trouvent partout). Ce M. de Grave est un problème, et je ne sais quel génie malfaisant rend tout problématique, excepté pour le petit nombre de clairvoyants, qui savent à quoi s'en tenir;

mais le vulgaire se prend comme le poisson à l'hameçon. Voilà une pétition signée de trente mille badauds, qui va paraître dimanche à l'Assemblée nationale contre les Jacobins. Elle occupe tous les esprits et Vaublanc, Jancourt, Chéron, etc., l'attendent pour la soutenir avec leur zèle ordinaire pour les bonnes choses. De tous les points de la France, il arrive à Paris des diables de toutes les couleurs. On assure qu'il y aura quelque coup d'éclat; notre garde nationale est dans des dispositions peu favorables pour ce que nous nommons « la fleur des patriotes » appelés par la cour, des républicains. « C'est une faction qu'il faut abattre; elle s'oppose au règne de la loi! » Les sottises pleuvent dans cette région constitutionnelle qui veut voir des étoiles en plein midi. C'est un aveuglement si étrange qu'il confond toute la raison humaine. On ne parle guère d'autre chose que de la pétition. La guerre, la politique, tout reste là. Les Jacobins, les Jacobins, et puis les Jacobins. L'orage est si terrible qu'en vérité il fait peur aux plus hardis. On intercepte leurs lettres; on rompt le fil de leurs correspondances. On se permet tous les crimes pour parvenir à celui qui consommerait tous nos maux. On en veut venir à détruire ces affiliations protectrices qui sont parvenues à déjouer, par leur surveillance, tous les projets de nos perfides ennemis. Alors, ils n'auront qu'à lever le filet ; nous serons pris. Les personnes de bon sens jettent feu et flamme ; mais finement on a disposé les événements de manière à en imposer aux sots.

La société a été divisée, elle s'est déchirée par ses propres mains. Les partisans de la guerre offensive l'ont faite à ceux qui la craignaient et qui avaient pronostiqué ce qui arrive. Enfin, Robespierre et Brissot, les deux chefs des différents partis, ont eu chacun leurs partisans, et voilà la guerre allumée, aussi malheureuse dans la société que sur la frontière. Elle nous met sur les bords de l'abîme. Mon ami, cela me fait rêver bien noir, et sans les miracles que j'attends de cette Providence divine, qui a confondu toutes les puissances humaines, je ne sais pas ce que j'en penserais. L'esprit de tiédeur, cet égoïsme et ce vil intérêt personnel, que je vois régner partout, me plongent dans une mer d'angoisses. Vos funestes prophéties, qui me viennent à l'esprit, me percent le cœur. Je suis vraiment affligée, ennuyée et sotte, autant qu'on puisse l'être. L'Assemblée nationale perdra-t-elle la France, après l'avoir sauvée ? On ne peut plus dire, comme jadis : les provinces vont élever la voix ; départements, municipalités étouffent souvent l'opinion publique pour ne manifester que la leur. La diversité de sentiments dans le bon parti est incroyable. L'autre va plus droit au but. En voilà la véritable cause : c'est que pour les puissants et les méchants tous les moyens sont bons. Je me tais là-dessus, car vous en savez plus que moi.

Jules est fort recommandé à Milord Stanhope et à M. l'évêque d'Autun ; la lettre que lui écrit M. Pétion, en lui envoyant une lettre de recommandation, est toute aimable, quoique fort courte.

Perlet plaide, ce soir, la cause des Jacobins à merveille. Il ne manquera pas d'avocats pour et contre. On prétend que les postes suppriment les bons journaux. Il y a des réclamations de toutes parts.

La stagnation de nos armées me fait bouillir. Il me semble que l'on donne le temps aux autres de se préparer à nous battre. Tout cela va bien mal.

XXV

A SON MARI.

Paris, 16 mai 1792.

MM. Dumouriez, Condorcet, La Rochefoucauld, Brissot, etc., ont approuvé le dessein de faire partir Jules pour Londres. Le pauvre enfant est muni de tant de lettres de recommandations, qu'il va n'être que trop occupé. Il a des lettres pour le docteur Priestley, Stanhope, Talleyrand, Chauvelin, l'Ambassadeur, Garat le jeune, etc. Celle que je lui aime le mieux est de madame Le Roux à son frère M. de Meuse, pour qu'il le loge chez lui, dans les premiers jours, et le traite comme son enfant.

Je l'ai embarqué, ce matin ; mesdames Déjean et Perrond m'accompagnaient. Nous avions toutes trois le cœur gros, et le bon Jules a été comblé de nos caresses et pénétré de nos regrets. J'ai tâté ses compagnons de voyage. Il y avait un Hollandais, franc patriote, qui, avec la loyauté et la franchise rustique d'un penseur, nous a dit, en quatre mots, qu'il donnerait à mon fils assistance et conseil au besoin.

L'orage gronde ici, on ne parle que de complots, d'assassinats, d'une Saint-Barthélemy de patriotes, qui fait trembler. Dans le vrai, les choses vont bien mal, et nos ennemis paraissent triomphants. Je meurs d'inquiétude, et, quand je vois un certain côté de la médaille, je me réjouis de votre absence. En vérité, je dis dans mon cœur : peut-être est-ce une faveur de la Providence.

XXVI

A SON FILS.

Paris, 19 mai 1792.

J'ai envie de te parler politique ; mais j'ai de si tristes idées à ce sujet, que je crains toujours de les découvrir. Carra a été traduit par Montmorin et Bertrand (d'animaux malfaisants c'est un assez bon plat) chez le juge de paix. Il a dit qu'il tenait ses notes de Bazire, de Merlin et de Chabot. Les juges se sont présentés à l'Assemblée pour réclamer les pièces : on a passé à l'ordre du jour. Bazire a dit que la nation, le roi, la reine, avaient intérêt qu'elles demeurassent ensevelies dans les ombres de la nuit. Cela veut dire, à ceux qui ont des oreilles pour entendre, que nos ennemis les plus dangereux habitent le même nid, la cour. Puisque les ménagements les plus criminels lui sont prodigués, peut-on attendre autre chose que des malheurs ? J'aurais au moins voulu qu'on délivrât Carra des griffes de la chicane ; mais l'ordre du jour bien appuyé par Dumolard a laissé l'innocence opprimée et le crime à son aise. Voilà, mon ami, la répétition des scènes que vous avez vues depuis deux mois. Notre Assemblée est pusillanime ou corrompue. Je n'ai rien de bon à en penser. La stagnation de nos armées vient encore confirmer les idées de ceux qui voient un grand plan de trahison bien combiné par toutes les autorités constituées, pour entraver ou anéantir un ordre de choses, qui déplaît à l'ambitieux puissant autant qu'au riche vicieux.

J'ai reçu hier une longue épître de ton père, qui est à Grenoble. Il me dit qu'on va faire de cette ville une place de guerre, qu'on se dispose à former un camp aux environs, et que les campagnards des montagnes brûlent de patriotisme.

J'ai été avec mademoiselle C... au sermon à Saint-Eustache. Jamais, non jamais, la chaire de vérité n'a été si dignement remplie. L'orateur a fait un discours, étincelant de traits d'éloquence, sur les moyens de prévenir la guerre civile et de rendre avantageuse la guerre étrangère. L'Évangile et la Constitution à la main, il a prêché la Liberté, l'Égalité, la Fraternité avec les foudres du génie. Les tableaux qu'il a faits de la perversité des tyrans et des cours, de l'avilissement et du malheur des peuples, étaient d'une vérité si frappante, que je n'ai rien lu de si beau et de si fort depuis la Révolution. Le contraste, qu'il a amené avec art, d'un roi citoyen qui, religieux à la foi du serment, marcherait d'un pas ferme dans la carrière de la vertu, en s'élevant avec la

Nation au sommet de la gloire, était d'une ironie touchante et magnifique. Enfin, mon ami, les Fléchier et les Bourdaloue dans leurs triomphes n'ont rien de si beau. Dans le moment où il invoquait le tonnerre de la justice divine sur les têtes criminelles par l'apostrophe la plus sublime, un véritable coup de tonnerre a fait retentir les voûtes de l'église. La superstition romaine en aurait bien auguré que Jupiter était favorable. Pour nous, nous avons admiré en silence ce rapport singulier que le hasard a placé si à propos ; et, dans le secret des cœurs, nous avons tous imploré la Divinité pour qu'elle manifestât sa justice et sa puissance avec ce terrible éclat. L'auditoire était si transporté et si ravi d'entendre ce digne ministre de l'Être suprême, que les applaudissements ont été répétés et retentissaient de tous côtés.

Du sermon nous avons été aux Tuileries, où nous avons trouvé tout' en rumeur par la suite de l'histoire de Carra qui a produit de singuliers effets. Le juge de paix, enhardi par l'ordre du jour invoqué sur sa première infraction à la loi, dans l'attaque de Carra, a eu l'audace de lancer un mandat d'amener et de le faire exécuter. Samedi, à cinq heures du matin, cinq sbires de la gendarmerie nationale ont été arracher du lit Merlin pour l'amener chez le juge de paix Étienne Rivière, de la section de Henri IV. Là, il a été interrogé, etc., etc. Tu juges, mon fils, des plaintes que ce député populaire a eu le droit de porter dans le Sénat, dont il est membre. Les noirs ont eu la bassesse d'être ouvertement contre leurs collègues si indignement traités. Après un tumulte affreux, la majorité l'a emporté. Le juge a été mandé à la barre, mis en état d'arrestation et envoyé à Orléans. Tout ceci jette un grand jour sur les intentions perverses de la cour. Il faut se crever les deux yeux pour ne pas voir que le complot était au moment de l'exécution ; mais qu'il fallait, par un coup d'éclat, paralyser les journaux patriotes et frapper les députés incorruptibles, afin de les glacer d'effroi. La justice divine a permis que tout cela tournât à leur honte, et le roi a adressé une lettre à l'Assemblée, qui est aussi maladroite qu'impolitique. C'est le bout de l'oreille mis au grand jour. Le peuple rugissait d'indignation ; mais l'obéissance à la loi est déjà si empreinte dans le cœur de la plupart, que ce frein serait la digue la plus imposante, si la loi, conduite par la vertu, frappait avec justice.

On parle ici d'un triomphe des Anglais sur Tipoo-Saïb, qui les mettrait en possession de toutes les richesses de l'Indostan. Dis-moi si cela est vrai? Je vois avec intérêt tout ce qui regarde cette nation. J'ai lu avec admiration leur délibération sur la traite des nègres. Je vais suivre les progrès de cette grande affaire, qui est celle de l'humanité.

N'oublie pas de me dire l'opinion générale sur notre Révolution. De l'excès de nos maux vont peut-être jaillir les plus grands biens. Nous sommes ici dans l'attente d'un grand événement. Les Jacobins sont redevenus calmes au milieu des tempêtes qui les menaçaient. On déraisonne toujours à plaisir sur les maux dont on les accuse, si injustement, d'être les auteurs. L'affaire de Carra réveille si inopinément le patriotisme, que j'espère bien qu'elle tournera au profit des Jacobins, qui sont en général la fleur des patriotes. On crie dans ce moment dans les rues : « Complot infernal des Feuillants découvert, et innocence reconnue des Jacobins. »

Je ne te fais aucune recommandation sur ta conduite. J'ai la noble confiance qu'en livrant mon fils à lui-même, je l'abandonne à un juge sévère et éclairé. Je n'ai qu'un mot à te dire, qui réveillera chez toi et tiendra dans une surveillance perpétuelle ce juge intègre qu'on appelle la conscience : c'est qu'une faute de jeunesse flétrit tous les âges de l'homme et que la vertu, suivie avec âpreté et avec constance, répand la joie dans l'âme, et couvre de fleurs les sentiers les plus raboteux de la vie humaine. Je ne connais qu'une beauté durable, je ne sais qu'un bien solide, je ne vois qu'un moyen de bonheur : c'est la vertu. Tout le reste est illusoire.

Tu connais ma profonde vénération pour le docteur Priestley. Si tu as le bonheur de le voir, regarde-le comme si Phocion, Aristide ou Socrate étaient ressuscités. La sagesse de ce grand homme est comparable à tout ce que tu as lu des trois autres. Il me tarde de t'entendre sur mille choses, que je brûle de savoir. Narre un peu les détails avec détail. Je n'aime pas qu'on passe à pieds joints sur les circonstances.

Nos journaux patriotes sont d'une énergie et d'une élévation qui raniment le courage. La commune et sans doute les Jacobins ont délibéré toute la nuit. Ce matin, à notre porte, on a arrêté une voiture pleine de numéraire renfermé dans de petits tonneaux. Elle a été conduite à la ville par le peuple et les gendarmes. Voilà à peu près toutes nos nouvelles qui annoncent une grande fermentation, dont le résultat est encore dans l'urne, mais qui, à coup sûr, a déjoué le vaste complot. Nous respirons et nous espérons.

Jules, aime tendrement ta mère, souviens-toi d'elle dans tous les moments.

XXVII

Paris, 23 mai 1792.

L'homme propose et Dieu dispose. Il y avait hier tant de monde à l'Assemblée nationale qu'il m'a été impossible d'y trouver place. C'était foule partout, et le patriotisme étincelait dans tous les yeux. Brissot et Gensonné ont fait des discours superbes, dans l'intention de prouver l'existence du comité autrichien. Je vous crois au courant de nos affaires par les journaux. C'est pourquoi je saute sur les détails : ce qu'il y a de démontré pour moi, comme deux et deux font quatre, c'est que l'histoire de Carra, Merlin, Bazire et Chabot a déjoué un complot barbare qui touchait à son exécution, et qui aurait coûté la liberté et la vie à la fleur de nos patriotes. L'imbécile vulgaire veut des preuves matérielles, et il n'est possible que d'avoir des certitudes morales, parce que tous les génies malfaisants ont bien la ruse et la prudence de préparer leurs crimes dans l'ombre et de n'en laisser subsister aucunes traces, qui puissent servir à la conviction. Cependant, on dit que les deux discours portent la lumière de l'évi-

dence. Nous verrons la suite qu'on a ajournée
à vendredi. Dieu nous protège, et la présomption
insensée de nos ennemis fait qu'ils annoncent ce
qu'ils concertent par la joie la plus insultante. Ils
se croient sûrs de la victoire avant de combattre,
et rien n'approchait, depuis quelque temps, de
l'espoir orgueilleux qu'ils manifestaient tout haut.
Ils ont encore bien des chances pour eux ; mais
le peuple est bien réveillé, et le ciel nous prépare
quelque nouveau miracle.

Nous sommes lestement retournés aux Tuileries, sur les six heures ; c'était tout Paris rassemblé. Les groupes étaient nombreux. Nous avons
été témoins de deux aventures qui ont violemment agité la foule. C'était d'abord un commandant de bataillon, qui avait donné un soufflet à
un colporteur, parce qu'il vendait la justification
des Jacobins. Il aurait été maltraité par le peuple,
sans la garde nationale qui, en blâmant l'officier,
a promis à la foule qu'elle en aurait justice. Il
a pourtant été ballotté, secoué, hué, battu et conduit au corps de garde par deux ou trois mille
âmes. J'étais assise sur le parapet de la terrasse
du bord de l'eau, et tout se passait sur celle des
Feuillants jusqu'aux portes du palais. C'est comme
si l'on était sur un rocher au bord d'une mer furieuse. Le calme n'a pas été plus tôt rétabli que
l'orage a recommencé. Encore des flots de monde

qui courent dans tous les sens. C'était le poète Roucher qui avait voulu haranguer un groupe, et qu'on voulait mettre dans le bassin pour éteindre son feu aristocratique. Heureusement, un juge de paix a montré son petit bâton blanc au peuple, et ce bon peuple, frappé de cette subite apparition du signe de la loi qu'il veut respecter, se contente d'exiger que Roucher soit renvoyé des Tuileries, et deux mille l'éconduisent jusqu'à la porte, près du Pont-Royal, de manière que j'ai vu de près cette dernière scène, puisque j'étais assise sur le parapet. On l'a conduit jusqu'à l'entrée du Pont-Royal, et là j'ai vu dissiper la foule, et je m'en suis allée pour rentrer chez moi au grand jour. Je vous assure que le patriotisme est réveillé ; mais il a des ennemis si fins et si puissants, qu'il lui faudra encore livrer plus d'un combat avant la victoire.

Les vivres doublent de prix, on emploie tous les moyens pour exténuer et fatiguer le peuple. M. Euvy m'a dit que beaucoup de Jacobins avaient été maltraités, hier au soir, aux Tuileries. Il m'a dit qu'il avait été à la séance des Jacobins, et qu'il y avait entendu une dénonciation terrible contre La Fayette, appuyée sur une lettre de je ne sais où, qui assure que le général renonce à la guerre offensive pour s'en tenir à la défensive. Cela est-il possible ? Si cela peut être vrai, ce qu'il y a de sûr, c'est que cette diversité d'opinions sur ce général fait une guerre allumée dans la société. Il a tant d'amis et tant d'ennemis, qu'on oublie la chose publique pour ne penser qu'à l'individu. Cela fait pitié.

XXVIII

Paris, 1ᵉʳ juin 1792.

Un songe, un rien, tout nous fait peur, quand il s'agit de ce qu'on aime. Mon fils, j'ai rêvé cette nuit que ton frère, toi, moi, nous marchions à la lueur pâle et tremblante de la lune sur les bords d'un abîme ; comme je ne connais rien dans le danger de plus salutaire que l'intrépidité et le sang-froid, je vous dis avec courage : marchons ferme, mes enfants ; mais marchons. Un faux pas que tu fis te précipita, à mes yeux, à cent pieds de moi. J'appelle du secours, je me couche sur le rocher presque à pic ; je me glisse avec force et j'arrive presque aussitôt que toi au fond de l'abîme, sans être seulement étourdie. Je te relève tout froissé, mais plein de vie et de courage. Deux hommes, qui m'avaient suivie, te prennent dans leurs bras, te remontent en gravissant un sentier si roide qu'il n'avait jamais reçu traces des pas de l'homme. Je marchais péniblement derrière le groupe. L'amour maternel me donnait la force d'Hercule, et la joie d'arriver au sommet m'éveille, couverte de sueur, et haletant de plaisir. Je n'ai pu me rendormir, tant l'agitation de ce songe avait animé mes esprits. Serait-il prophétique ? Quelque danger te menace-t-il ? Mon cher enfant, je vois la jeunesse marcher toujours auprès des volcans, des abîmes et du gouffre des passions de ton âge. Juge de mes réflexions ! Je te supplie, au nom de ta mère, de veiller sur mon fils. Je te répéterai avec complaisance ce seul mot qui dit tout : qu'une sage défiance tienne l'œil de ta conscience ouvert sur chacun de tes pas. Mon fils, combien tu es cher à ta mère, et quelle noble confiance j'ai dans cet amour du beau. moral, que la nature a donné à ton âme et que l'éducation et l'exemple du meilleur des pères ont dû fortifier. Mon ange, un songe n'est souvent qu'un mensonge ; mais l'imagination vive d'une femme et le cœur d'une mère se blessent de tout. J'attends ta première lettre avec une nouvelle impatience, pour dissiper mes chimères.

Si tu rencontres quelque Quaker, baise pour moi le pan de son habit. Dans toute la multiplicité d'hommes qui couvrent le globe de la terre, il n'en est pas, à mon gré, qui fassent plus d'honneur à l'humanité. Comme je ne les connais qu'en peinture, si tu en vois quelque part, parle-m'en, et dis-moi si le pinceau de Voltaire et des autres philosophes ne les a pas flattés.

Je suis dans ta chambre et à ton bureau, mon fils; il me semble que je suis avec ton âme, qui a reposé là pour y développer ses premières pensées. Je suis sur ta chaise. Tout ce qui m'environne me rappelle à toi, me parle de toi, et mon cœur, plus que tout le reste, m'identifie, pour ainsi dire, à tout ce qui a quelque rapport à mon cher Jules. J'attends, avec quelque espoir, le courrier d'aujourd'hui, qui m'apportera une lettre de toi. J'en ai besoin pour soutenir la double somme de sollicitudes auxquelles me livre la double absence de mes deux plus précieux amis.

Le Saint-Esprit est véritablement descendu sur les apôtres de la Constitution. La semaine de la Pentecôte a été un véritable temps de miracles. La Providence a accumulé les preuves des crimes de nos ennemis et les a traduits au tribunal de l'opinion publique avec une telle évidence, que les aveugles voient, les boiteux marchent, et les amis de l'humanité, dans l'un et l'autre parti, bénissent le ciel, qui a garanti la capitale de la pluie de sang dont nos ennemis étaient prêts à l'inonder. Oui, mon cher Jules, Paris était en proie aux horreurs du carnage, si la garde du roi n'avait pas été licenciée. C'était le point de ralliement. Vingt mille traîtres, qui avaient fait faire des habits de gardes nationaux, les renforçaient pour l'enlèvement du roi et noyaient dans le sang tous ceux qui voulaient s'y opposer. Pauvre peuple, que tu es bien le jouet de l'intrigue et des complots d'une cour perfide !

J'ai été à l'Assemblée nationale pendant ces deux fêtes, j'ai tout vu, tout entendu, et les preuves isolées de chaque particulier, qu'on recueille çà et là, viennent tellement à l'appui de la dénonciation officielle, qu'il faut être frappé d'aveuglement pour ne pas saisir le nœud de la fatale conjuration. Les résultats sont que Pétion s'est comporté avec la prudence et la sagesse d'un magistrat. Cicéron n'a pas combattu avec plus d'éloquence et de fermeté les Catilina romains, que Pétion n'a fait les Catilina français. La garde du Roi est cassée ; son chef, Brissac, est à Orléans. Les décrets ont été sanctionnés aussitôt que présentés, parce que les délits sans nombre étaient prouvés, comme deux et deux font quatre. Le peuple était debout ; dans cette fière attitude, il a terrassé ses ennemis sans avoir la douleur de les combattre. Son respect pour la loi a fait des prodiges. Je me suis trouvée aux Tuileries, au milieu de cinquante mille âmes, et la majestueuse agitation où nous étions tous n'a pas causé le moindre désordre. On entendait partout : respect à la loi, obéissance à la loi. Le ciel s'arme lui-même pour punir les grands crimes. La masse pure et imposante de la nation a la vertu de la tête de Méduse; elle étonne et pétrifie nos ennemis. Il n'y a pas eu une égratignure à Paris dans ces jours orageux. Le peuple veillait par l'ordre de ses magistrats, et la garde nationale, chargée de la police, a fait merveille. Mes timides voisins me regardaient comme intrépide d'oser franchir le seuil de mon appartement. Je dis à l'abbé : ce n'est pas quand le bon parti triomphe que les gens sensés ont peur, il n'y a de véritable danger que quand l'autre a le dessus; tous les moyens pervers lui sont bons pour parvenir à son but, et nous ne voulons et ne pouvons vouloir que la justice, l'ordre et la paix pour parvenir au nôtre.

Il y a un parti, dans la France, plus fort que tous ceux qui se décorent de divers noms et qui arborent, sous différents signaux, telle ou telle faction. Il est composé par la majorité imposante de ceux qui ont l'esprit juste et le cœur droit. Ceux-là jugent les hommes et même les rois; ceux-là interrogent l'histoire, ceux-là consultent le passé et le passé soulève le voile de l'avenir; ceux-là pensent que la volonté de la nation est tellement prononcée en faveur de la Constitution, que cette Constitution subsistera dans les siècles des siècles. La Constitution, faite par des hommes, fera à son tour des hommes qui, n'ayant ni les préjugés de leurs pères ni les vices de notre siècle, deviendront ses plus solides soutiens.

L'Anglais que j'ai vu chez M. C... m'a tant dit qu'il ne serait pas sûr pour toi de montrer des sentiments patriotiques à Londres, que je te recommande la plus prudente circonspection. Garde-toi de montrer mes lettres et mets un cadenas à tes lèvres; l'étranger doit respecter une terre hospitalière qui le reçoit. Si tu avais moins d'empire sur toi-même, j'aurais plus d'inquiétudes; mais ta philanthropie naturelle et la modestie de ton âge me répondent de mon fils.

Il n'y a aucune nouvelle des frontières. Ton petit frère a fait son don patriotique; après avoir fait son don patriotique et son discours, il a eu les honneurs de la séance, au bruit des applaudissements. Cette sainte fureur, qui marque bien l'esprit public, est tellement soutenue, qu'il pleut de l'or, je n'exagère pas. Hier, un Bordelais a posé sur l'autel de la patrie 57,000 livres en espèces sonnantes; et tous les jours le bureau en est couvert.

Adieu, mon bon ami, voilà tout ce que tu auras de moi aujourd'hui, à moins qu'une jolie lettre ne vienne rouvrir mon carquois. Tu sais comme j'aime à causer avec ma plume, pour ton papa et pour toi.

J'ai vu hier, dans le *Moniteur*, la réponse du roi

d'Angleterre au roi des Français et la proclamation pour le maintien du traité de commerce. Tout cela est véritablement royal, etc., etc. Je lis avec attention tout ce qui concerne l'Angleterre ; je suis à moitié Anglaise ; pourquoi ce camp auprès de Londres ? Mon cher enfant, j'ai peur de tout, l'enfance de la liberté est ombrageuse. Je prie Dieu tous les jours pour la prospérité des peuples, parce que c'est dans cette caste opprimée de tous les temps que résident les vertus. Je prie Dieu pour toi aussi, mon cher enfant. Songe que l'œil de l'Être suprême qui embrasse l'univers est fixé sur toi, et qu'il est l'auguste témoin de toutes les actions.

Mon cher ami, nous avons eu, aujourd'hui, une fête en l'honneur du maire d'Étampes, qu'on peut appeler la fête de la Loi. Le cortège était pompeux : toute l'armée parisienne était sous les armes : l'Assemblée nationale, la municipalité, le département, les ministres, les groupes de citoyens et de citoyennes, etc., etc. La cérémonie était au champ de la Fédération. Je n'y ai pas été. Les devises ou inscriptions sont toutes dans le même esprit : *Soyons unis, nous serons libres. Elle frappe pour se défendre. La loi seule commande à tous. Les hommes libres sont esclaves de la loi*, etc., etc. La fête s'est terminée dans le plus grand calme ; et, quoique la journée n'ait pas été magnifique et qu'un léger orage ait fait tomber une averse, les personnes qui en ont été témoins nous ont assuré que tout avait bien marché, et que la musique militaire avait été des plus brillantes. Il est sept heures et tout est dit ; chacun est rentré chez soi.

Il s'établit trois camps de Lyon à Grenoble.

M. Servan, qui est ministre, et que nous connaissons particulièrement, nous inspire la plus ferme confiance. Tu verras dans les papiers publics qu'on a réduit à 50,000 livres leurs honoraires, 75,000 pour celui des affaires étrangères. Dis-moi quels sont les papiers français que tu peux voir à Londres.

XXIX

A SON MARI.

Paris, 6 juin 1792.

Jules n'a pas pu voir à Londres milord Stanhope, au moment où il s'était présenté. Milord lui a fait demander son adresse, et est allé lui-même le chercher chez M. de Meuse, Soho Square. Il ne l'a pas trouvé. Il a prié civilement madame de Meuse de prier le jeune étranger de venir chez lui. Ils ont causé en français deux heures et le Lord philosophe a comblé d'amitié le pauvre enfant.

M. l'évêque d'Autun lui a offert tous ses services. M. Chauvelin l'a reçu avec tant de considération qu'il l'a prié de venir souvent chez lui et que, dans une seconde visite, il lui a donné le moyen de faire venir ses lettres avec les siennes, et lui a offert, à tous les spectacles, une place dans la loge des ambassadeurs.

Madame D... et votre frère ont dîné hier avec moi. Ils sont de plus en plus aristocrates, de manière qu'ils voient noir ce que je vois blanc et blanc ce que je vois noir, avec la prétention d'aimer le peuple et la prospérité publique avec la même pureté et la même chaleur que moi. Il est désolant que la même source produise deux torrents qui roulent dans des sens si contraires. Nous avons discuté sans disputer ; nous avons fait la guerre la branche d'olivier à la main, en nous retranchant dans le fort de nos consciences qui, dans la diversité de nos opinions, nous rend si fermes et si opiniâtres, que chacun bat en retraite en s'attribuant les honneurs du triomphe. Je ne suis pas contente du Sénat. Je ne dirai mot aujourd'hui des affaires politiques : ma confiance dans cette providence de la Révolution, qui a accompli tant de miracles, fait toujours mon seul espoir. Il pleut toujours de l'or, les adresses sont superbes, le ministre Servan marche ferme, il a proposé une fédération pour le 14 juillet, qui, en appelant ici une masse imposante de tous les départements, pourrait déjouer encore ce perpétuel complot, dont un fil n'est pas plus tôt rompu qu'il est renoué. Cette idée m'a paru excellente ; elle a été accueillie avec enthousiasme par la majorité et le public. Le nom de La Fayette est porté aux nues ; c'est un talisman, c'est un effet magique qui tient au sortilège. Chabot, en jetant, après la nombreuse série de cinquante dénonciations, une tache sur ce nom, a perdu en un moment la faveur de l'Assemblée. On veut désorganiser l'armée ; on veut bouleverser la France. On veut... Dubayet s'est écrié avec la voix de Stentor : Le héros des deux mondes, le plus généreux soutien de la liberté française, etc., et tous nos... d'applaudir et d'exiger que, par un décret, l'Assemblée voue au mépris la pièce sacrilège qui avait parlé de ce nouveau dieu comme d'un homme. On remet entre les mains de La Fayette le destin de la France. Nous verrons s'il se soutiendra à la hauteur où on l'élève.

Rien de nouveau des frontières. Le mois de mai est complètement passé. La stagnation, l'inertie de nos armées, mise en contraste avec l'impétuosité française, fait trembler ceux qui ont des lunettes de longue vue.

Les forts de la halle, qui se sont surnommés les forts de la patrie, ont apporté 800 livres sur l'autel de la salle du Sénat. Ils ont dit qu'il fallait porter les droits de l'homme et la Constitution à la tête des armées comme l'arche sainte, et qu'ils étaient sûrs que leurs frères d'armes, enflammés comme eux à cette vue, forceraient la victoire et vaincraient l'univers. Les pétitions, les différents discours viennent d'Athènes, de Rome ou de Sparte. Cela étonne et confond bien des gens.

La fédération est décrétée. Si malheureusement vous ne reveniez pas avant le mois de juillet, ce que je ne crois pas, je vous somme d'être ici pour le 14, avec mon frère Henry.

J'ai entendu, lundi, la plus superbe musique militaire faire retentir, dans le vaste contour de la salle du Sénat, l'air prophétique *Ça ira*, et les troupes de ligne, mêlées aux citoyens, aux gardes nationaux, ont répété la scène que je vous ai décrite dans ma précédente lettre.

XXX

Paris, 8 juin 1792.

Mon cher ami, que les observations et l'étude que tu vas faire des hommes servent, je te prie, à t'avancer dans la carrière de la perfection ; que la vue affligeante de leurs défauts ne t'inspire pas une coupable indulgence pour toi-même et un abandon dangereux dans les fautes légères. Les petites précautions ménagent les grandes vertus, dit avec raison notre ami J.-J. Rousseau : il est encore des âmes privilégiées, fortes, mâles, qui marchent sans broncher dans le sentier de la vertu. Si le nombre est petit, le modèle est grand, et c'est ceux-là qu'il faut suivre opiniâtrément. Voilà, mon bon ami, tout ce que tu auras de morale aujourd'hui, j'en suis chiche ; ce n'est pas la quantité, c'est la qualité des semences qui produit dans un bon terrain.

Je n'ose guère te parler politique, dans la crainte que mes lettres ne soient interceptées ; mais vraiment je ne les écris pas pour qu'elles restent en chemin ; et, d'après les réflexions de Saint-Cyr et l'appréhension qu'il m'a donnée sur le sort de mes patriotiques épîtres, je ne t'en écrirai plus de ce genre, que tu ne m'en aies accusé réception.

William Priestley s'est présenté aujourd'hui à l'Assemblée nationale. Son discours a été très éloquent, et l'accueil qu'on lui a fait, sublime. M. Français a prononcé l'éloge du vertueux Joseph Priestley, et l'orateur n'est pas resté au-dessous de son sujet. Il a rassemblé, dans un même cadre, toutes les vertus qui honorent l'humanité et la philosophie ; et cela a composé au naturel le portrait touchant du docteur. Je l'ai reconnu ; j'avais vu sa belle âme à découvert dans cette lettre, dont je t'ai parlé avec tant d'attendrissement. Si tu vois cet homme vénérable, mon fils, souviens-toi du tendre respect que ta mère lui porte. Dans les secrets de mes méditations sur le bonheur de voir encore de grandes vertus sur la terre, je pense toujours au docteur, et je te trouve heureux de pouvoir le contempler. Je te prie de me dire tout ce qui a rapport à lui, qui viendra à ta connaissance. Le plus doux spectacle pour mon cœur est celui des grandes vertus. Je baiserais le pan de la robe du docteur philanthrope avec la plus profonde vénération. L'Assemblée nationale voulant donner des marques d'estime au docteur Priestley décrète qu'elle accorde à son fils William Priestley des lettres de naturalisation, et qu'elle le regarde comme l'enfant adoptif de la nation française. Voilà le décret de M. Français, qui passera sans doute ; car il est sanctionné d'avance par l'opinion publique et il a été couvert d'applaudissements. Il a été renvoyé par forme au comité de législation, pour qu'il en fasse son rapport dans le plus court délai.

Je suis bien contente de l'accueil que tu reçois et je suis bien curieuse de ta première lettre, qui contiendra les détails de ta visite chez milord Stanhope. Nous autres dames françaises, nous avons été un peu blessées de la sécheresse du billet : *Je dîne chez moi les mercredis;* mais nos

Français anglomanes nous ont assuré que c'était une invitation cordiale et franche. MM. Crouset et Cronier, qui te font leurs amitiés, t'engagent bien de pénétrer l'écorce anglaise ; elle est raboteuse et grossière comme celle de ces arbres qui cachent le plus beau bois. Moi je te livre à ta sagesse, et je te recommande à ta prudence ; tu n'es pas jeune, parce que tu as pensé de bonne heure. Ton papa m'a toujours dit, et tu sais que c'est mon oracle, que son bon Jules, abandonné à lui-même, ne ferait pas un faux pas, parce que la trempe de son âme et l'habitude de la réflexion le feraient marcher ferme dans toutes les voies qui conduisent au bien. Ton papa t'aime tendrement. Il t'estime, il me dit de toi mille choses attendrissantes et charmantes. Il va aimer *il signor Boselini ;* apprends bien vite son italien. C'est la langue des âmes tendres. Ton papa et moi, nous en avons fait nos délices ; mais je suis une bête qui n'en ai retenu que ce qu'il faut pour lire Métastase avec ton petit frère et pour te dire : *mio tesoro, mio amico.* Sais-tu bien que je puis te dire : Je t'aime, à peu près dans toutes les langues, pour peu que tu m'en pries ; mais cela seulement, car je suis peu propre à beaucoup apprendre.

Paris est calme comme un lac.

XXXI

A SON MARI.

Paris, 14 juin 1792.

J'ai reçu en même temps, mardi, deux longues épîtres de mes deux plus précieux amis. La vôtre a été ouverte, lue et relue, avant de toucher à l'autre. Saisissez par cet acte involontaire de mon cœur le rang que vous avez dans mes affections. Je n'y ai pensé moi-même qu'après avoir bien enivré mon âme de la lecture des tendresses de tous deux. J'aime pourtant mon fils de cet amour ardent que la nature a mis dans les cœurs maternels avec une surabondance qui tient du prodige et qui est porté, dans le mien, à son dernier période par deux causes naturelles, qui lui donnent une extension infinie, mon extrême sensibilité et le mérite personnel de notre cher enfant. Après cela, mon bon ami, il n'y a pas d'expressions de tendresse qui ne me paraissent faibles. Il me semble que la preuve qui est échappée de mon âme, au moment où j'ai reçu vos lettres, renferme tout le feu du sentiment et toute son énergie, il n'y a vraiment que J.-J. Rousseau qui puisse traduire, avec des paroles, un pareil mouvement. Pour moi je m'en trouve si indigne que je m'en tiens au simple fait, et je vous laisse à savourer.

J'ai sous les yeux six lettres de Jules, qui feraient un charmant petit volume, deux à Euvy, deux à Saint-Cyr, et les deux miennes. J'y recueille des détails infiniment intéressants sur tous les objets qui ne sont, comme il le dit lui-même, que le résultat d'un coup d'œil superficiel. Il est assombri par l'humeur noire des Anglais. Sa mélancolie naturelle est augmentée par la tristesse anglicane, et le despotisme royal qui, sous le nom de la liberté, y exerce toute sa tyrannie, l'afflige et le plonge presque dans le désespoir. Tout ce qu'il dit là-dessus à M. Euvy m'a paru avoir de l'énergie et de la justesse. Notre révolution, en général, n'est pas goûtée à Londres. La cour la déteste, le peuple en est jaloux ; et la partie égoïste de la nation en redoute les effets épidémiques. Il n'y a que le philosophe éclairé qui la regarde avec admiration. La neutralité qu'on a obtenue est un petit miracle politique qu'une sainte ligue a forcé. Le reste est, comme ailleurs, intrigue et corruption. Lord Stanhope a vu Jules des mêmes yeux que, jadis, vous voyait l'abbé Mably. Il l'a endoctriné, et ce n'est qu'à la faveur de la plus rare prudence que notre jeune patriote sera en sûreté en Angleterre. Il ne va pas au club, et les cafés français sont pleins d'espions du gouvernement qui mettent un bâillon à la bouche des plus sages. Les lettres à Saint-Cyr respirent la douceur de son âme et sont pleines de descriptions qui peignent toutes les beautés nouvelles que la nature présente à ses yeux. La mer semble donner à sa pensée la vaste étendue qu'elle présente à ses regards. Il revêt tout d'images qui marquent une imagination brillante et une profonde sensibilité. Son style est pourtant négligé et inégal, comme le mien ; après une grâce, une phrase commune, des ronces avec des fleurs ; mais une facilité qui fait écrire cinq pages d'un trait de plume.

Après avoir lu votre lettre avec transport, je l'ai lue avec réflexion. Il me semble que ce n'est pas sans dessein que vous me faites arrêter les yeux sur cette chaumière paisible qui recèle la tranquillité, au milieu des orages politiques ; cette arche du pauvre surnagera peut-être dans le déluge universel, et la vertu en sortira, quand la terre sera purgée. Mon âme a volé là tout entière. J'en jouissais déjà par anticipation, de l'habiter avec vous, quand je dis à Marion : « Allons en Dauphiné, nous serons dans nos campagnes sous un ciel moins orageux qu'ici. » Molière, avec raison, consultait sa servante ; la mienne me répond avec une précieuse philosophie : « Madame, nous n'y serons pas plus tôt établies, que M. ... aura le désir de faire un voyage à Paris pour exa-

miner le grand spectacle des affaires publiques. »
Cela m'a paru si naturel et si vrai que voilà ma
seule réponse à la partie *gesnerique* de votre charmante lettre. Mon tendre et bon ami, la question
préalable et l'ordre du jour sur un projet qui ne
ferait que varier mes peines et doubler mes inquiétudes ; car il faudrait abandonner Auguste ; et
son amour pour moi, comme mon amour pour
lui, qui prend tous les jours le plus vif accroisse-
ment, nous rend inséparables, jusqu'à ce que la
terrible nécessité vienne nous imposer son joug
irrésistible. Dites-moi, maintenant, si c'est un jeu
de votre imagination, ou un effort de votre sagesse qui vous a fait prendre, avec tant d'art, le
pinceau de Gesner ; car mon esprit flotte encore
dans l'incertitude, et cela seul justifie, à mes propres yeux, la manière légère et pourtant décidée
avec laquelle je vous réponds. Mon bon ami, embrassons-nous là-dessus, et parlez-moi sans figure,
si vous voulez d'autres explications ; mais, avant
tout, répondez à l'argument effrayant de Marion.
Tout cela jette dans mon âme un trouble inexpri-
mable. Je pleure les absences ; elles menacent ma
vie entière ; et celle de mon fils, qui m'a donné avant
de partir l'idée que vous retracez si ingénieuse-
ment dans le discours que vous me faites tenir. La
dernière lettre de ma sœur Virginie, tout cela, si
j'avais l'imagination ombrageuse de Rousseau, me

paraîtrait un plan formé ; mais je souffle sur ce fantôme, et je vous attends en paroles plus claires, pour vous répondre en raisons plus solides. Passons à un autre sujet : Boyer m'a apporté hier les quatre premiers numéros du journal de Robespierre [1]. Je regrette de ne pouvoir pas faire cette lecture avec vous. On y voit vraiment une âme vertueuse et forte avec une série de vérités qui frappent le bon sens. Il y a de la faiblesse humaine, et le style est en général lâche et négligé ; mais il y a de ces traits qu'on ne trouve que quand on a l'âme véritablement grande et pure. Nos petits intrigants sont incapables d'en mettre au jour de semblables, quoique l'esprit ne leur manque pas. Condorcet, Brissot, Guadet et autres sont, par les faits mêmes, inculpés au tribunal intègre de la raison. Tout cela fait trembler les plus intrépides. Robespierre est un homme dévoué à la chose publique, avec la générosité des plus grands hommes de l'antiquité. Je suis dépitée de le lire, sans mon meilleur ami, et sans la lumière dont il sait répandre l'éclat sur tout ce qu'il examine. Mon jugement, obligé de marcher seul, ne cloche pas sur Robespierre ; c'est un Romain qui est en butte à tous les traits et qui lutte victorieusement envers et contre tous. Pétion, obligé par un concours de circonstances de faire faire un rè-

1. *Le Défenseur de la constitution.*

glement philosophique pour la décoration et la cérémonie des processions du Saint-Sacrement, a été tympanisé par les faibles pour avoir professé les grands principes et n'avoir pas tapissé les dehors des maisons, parce qu'on avait, sur cela, établi constitutionnellement la liberté de chacun ; enfin, ses ennemis réunissent toute l'astuce des plus noires malices pour le dépopulariser. La garde nationale a été, en armes, à la suite d'un Dieu de paix, pour désobéir aux ordres de la municipalité. Le bon Dieu, pour accorder tout le monde, a fait tomber un déluge de pluie, le jeudi et le dimanche ; mais les prêtres, qui bravent le ciel en feignant de l'honorer, ont marché intrépidement ; et, mouillés comme des soupes, ils ont traîné le bon Dieu dans les boues de la capitale ; car c'est traîner la divinité dans la boue que de la faire servir ainsi aux petites passions humaines. Il n'est arrivé de tout ceci aucun événement ; et aujourd'hui se passera comme dimanche et jeudi. Une Providence protectrice étend sa main puissante sur le pauvre peuple qu'on joue en tout sens. Un autre pépin de la pomme de discorde fait germer encore d'autres horreurs. Servan a été dénoncé par un misérable aristocrate, et celui-ci a demandé contre lui un décret d'accusation pour avoir voté cette salutaire fédération, qui peut sauver Paris des fureurs de la guerre civile, si les départements nous secondent, comme je n'en doute pas. L'état-major corrompu a composé une plate pétition et a lâchement extorqué des signatures; tout cela a été présenté à l'Assemblée nationale; mais les patriotes l'ont emporté. La pétition a essuyé le mépris qu'elle méritait; et, comme on admettait aux honneurs de la barre les audacieux qui l'avaient présentée, l'Assemblée saisie d'indignation a levé la séance. Les sections ont improuvé avec la fermeté la plus éloquente cette pièce astucieuse, et les protestations contre elle pleuvent de toutes parts. M. Servan acquiert une grande réputation de patriotisme. Robespierre l'appelle : nouveau phénomène, c'est sans doute la première fois qu'une nation se sera levée à la voix d'un ministre ; car Servan dit en propres termes : Que la nation se lève tout entière, etc., etc. J'ai moi-même entendu son discours qu'il prononçait avec l'accent de la force et de la vérité. Il s'est fait des amis et des ennemis sans nombre.

Je lisais avec enthousiasme, le jour du licenciement des gardes du roi, votre discours dans l'Assemblée électorale de Valence; ce prophète qui parle si bien un jour, parlerait de même un autre. Les circonstances font les hommes.

Notre Assemblée ne manque pas de lumière et de probité; mais elle manque d'un individu à grand caractère, d'un homme prononcé, dont la noble passion serait le bien général, et qui aurait la force de l'opérer, parce qu'il serait toujours porté sur les ailes de l'opinion publique qui commande tout ce qui arrive de bien. Nos bons députés ne demanderaient qu'un centre de ralliement; mais il faudrait voir la vertu réunie aux talents. Chabot, Merlin et Bazire sont les paillasses de Mirabeau ; on assure qu'ils sont zélés patriotes ; mais quels hommes ! Mon excellent ami, embrassons-nous, nos principes sont les mêmes, l'amour de la vertu et de l'honneur inspire les uns et les autres; ma folie est peut-être une sagesse et..... je n'ose pas le prononcer, par respect pour vous.

Adieu, très cher ami, je comptais faire ma lettre plus longue; mais je trouve plus simple de vous envoyer le journal du soir, qui m'inspire une indignation contre la cour, qui peut-être sera partagée et sentie, de manière à produire une explosion. Nous sommes entre la vie et la mort par la noirceur royale de tous nos ennemis.

XXXII

Paris, 16 juin 1792.

Le bon Boyer m'a apporté les quatre premiers numéros de Robespierre. Ce Robespierre est un vrai Romain, tu sais comme il écrit, c'est toujours les mêmes principes, la même force ; mais je trouve son style souvent négligé. Au reste, je le regarde avec Pétion comme les hommes les plus vertueux que nous offre la Révolution, en dépit de leurs ennemis.

La sécheresse de ta dernière lettre m'a affligée, tu m'y dis à deux reprises : *Je ne sais de quoi remplir mon papier*, et tu ne réponds pas un mot à toutes mes tendresses. Tu ne souris pas à ce songe que l'amour maternel m'avait fait faire et raconter, ce me semble, avec la chaleur du sentiment. Tu ne souffles pas dessus, pour en détruire la fâcheuse impression. Toi, mon fils, dont l'âme est si tendre, réponds; la communication entre deux amis est-elle épuisable? Faut-il des événements politiques, des anecdotes piquantes, des récits nouveaux, pour alimenter des cœurs sensibles? Je suis, par la tournure de mon imagination, si prompte à supposer qu'il n'y a pas d'effets sans cause, que je travaille péniblement à chercher d'où peut venir cet épuisement dans un commencement de commerce que l'amitié doit rendre abondant et chaud plutôt que sec et borné. Je me suis dit avec amertume : peut-être mon bon Jules est malheureux ; et il accuse en secret sa mère d'une précipitation cruelle dans l'ouvrage de notre séparation. Mon fils, je t'ai laissé l'arbitre de ton sort ; j'ai consulté, j'ai penché vers ce parti, parce que je le croyais bon. Si les mesures de prudence, qui m'ont fait envisager ton instruction, ton intérêt et ton bonheur dans ce voyage, ne répondent pas à nos véritables vues ; si le séjour de Londres te déplaît ; si l'étude que tu dois y faire des hommes te rebute ; si l'humeur anglaise n'est propre qu'à renforcer en toi cette pente à la mélancolie que j'aime mieux voir affaiblir qu'alimenter ; profère ces deux mots qui dilatent l'âme : *Je suis libre*. Consulte ta raison, sonde tes inclinations, et suis, avec modération et prudence, la délibération que tu auras prise avec sagesse. Nos bras et nos cœurs te sont ouverts. Loin de nous cette tyrannie des parents, qui ne peuvent souffrir un pas rétrograde ! Il faut chercher en tous sens la sagesse et le bonheur. On peut revenir sur ses pas sans honte. A ton âge, on sonde le terrain, on essaye les routes, jusqu'à ce que l'on ait trouvé celle où l'on peut marcher utilement et agréablement. Si l'événement est le maître des sots, l'expérience réfléchie est le guide des sages. Méfie-toi de ton premier mouvement, de l'impétuosité de la tête ; assujettis-la à ta conscience et à ton cœur.

Je suis pénétrée d'admiration pour lord Stanhope. Tout ce que tu en dis me prouve que ce grand homme est bien suivant ton cœur. L'accueil qu'il t'a fait m'a rappelé celui que Mably fit à ton papa, lorsqu'il arriva à Paris dans les mêmes conditions où tu arrives à Londres, cherchant l'instruction et la science. Le bon abbé Mably s'y attacha au premier coup d'œil. Vingt ans d'une connaissance approfondie avaient fortifié leur estime mutuelle, et nous faisaient tellement chérir de ce sensible philosophe, que nous le voyions souvent ; et moi, indigne, j'ai passé de longues soirées avec lui, ayant sur un siège auprès de moi le petit Jules, et dans mes bras ton frère. Il vous caressait avec intérêt et trouvait que je faisais bien d'être tout à fait mère. Il avait une froideur apparente qui lui donnait un grand air de dignité. Concilie-toi la bienveillance de lord Stanhope ; c'est dans ces hommes qu'il faut étudier la belle nature et chercher tes modèles. J'y comprends le docteur Priestley, que je voudrais déjà que tu eusses vu. Il y a encore de la vertu sur la terre, et la vénération qu'elle s'attire de toutes parts fait bien voir de quel prix elle est à tous les yeux et pour tous les cœurs. Je suis parfois troublée des nouvelles de Londres. Je te supplie, mon enfant, d'éviter avec soin d'être compromis. N'aie nulle inquiétude sur Paris. Quatre années de miracles de la Providence, qui marque sa protection majestueuse pour le peuple, doivent donner de la foi, même aux incrédules. Ça ira.

Le roi vient de changer le ministère en partie : tu verras cela dans les feuilles. Cette hardiesse m'étourdit ; mais comme du reste de ses sottises, nous en ferons notre profit. M. Servan, qu'il brise comme un verre, était vraiment un patriote ferme comme un Romain, et capable des plus grandes vues. Nous le connaissons personnellement, cela fait poser le jugement que j'en porte sur des bases solides. Il avait quitté Romans pour venir prendre le timon de la guerre. M. Dumouriez est à sa place : Dieu veuille qu'il soit aussi pur que lui ! Gouvion est mort ; la folie des Français est d'exalter toujours la perte des officiers. Il semble que la nature avait un moule à part pour les ci-devant et qu'eux seuls ont les talents du commandement. Morbleu ! Chevert avait été soldat avant d'être général, et il y a peut-être des goujats dans l'armée qui pourraient devenir des Turennes, sans la sottise de notre préjugé. Dans ce moment, la droiture et le civisme sont, pour la prospérité de l'empire, les qualités les plus désirables dans nos généraux. La Fayette est élevé aux nues, Luckner s'entend avec lui. On attend des triomphes. Je compte plus sur..... Je m'arrête, j'ai tellement été éloignée du vulgaire dans le fol enthousiasme qui tourne toutes les têtes, que je dois m'imposer modestement la loi du silence. Tout ce que je puis te dire pour notre utilité commune, c'est que la vraie vertu est simple, et ne veut d'autres ornements qu'elle ; le faste de la vertu qu'on impose à la multitude n'est qu'un fard indigne de sa véritable majesté.

Dumouriez a bien de la défaveur. La manière dont il a parlé de son devancier, et mille autres observations fines sur un discours qu'il a fait à l'Assemblée, le font regarder comme un homme gagné. Les ministres nommés à la place de Rolland, Servan et Clavière sont très suspects. Hier, on imprima, dans plusieurs journaux, que Duranton avait donné sa démission, ne pouvant tenir avec le conseil des contre-révolutionnaires, dont le roi a l'imprudence de s'environner. Tout cela annonce encore un orage. Ce roi se comporte avec tant de duplicité et de mauvaise foi qu'il fait horreur aux âmes honnêtes. Il joue son trône, et vingt-cinq millions d'hommes, comme il ferait une partie de chasse.

Il y a un événement nouveau qui fait frémir. Un député aristocrate, après avoir provoqué inutilement Grangeneuve, l'a battu dans les couloirs de l'Assemblée. Grangeneuve est blessé, mais peu dangereusement. Le Sénat s'est réuni, cette nuit, pour prendre une détermination dans cette terrible affaire où il faut qu'il fasse une justice éclatante pour satisfaire le public indigné. Le nom du traître est *Jouneau*. Il n'est connu que par ce crime. Nous sommes vraiment dans une crise dont je ne vois pas sans effroi le résultat.

Lis avec attention, dans le *Moniteur*, la lettre de Rolland au roi. Elle lui a valu sa disgrâce à la cour, et va lui gagner l'admiration et l'estime de toute la France. Cet aveuglement des rois est bien le fléau de l'humanité. La vérité ne peut approcher d'eux et les imbéciles croient qu'en la rejetant ils l'anéantissent, tandis qu'ils lui donnent un nouvel éclat. Rolland est immortalisé.

Mon bon ami, ne te livre à aucune inquiétude sur nous. Ne crois pas aux mensonges des journalistes; mais crois à une Providence surveillante et bienfaisante, qui combine encore quelque nouveau prodige pour sauver la patrie des mains barbares qui la veulent déchirer. Tous ces événements me rappellent ce beau vers de Racine :

De la chute des Rois funeste avant-coureur....

et ces autres :

Celui qui met un frein à la fureur des flots,
Sait aussi des méchants arrêter les complots.

XXXIII

A SON MARI.

Paris, 19 juin 1792.

Nous avons monté à la maison commune, et nous avons vu et entendu le vertueux Pétion interroger le chef de la garde nationale pour des petits tours d'aristocratie qui l'avaient fait mander à la barre de la municipalité. Tout s'est bien éclairci, et j'ai admiré la modération du magistrat et la souplesse du militaire, qui a prétendu que le service personnel de chaque citoyen, qui vient d'être décrété par l'Assemblée nationale, remédierait au cas qui avait fait former la plainte. Bref, pour tirer parti de tout, il faut vous avertir d'apporter des exemptions légales ou vous soumettre à porter le mousqueton à votre tour ; ce qui, à cause de votre sciatique, me cause déjà mille inquiétudes.

On plante l'arbre de la liberté à chaque porte de corps de garde, avec une joie et un patriotisme qui raniment tous les feux civiques. Demain il sera planté aux Tuileries mêmes.

Le ministre a changé deux fois depuis M. Servan.

Le département a réfuté la superbe lettre de

Rolland. La Fayette en a adressé une hier à l'Assemblée qu'on ne croit pas de lui, tant elle sent le despote. Il dénonce la faction jacobite et demande l'anéantissement de tous les clubs.

On craint le royal *veto* sur les décrets de la fédération et de la féodalité.

L'état-major est dénoncé par des sections qui ont demandé, vu le danger public, leur permanence.

Combinez tous ces événements, et méditez, dans votre sagesse, quelle sera la catastrophe à laquelle nous touchons.

Demain, le peuple est levé. Il marche à l'Assemblée nationale pour demander de grandes mesures. Les adresses des sections, qui ont déjà paru, sont le bon sens et la droiture mêmes. Celle de demain, dont j'ai un avant-goût, d'après ce que j'ai entendu dire à la Commune par un citoyen éclairé, me fera peut-être aller à l'Assemblée nationale. Je vous regrette bien, et je sens que vous seriez ici, sur les bords de cette mer orageuse, singulièrement intéressé par ses flux et reflux; malgré toute votre philosophie et votre tendance au repos, vous seriez mieux qu'où vous êtes.

Dusault fait merveille. L'Assemblée tombe et se relève. Voyons quelle attitude elle va prendre dans ce chaos d'événements qui fait trembler les plus hardis. Un Mirabeau remuerait le sourcil, comme Jupiter, et tout irait ; mais il est dans la tombe.

On dit le roi de Hongrie mort, la ville de Berlin en insurrection, et tout le Brabant prêt à lever le saint étendard de la liberté. Tout le ministère prussien est renversé ; il faut attendre la confirmation de tout cela ; mais il peut y avoir du vrai, car les échos le redisent de tous côtés.

Les vetos sont mis sur le décret des prêtres et sur le rassemblement de vingt mille hommes. Le cinquième numéro de Robespierre condamnait cette mesure par des raisons qui paraissent bonnes et qui sont diamétralement opposées à celles qui lui ont valu l'honneur du *veto*. *La Révolution de Paris* montre, dans la Constitution même, la source de tous nos maux par les étranges prérogatives qu'elle accorde à l'individu royal qui a toute puissance pour faire le mal. Elle dit qu'il n'y a que le frontispice de l'édifice qui puisse tenir, et Robespierre crie qu'il n'en faut pas déranger la moindre petite pierre, de peur qu'il ne s'écroule tout entier. Ce conflit d'opinions jette dans la détresse ; cette *Révolution de Paris* m'inspire, depuis quatre numéros, la terreur de la méfiance.

Le peuple voulait aller armé, comme en 89, aujourd'hui, de l'Assemblée nationale au château des Tuileries, pour présenter des pétitions. Le département, avec sa prudence aristocratique, a promptement pris un arrêté contre tous rassemblements armés, en chargeant la municipalité de prendre toutes les mesures pour les empêcher, et rendant le maire de Paris responsable de la sûreté publique. Pauvre Pétion, pauvre Pétion ! Quelle angoisse pour tes amis qui te voient entre Charybde et Scylla. Le ciel veille sur lui ! C'est la vertu même ; mais les processions ont indisposé le peuple contre sa philosophie, et c'est le département qui l'a forcé astucieusement à la mettre au grand jour. Que d'intrigues et de ruses !

Marion a été, hier au soir, faire un tour aux Tuileries. Il y avait plus de personnes que de grains de sable : tous parlaient le même langage. Ils veulent fortement, et avec droiture, que le roi soit ou le soutien de la Constitution ou son ennemi déclaré. Ils demandent une marche découverte, une loyauté à la française, qui mènent au dénouement d'une tragédie qui tient tous les esprits dans les angoisses de la mort, pires que la mort même !

Cette lettre prétendue de La Fayette a été posée sur le secrétaire par une main invisible, et l'opinion se forme sur sa fausseté, mais que bas artifice !

8

Mercredi au soir, 20, anniversaire du Serment du jeu de paume.

Quel beau jour! Quel triomphe ! Quelle protection signalée du ciel sur le bon peuple. J'étais partie, à près d'onze heures, en traversant la place du Carrousel, j'ai vu un triple rang de cavalerie flanquée sur les murs et aux portes du château, dans toute la longueur de cette vaste enceinte. Un peuple immense de curieux remplissait le reste, et il y avait foule de là jusqu'à l'Assemblée nationale. Je pénètre enfin à l'escalier de votre tribune. M. Duveleray m'assure qu'elle est remplie; mais je vais à la tribune de M. Euvy, et m'y voilà entre mademoiselle Canot et Julliot, Auguste à mes côtés. La pauvre Marion dehors, qui est restée aux Tuileries jusqu'à sept heures. Ainsi vous saurez ce qui s'est passé de tous les côtés; car Marion a l'œil et l'oreille d'un observateur philosophe.

Jamais l'Assemblée n'avait été plus brillante et plus majestueuse, pas un vide; quatre ou cinq mille âmes dans ses diverses parties dans le silence le plus profond, ou dans la plus violente agitation, suivant le besoin.

Arrive le département à la barre : La Rochefoucauld, Demennier, etc. Rœderer porte la parole. Il dit que les rassemblements sont défendus par la Constitution; que celui qui s'avance a été interdit par un arrêté du Directoire, qu'il est sûr que la masse du peuple est pure; mais que les malveillants, etc., etc. Il laisse à la sagesse de l'Assemblée à prendre des mesures, et les tribunes mornes et pensives jettent un coup d'œil d'indignation sur cette autorité constituée, qui traverse la salle sous le silence improbatif que vous connaissez.

Vergniaud monte à la tribune. Tous les cœurs le suivent. Il motive, avec modération, les raisons qu'on a de recevoir le peuple, quoiqu'aux termes de la Constitution il semble en défaut. Il ne touche pas les grosses cordes, et il n'en a pas besoin pour persuader. On a reçu, dans l'Assemblée constituante et dans celle-ci, les différents envoyés des sections ou bataillons. Quel motif pourrait-on donner à ceux-ci d'un refus injuste et cruel? Le nombre des citoyens armés était d'environ trente mille. L'infâme Dumolard est monté à la tribune avec la rage de Catilina. Après avoir invoqué la Constitution, il a dit qu'il fallait déployer toute la rigueur de la loi pour empêcher l'admission de cette multitude. Ramon a eu la hardiesse de parler dans le même sens; mais avec plus de ménagements. Le sang inonderait Paris si Dumolard avait été écouté; la fureur de la minorité, l'indignation de la majorité ont produit un vacarme qui a obligé le président à se couvrir. Vergniaud a reparu à la tribune ; il a reproduit ses moyens ; il a redoublé l'espoir et l'admiration de ceux qui l'écoutaient dans le plus profond silence. Guadet a parlé à son tour, et, au sujet du département, il a lancé cette petite épigramme : Un empereur romain qui voulait prendre le peuple en infraction à la loi, la faisait écrire d'une manière si inintelligible que le pauvre peuple se trouvait toujours coupable. Le département avait fait afficher son arrêté d'hier, ce matin, quand nos trente mille étaient en marche. Il faut vous ajouter que ce peuple éclairé n'avait pas fait cette démarche sans en donner avis au département et à la municipalité. La catastrophe horrible du Champ-de-Mars fut rappelée avec énergie ; tout était semblable ; ce souvenir fit frémir d'horreur. Enfin, après divers petits incidents, la grande majorité décréta l'admission des pétitionnaires à la barre. La Source dit qu'il y avait aussi une pétition pour le roi, qu'on déposerait, si l'Assemblée le voulait, sur le bureau, pour qu'elle en fît l'usage que lui prescrirait sa sagesse. Aussitôt on fit la motion d'envoyer une députation de soixante membres, au château des Tuileries ; cette mesure, qui n'a pas été décrétée, a, sur-le-champ, eu son exécution par les noirs qui sont sortis dans un accès de rage, et j'ai su depuis que le roi en avait été entouré le reste du jour.

Les pétitionnaires à la barre, un orateur, nouveau Cicéron, a déployé une telle éloquence qu'il a fixé tous les esprits, et a mis au jour des idées si sublimes et des vérités si simples avec une force de logique et de sentiment si impérieusement persuasive, qu'on aurait voulu que tous les sens fussent changés en oreilles, pour mieux l'entendre. Le silence était commandé par l'admiration, il était profond et majestueux comme le discours. Enfin il a été couvert d'applaudissements, de bravos, qui ont fait retentir les voûtes du Sénat. François, qui présidait, a répondu platement et froidement, comme il a fait tout le reste. Bref, l'impression, la mention honorable, les honneurs de la séance pour les pétitionnaires, le passage dans l'Assemblée pour tous les citoyens, ont été décrétés par acclamation. Tout le peuple était debout. Le vrai souverain a su déployer une vraie majesté, il a été à passer deux heures, montre en main, dans un ordre, dans une tranquillité magnifique. On y voyait des citoyens armés de piques, des gardes nationaux, des chasseurs, des grenadiers, des troupes de ligne, des dames, des femmes du peuple, tous mélangés dans le véritable esprit de l'égalité et de l'union fraternelle. On portait les tables sacrées des droits de l'homme et mille emblèmes de la Constitution et de la liberté. La musique militaire jouait l'air *Ça ira*. Les deux faubourgs Saint-Antoine et Saint-Marceau étaient réunis, et cela était gravé sur un tableau allégorique, avec cette devise : *L'Union fait la force*. Ils étaient quarante mille. L'uniformité de cette procession nouvelle était coupée par divers changements des objets qu'elle présentait aux yeux et qui renouvelaient l'attention. Elle a été aussi interrompue par divers heureux incidents. Il y a eu des drapeaux qui se sont enlacés en saluant le président ; on a crié à la réunion. Un quidam, sous l'habit d'un rustre, l'a suspendue un moment pour dire un mot, sur la guerre, plein de force et de sens. M. Santerre, qui était à la fin, a offert, au nom des faubourgs, un superbe drapeau. Le président a arrêté le dernier goupe, qui tenait toute la salle, pour apprendre en même temps au peuple et à l'Assemblée que le brave Lukner avait pris Courtray, et qu'il a fait plus de mille prisonniers de guerre ; que les Allemands de la cité avaient crié : vive la *Nation française*. La Fayette est fort soupçonné d'avoir fait la lettre ; on y reconnaît tous ses sentiments, il est à moitié démasqué. Attendons, attendons.

Marion a vu des choses étonnantes. Le peuple a été chez le roi. Il lui a présenté deux cocardes, l'une tricolore et l'autre blanche. Louis a pris les trois couleurs ; il a mis le bonnet rouge. On lui a dit des choses superbes, on lui a sans doute donné la pétition. Tous ces détails à demain, si je peux les attraper avec certitude. Marion était aux Tuileries avec deux cent mille âmes, elle a vu le peuple à toutes les fenêtres du château donnant des signes de paix et de contentement. On dit que la femme du roi était partie le matin, je ne sais où.

Jeudi matin.

La nuit a été calme et tranquille. Le garçon perruquier, qui a déjà répandu des nouvelles dans la maison, assure que le peuple a déployé partout la plus grande modération et la plus profonde sagesse. Il était dirigé par des personnes éclairées. Ma fidèle Achate avait observé, hier, tous les mouvements qui étaient réglés et mesurés. Ils avaient fait ouvrir à la garde nationale la porte du château, autant par la force de leur raisonnement que par la puissance de leur nombre, et l'on entendait partout : le peuple ne fera rien qui soit indigne de lui ; il ne veut que justice et loyauté. Les aristocrates, qui avaient fondé sur cet événement l'ouverture de la guerre civile, répandaient mille faux bruits dans Paris. On disait que le château était au pillage et mille autres calomnies. Les faux frères dans la garde nationale, les Fayettistes étaient aux abois. Deux fois, ils ont fermé les portes du jardin, deux fois on leur a fait ouvrir. On a remarqué trois ou quatre officiers dans chaque patrouille ; et, pour ainsi dire, un cordon d'épaulettes le long de la terrasse du bord de l'eau. La grande majorité était dans une union si parfaite et dans une attention respective si touchante, qu'il n'est pas arrivé le moindre accident. Le peuple a pressé le roi de suivre la Constitution et de remplir ses promesses. On dit que le brave Pétion s'est transporté au château, qu'il a engagé le peuple à se retirer et qu'il a répondu, sur sa tête, du succès des événements.

Le roi va aujourd'hui à l'Assemblée nationale. Tout est calme et déjà, à huit heures du matin, très éveillé et très animé. La reine était près de son époux ; elle a donné son fils à M. Santerre pour qu'il le prît dans ses bras et le fît voir au peuple.

Vous l'avouerai-je, tout se dit avec une confusion qui m'empêche de vous en attester la vérité. Ce qu'il y a de sûr, c'est l'ordre de ce beau désordre et la tranquillité générale, avec le bon esprit public français, qui a fait, de cet événement, une vraie fête civique. Jamais je n'ai vu plus d'assurance et de franche gaîté, mêlée pourtant d'une certaine fierté et d'une dignité qui rendait le rire imposant.

En passant sur le Pont-Neuf, hier vers six heures, il y avait une foule effrayante, on plantait l'arbre de la liberté. La Samaritaine jouait avec tous ses carillons l'air *Ça ira*. Henri IV semblait battre la mesure, tant le patriotisme commandait aux éléments et aux hommes.

Mon bon ami, que n'es-tu ici, je verrais par tes yeux, car je me tiendrais volontiers dans ma case ; mais l'envie de voir pour te rendre compte, et cet amour du peuple, fondé sur le véritable amour de la justice et de l'humanité, me donnent des sollicitudes pour lui si impérieuses et si fortes que je ne peux rester dans l'inaction, quand je le sens en danger. La curiosité est toute dans mon cœur : hier, j'ai eu un accès de fièvre chaude, parce que je voyais un moment d'incertitude sur son sort.

Ce jour présente un grand intérêt. Le caractère pusillanime est le plus prononcé dans le Sénat. Il faut toujours qu'il soit élevé par le peuple pour être grand. Que va-t-il dire et faire ? Le roi y vient. Les quarante mille citoyens sont entrés, contre l'ordinaire, par la porte vis-à-vis la place Vendôme et sont sortis par la cour longue et étroite du manège. Ils ont défilé, par la terrasse, devant le château qu'ils ont cintré et entièrement environné. Ils y sont entrés par les portes de la place du Carrousel. Je remarque aujourd'hui, dans le sang-froid de la réflexion, que Vergniaud et Guadet n'ont dit aucune de ces choses qui découlent des grandes âmes dans une si grande circonstance. Leur plus fort argument, c'est qu'il fallait recevoir le roi, puisqu'on avait reçu le peuple. Qu'une âme forte en aurait bien développé d'autres ! Mais la pétition a tout dit. On m'assure que le roi prenait des bouteilles de vin qu'il buvait au goulot à la santé de la nation et les présentait aux officiers.

Il a demandé jusqu'à ce matin dix heures pour faire ses réflexions sur les deux *vetos*. Jugez des criailleries de nos crapauds de noirs sur la liberté royale; mais, puisqu'il ne l'emploie qu'à faire du mal, ses chaînes font la liberté du peuple.

XXXIV

Paris, 23 juin 1792.

Ménage bien ta santé, écris-nous souvent et défends-toi du noir de l'humeur anglicane. Si je l'avais bien connue, j'aurais été moins empressée à t'envoyer étudier les hommes dans un pays où la nature semble les avoir créés dans un accès de mélancolie. Au reste, si le sombre aspect qu'elle te présente pouvait être assez désagréable à tes yeux pour chasser de ton âme celle qui te maîtrise quelquefois, tu tournerais en remède salutaire la justesse de toutes tes observations. Quand on a reçu du Ciel un cœur droit, une intelligence sage, qu'on a des amis à aimer, des semblables à servir, l'existence est si douce, que l'on doit, à chaque pas que l'on fait dans la vie, remercier l'Être suprême de nous l'avoir donnée ; et loin de semer des épines devant soi pour entraver sa marche, il faut chercher à n'y répandre et à n'y recueillir que des fleurs. La santé de l'âme et du corps rend tout riant dans la nature : quels charmes elle offre aux âmes sensibles, et que de jouissances elle réserve aux âmes pures ! Mon bon ami, que d'avantages nous avons sur les gens vulgaires par les sensations délicieuses que nous font éprouver les beautés naturelles d'un champ, le murmure d'un ruisseau, l'aspect d'une belle vue, l'ombre d'un bois. Est-on malheureux, quand on est organisé de manière à sentir vivement le charme de la belle nature et les charmes plus puissants encore de la vertu ?

Mon cher enfant, le bonheur consiste à se bien connaître, parce qu'on n'entreprend rien au-dessus de ses forces, et que, sondant bien le terrain où l'on marche, on n'y fait point de faux pas. Les fantômes de l'imagination, sur lesquels la raison doit toujours souffler, seront une grande cause de tes rêves mélancoliques. Je te prie de n'en faire que de couleur de rose sur moi et ton papa. Nous t'aimons comme notre fils et notre ami; nous voulons pour toi la sagesse et le bonheur. Les préjugés, toutes les folies de la fortune ne sont rien pour nous ; mais le vœu de mon cœur maternel est que tu tires bien parti de toutes les diverses situations où les caprices du sort placent les hommes, pour être à peu près content.

Voilà tout ce que tu auras de moi aujourd'hui. Quelle description je t'aurais faite du triomphe du peuple et de sa majestueuse tranquillité dans l'attitude fière qu'il a prise hier ! Quel spectacle pour un observateur ami des hommes, et quel mélange aimable, dans le caractère français, d'une grandeur sublime avec les charmes de la gaieté ! Il a fait une fête civique d'une catastrophe terrible en apparence, et jamais Paris ne fut plus joyeux et plus calme que dans cette singulière agitation d'un grand peuple. J'ai tout vu et tout entendu. Je suis allée à l'Assemblée nationale, sur les places publiques, dans les rues ; et je t'assure que je n'y ai recueilli que des preuves de la bienveillance et de la générosité d'une multitude assemblée sous la bannière de la fraternité. La pétition était digne de Démosthènes.

Sois persuadé, mon fils, que la France a changé de face, qu'elle sera libre en dépit des petits hommes qui s'y opposent, à la tête desquels je place, à regret, plusieurs de nos grands directeurs politiques qui trahissent, le lendemain, leurs promesses de la veille. Je me fonde sur trois observations générales : la pluie d'or qui tombe continuellement sur le bureau pour les frais de la guerre ; les arbres de la liberté qui se plantent à toutes les portes des corps de garde de notre capitale et dans tous les coins du royaume et qui vont couvrir la surface de l'empire ; les sentiments élevés et sublimes qui respirent dans chaque pétition.

Me voilà tout à coup arrêtée dans l'envie de donner l'essor à mes pensées sur un si beau sujet. Je crains toujours que mes lettres ne restent en chemin ; je crains toujours de te donner des opinions dont l'usage est prohibé où tu es.

J'ai assisté aujourd'hui à la séance de l'Assemblée nationale. J'ai trouvé dans ma tribune une femme pleine d'esprit, amie intime de M. et madame Pétion. Elle m'a donné les détails circonstanciés des communications que le magistrat du peuple a eues, hier, avec le pouvoir exécutif. L'homme-roi n'y joue pas le beau rôle. Mais elle m'a rendu un compte délicieux de l'intérieur moral du brave Pétion et de sa femme. La vertu est là, mon fils, il n'est de héros en robe de chambre que l'homme de bien, et tout ce que cette femme, qui connaît Pétion depuis vingt ans, m'a dit de lui, redouble mon estime et mon admiration [1].

J'ai vu aussi une grande dame, amie de la maison d'Orléans, qui m'a assuré que le père et les enfants étaient tous à l'armée dans la tranquillité et la sécurité des plus simples citoyens. On fait des fagots sur eux, qui font pitié à la raison.

Je suis bien aise de te dire, en passant, que le *Moniteur* est souvent infidèle ; ce que j'ai eu lieu d'observer de mes propres yeux, dans d'importantes occasions. Il favorise Dumolard, c'est te dire son secret. Il glisse un peu sur une circonstance où il déployait toute la beauté du caractère de l'indigne Romain, Catilina. Mon franc parler m'échappe toujours. Dis-moi, mon cher fils, si la chose est *inconvéniente*. Ce mot nouveau me plaît. Mais revenons à nos moutons.

Je te prêcherai toujours de te méfier de ton imagination, qui est un vrai microscope. Fais-moi le plaisir de me dire si tu as vu le respectable docteur Priestley, et si tu vois souvent lord Stanhope. Nous sommes fort tranquilles à Paris ; n'ajoute foi

---

[1]. Environ trente mois après que cette lettre avait été écrite, le jeune homme de dix-sept ans, à qui elle est adressée, se trouvait en prison avec la femme et le fils de Pétion. Madame La Fayette était dans la même maison de détention avec madame Pétion et avec le jeune Jules.

à aucune mauvaise nouvelle politique, que je ne te la donne. Je ne mens pas comme une gazette, et je ne vois pas en noir, comme les peureux.

XXXV

A SON MARI.

Paris, 24 juin 1792.

On ne respire pas ici, tant les événements s'accumulent et tant les orages s'amoncellent. Rien de si terrible. La journée de mercredi, dont je vous ai fait la description, aura peut-être des suites fâcheuses, parce que l'Assemblée fléchit. Un décret d'aujourd'hui ordonne les mesures les plus précises contre les rassemblements armés. La proclamation du roi, qui a été faite hier, et qui est placardée avec tant de profusion qu'il y en a cinq de chez moi chez M. Crouset, est tellement calomnieuse et attentatoire à la vérité, qu'elle soulève d'indignation. Mais, par malheur, l'aristocratie bourgeoise et le bon nombre de modérés qui veulent, à ce qu'ils disent, la Constitution, prétendent que, les lois devant soumettre tout, le peuple doit rester dans le parfait repos. Une proclamation de la municipalité tend aux mêmes fins ; et si demain, comme on nous en menace, le pauvre peuple ose remuer, il est mort ; à moins d'un miracle ou de la stupeur. Demain sera un jour néfaste. J'espère que les guides du peuple prendront en considération la fatale réunion des autorités constituées pour le sauver du plus grand danger, de manière que je pense qu'il n'y aura demain aucun mouvement populaire, en dépit de tous ceux qui le désirent pour ouvrir la porte à la guerre civile.

Nos affaires sont en plus mauvais état que jamais je ne les ai vues, à cause de la folie de certaines gens qui prétendent que la Constitution est violée par le peuple, comme si le roi l'avait laissée vierge ! Les pauvres Jacobins sont chargés de tout cela ; et l'on n'entend qu'anathèmes contre eux. J'ai remarqué, mercredi, deux cent mille âmes à la suite du rassemblement de quarante mille ; et, si les Jacobins ont excité et poussé tout cela, ils sont puissants. Autre sottise, ils paient. Les extravagances là-dessus sont hors de sens, et la diversité des opinions entre les patriotes est pitoyable. J'espère, malgré cela, qu'il y en a assez d'éclairés pour sauver la chose publique.

Le roi a mis le bonnet rouge ; crime du peuple. Pétion lui a parlé avec la dignité d'un homme ; crime du magistrat. Il semble qu'il soit encore roi de France et non roi des Français, à la manière dont on sert ses sottes vengeances. Les ministres ont paru aujourd'hui à l'Assemblée : *d'animaux malfaisants c'était un très bon plat*. Guadet les a bien lancés; mais... Il se prémédite quelque chose dans le Sénat. On renvoie tout à la commission des douze, dont est Guiton, qui paraît vigoureux; Brissot et Condorcet, avec Gensonné, ne parlent plus. Tous les grands rapports sont sur le métier, que deviendrons-nous? Jamais je n'ai vu noir comme aujourd'hui.

M. Boucly n'a pas manqué de me parler avec bonhomie de tous les principes politiques du club de Montaigu. Je lui ai dit, avec naturel, qu'ils étaient Feuillants. Il pense que « le pouvoir exécutif est traître et perfide; mais c'est à la Constitution à le faire marcher. Si elle n'a pas ce moyen, il faut voir et surtout respecter la Constitution; ce peuple armé n'est pas le vrai peuple, ce sont des étrangers, des brigands, ou ce qu'on appelait jadis la lie du peuple qui, n'ayant rien, n'a intérêt qu'au désordre. » J'ai dit modérément ce que j'ai pu dire; mais j'ai vu l'aristocratie bourgeoise, qui fait cette séparation terrible dans la classe populaire, plus dangereuse que tout. Le tambour bat partout. Le bataillon de Sainte-Geneviève est déjà sur pied.

J'ai traversé la place; un officier m'a dit : *Madame, nous allons soutenir la loi*, et il s'éloignait. Un soldat a répondu : *Nous ne sommes pas de son avis. Bah! ça ira ; nous ne tirerons pas.*

Je vous disais hier que c'était la proclamation qui était prodiguée. C'est la lettre du roi, qui demande le rassemblement de quarante-deux bataillons pour former un camp entre la capitale et les frontières. C'est à peu de chose près ce que demandait M. Servan, ce qui a causé sa disgrâce et le décret frappé du véto ; c'est un artifice royal auquel je ne conçois rien. Il veut et ne veut pas, il met son véto sur un décret du Corps législatif, qui veut le rassemblement de 20,000 hommes, et il commande quarante-deux bataillons.

Je compte avec assurance que tout ce tapage de la garde nationale ne sera que du bruit. Si le peuple marchait, ce serait une telle force que la garde n'y pourrait rien. Mais ses conducteurs ne l'exposeront pas à l'orage de ce jour. C'est Saint-Hurugue qui était, mercredi, à la tête des citoyens et Santerre à la tête des soldats.

Le mercredi, dans la dernière visite du maire au château, le roi lui a dit avec emportement: « Paix, paix, taisez-vous. — Jamais, Sire, le magistrat du peuple ne doit souffrir qu'on lui impose silence, » et il s'en fut. Jugez de la rage de la cour contre cet homme vertueux.

J'ai envoyé, ce matin, chercher mademoiselle Chrétien, que je n'avais pas vue depuis un mois. Elle m'assure que le peuple, dirigé par les plus habiles mains, ne bougerait pas; que son dernier rassemblement s'était fait dans une intelligence si supérieure, qu'il n'y avait pas, dans les quarante mille âmes, de sujets qui ne fussent garantis ou par les différentes sociétés patriotiques, ou par les sections, ou pour les militaires, par les bataillons. L'argument irrésistible contre les horreurs de la calomnie, c'est que Louis XVI, sa femme, ses enfants, sa cour, sont pleins de vie et de santé; qu'on ne leur a exprimé que des sentiments qui auraient dû réveiller chez eux le remords, et qui auraient touché des cœurs qui eussent été susceptibles de quelque générosité.

Le roi a pris un bonnet rouge et l'a posé de son propre mouvement sur sa tête; son portrait est déjà fait. Ce prince, que sa faiblesse conduit à la fausseté et à la perfidie, a orné son front avec orgueil de ce signe de la liberté; il l'a foulé aux pieds dans ses récriminations mensongères contre le peuple. Sa lettre à l'Assemblée, sa proclamation, les procès-verbaux dressés sur un coup de hache donné dans sa porte, tout cela sent le despote qui a un Monck à la tête d'une armée pour punir les insolents qui osent le regarder comme un homme.

Ce matin, je suis allée sur la place du Panthéon, où étaient trois bataillons avec leurs canons, mèches allumées. Il n'y avait presque que des officiers. C'est un joli régiment de *plats à barbe;* c'est ainsi que l'on nomme leurs hausse-cols. Les femmes en plaisantaient : « Ces messieurs attendent sûrement qu'il pleuve des Autrichiens, car ils sont trop galants pour tuer des Français. » Une autre : « C'est vraiment l'armée de Coblentz, ce sont tous épauletiers. » Ils ont croqué le marmot jusqu'à une heure et ils ont battu la retraite après ce brillant exploit. J'ai vu et entendu tout cela avec joie. Enfin, mon ami, voilà encore un orage détourné. Patience et courage. Je ne puis résister à vous envoyer le journal du soir, tant j'ai eu du plaisir à lire tout ce qu'il y a d'intéressant.

Nous sommes allés, à sept heures du soir, nous fourrer dans les tribunes de notre section, au ci-devant collège de Navarre. Nous avons entendu arrêter que le commandant général et M. Pinon avaient perdu la confiance de la Nation. La section des Lombards annonce qu'elle a fait des ballots de tous ses habits de gardes nationales pour les envoyer à ses régiments de volontaires qui en manquent; que, désormais, les habitants de cette section feront leur service en habits de citoyens. On a voté une adresse à l'Assemblée nationale pour demander la réduction des soixante bataillons en quarante-huit, nombre des sections, et la suppression de l'état-major. Tout cela a été couvert d'applaudissements, ainsi qu'une motion pour lire à l'Assemblée l'adresse du faubourg Saint-

Antoine, que vous trouverez dans le journal.

Boucly m'avait dit : « Madame J...., allez seulement une fois à notre section ; vous verrez si l'on peut y tenir, ce sont de vrais sans-culottes qui déraisonnent. » Je ne suis guère de leur avis ; D...., qui en était président, y a fait parvenir sa démission ce soir, étant fort des feuillantins de Montaigu. L'esprit public est parfait dans le peuple ; il n'y a plus que l'aristocratie bourgeoise qui prive les sociétés du renfort qu'elles auraient reçu de la partie du peuple éclairée ; mais tout n'est pas perdu, et *ça ira*, en dépit des méchants et des sots.

Notre première pensée, à Marion et à moi, c'est de vous regretter. Quel dommage que M. J... ne soit pas ici ; que de douces jouissances pour sa grande et belle âme ! Toujours des chocs terribles où le ciel protecteur favorise tellement la masse imposante des gens de bonne foi, que le peuple triomphe de toutes les ruses de la politique artificieuse des cours et des infâmes calomnies de leurs écrivains à gages. On reçoit tous les jours des adresses des départements qui parlent le langage de la vérité. Il y en a une de Dijon, qui est digne de Cicéron.

9.

XXXVI

Paris, 26 juin 1792.

Je te recommande la prudence la plus circonspecte dans l'énoncé de tes sentiments sur la Révolution française et sur la Constitution anglaise. Je vois d'ici la verge du despotisme toujours levée pour réprimer les moindres libertés. J'étais loin de penser qu'il en était ainsi, là où tu es; mais tout ce que j'observe dans les papiers publics me donnerait de sérieuses inquiétudes, si j'avais moins de confiance dans ton bon esprit. J'aime ton lord Stanhope, comme j'ai aimé l'abbé Mably. Je t'engage bien à cultiver cette précieuse connaissance; s'il te place par une sainte alliance dans une famille anglaise, aux nobles conditions dont nous avons déjà parlé, ce sera à toi, instruit déjà par ta propre expérience, à nous dire ce qu'il te faudra pour fournir à ton entretien. Il me tarde aussi que tu aies vu le docteur Priestley. Je suppose que ces deux grands hommes contemporains et compatriotes doivent être amis. Je désire savoir si tu vas assidument chez le Lord philosophe. N'oublie pas de lui présenter les hommages de ta mère, et de lui exprimer la reconnaissance d'un cœur maternel, bien sensible à l'intérêt qu'il daigne prendre à toi, et plein d'une vénération profonde pour ses vertus. Tu es cependant libre, cher enfant, d'éloigner cette motion et d'invoquer la question préalable ; car je n'ai pas l'art de deviner si l'à-propos y serait ; et l'à-propos est un grand point. Fais toujours des révérences, à mon intention, à ces grands hommes, c'est tout ce que j'exige. Parle-moi de Fox ; combien je l'estime ! Dis-moi un peu s'il est prophète en son pays. Raconte-moi également l'usage que tu fais du temps, les progrès que tu fais dans la langue anglaise et si tu t'adonnes à d'autres études.

L'opinion publique commence à prendre une assiette solide sur tous les événements qui ont étourdi les plus sages ; et, malgré la sotte division des patriotes, la grande majorité, éclairée des lumières du bon sens et dirigée par une droiture sévère, approuve et sanctionne la démarche constitutionnellement inconstitutionnelle du peuple. Ils ont saisi l'esprit de la loi, sans s'en tenir à la lettre, comme le voudrait toujours le modéré feuillantin, qui aime mieux périr dans les formes que d'être sauvé par une heureuse infraction. Le calme le plus grand règne dans la capitale ; mais, comme dans les jours d'orage, le soleil brille d'un éclat plus radieux, pour être couvert par d'autres nuages, qui enfanteront encore la pluie, la grêle et la tempête : de même, notre tranquillité n'est que l'avant-coureur de nouveaux troubles, et ce moment de repos, nécessité par la fatigue de l'agitation, prépare encore des secousses. Si le pouvoir exécutif prenait une direction droite, la Constitution irait toute seule; mais c'est le contraire, il semble se faire un jeu de sa destruction, et ses calomnieuses récriminations sur la démarche prononcée du pauvre peuple marquent bien qu'il serait barbare dans ses moyens de répression, s'il en avait la force. Ce qui justifie pleinement la multitude et prouve la pureté de ses intentions, c'est que, malgré toute la corruption des têtes de la cour, elles n'ont pas perdu un cheveu dans ce grand mouvement d'un peuple indigné. Le roi, sa femme, ses enfants, femmes, courtisans, tout a été respecté, et l'effervescence de six cent mille âmes n'a pas produit, grâce au ciel, l'apparence d'un crime. C'est un vrai péché véniel que l'entrée dans le Louvre; et, si Titus y avait été dans le costume et sous l'habit de Louis XVI, il aurait pu mériter, dans ce grand jour, le titre si précieux de délices du genre humain, en manifestant seulement les vertus les plus communes de l'honnête homme. Le roi a pris volontairement le bonnet de la liberté et s'en est couvert avec un air de loyauté qui a ravi tous les spectateurs. On lui a demandé la levée des vétos avec modération, à quelques naïves grossièretés près, échappées sans doute à des malveillants, au moment où l'on a exigé l'ouverture de l'antre. Rien de fâcheux ni de bas n'a souillé cette singulière et éclatante journée.

On a beau faire pour corrompre l'opinion publique, la vérité brille et la garde nationale, malgré l'astuce d'un grand nombre de ses officiers, est bonne dans sa majorité. Les sociétés patriotiques, qui s'épurent et se multiplient dans le moment où l'on déclare une guerre si terrible à la société mère, répandent des flots de lumière et surveillent avec une activité si infatigable qu'il n'y a pas moyen d'échapper à leur perspicacité.

Le rassemblement s'était fait avec une intelligence si supérieure et un accord si parfait des différents corps civiques, que, si l'on n'était pas entré au Louvre, il n'y aurait pas eu une peccadille contre la loi; mais la nombreuse quantité d'instruments rompt quelquefois l'harmonie dans le concert le mieux organisé. Mon bon ami, les vrais amis de la concorde, dans les différents partis, voient si clairement que les amis de la Constitution sont ses soutiens, qu'ils s'y attachent, à raison des persécutions qu'on leur fait éprouver.

Il y a plus de *Jacobites*, pour nous servir de ce mot consacré, que jamais il n'y en eut.

Les départements commencent à énoncer leurs sentiments sur l'événement populaire du 20 juin, qui fait, à un jour près, l'anniversaire du 21, jour mémorable de l'an passé, par la fuite honteuse du pouvoir exécutif, et de sa lâche désertion de son poste. Sans le calme sublime du peuple cette désertion aurait plongé l'empire dans les fureurs des guerres civiles. Pesez dans la balance intègre de la justice ces deux événements. La fameuse protestation du roi contre la Constitution, et l'amour du peuple pour elle, font juger, dans ceci, qui cherche à la soutenir ou à la renverser. Les départements, dis-je, parlent. La petite minorité, organe de la calomnie, crie haro sur le peuple et flatte la cour. L'imposante majorité fait entendre le langage fier des hommes libres, et, pour asseoir un jugement impartial, il suffit de savoir que deux et deux font quatre, et de recueillir dans la bonne foi le nombre de ceux qui flattent et de ceux qui osent dire la vérité. Si le résultat produit six contre un, la majorité est d'un cinquième : c'est le calcul déjà fait et prouvé dans ce qui a paru. Je suis allée hier à l'Assemblée nationale. J'ai entendu les adresses de Lyon, de Laval, de Brest et celles d'Abbeville et de Péronne. Je t'engage à voir tout cela dans le

Moniteur, si sa bénignité ordinaire ne lui fait pas soustraire les plus vigoureuses, sur lesquelles on passe à l'ordre du jour, parce que les yeux faibles, blessés par la lumière brillante de la vérité, ne peuvent en soutenir l'éclat et se joignent à ses ennemis pour la couvrir de nuages, qui la dérobent au grand jour.

Croirais-tu que j'ai envie de mettre mon véto sur tout le mal que tu dis des manies anglomanes. Il me semble, mon cher Jules, que toi qui as un si bon cœur et tant de philanthropie, tu ne devrais pas découvrir avec une telle sévérité le résultat d'un premier coup d'œil sur un peuple qui fait depuis si longtemps l'admiration des autres et qui tenait le premier rang, dans l'Europe, pour la liberté et l'humanité. Pardonne, mon cher enfant, j'ai un cœur qui ne me permet pas d'être philosophe, et j'aime tant l'indulgence et la bonté que je réclame la tienne en faveur de tes hôtes, afin qu'elle adoucisse les couleurs du tableau, quand même la nature te le présenterait avec toutes les ombres anglaises. Je te supplie, mon bon ami, d'être toujours en garde contre ton ardente imagination et contre le modèle idéal que tu as des hommes. Apprends bien à les connaître. Ils sont bons en général, la société les a un peu gâtés, quoiqu'ils soient faits pour elle. Non, nous ne sommes pas faits pour vivre dans les bois, et pour marcher à quatre pattes, comme il en prend envie, quand on lit ton grand ami J.-J. Rousseau. Aussi, mon cher enfant, accoutumons-nous à les voir, ces pauvres hommes, avec leurs vices et leurs vertus, pour éviter les uns avec horreur et pour imiter les autres avec délices. Surtout, point de masques hypocrites ; c'est la plus grande difformité de la nature.....

Vendredi au soir.

J'étais bien loin de penser, en écrivant hier ma dernière phrase, que La Fayette jetterait à bas le masque et se montrerait sous tous les traits de Cromwell. Il a paru à la barre de l'Assemblée nationale, au moment où l'on s'y attendait le moins. Hier, après-midi, il a dénoncé l'attentat des Tuileries ; il a parlé avec la hardiesse de Catilina. Cette scène, sans doute préparée, n'a rien produit que l'indignation des tribunes ; car l'Assemblée n'en a point manifesté : elle a paru frappée d'étonnement. J'avais l'idée que le lendemain d'un jour si singulier serait marqué par quelque grand trait de patriotisme : *niente*. Une dénonciation calomnieuse contre les Jacobins, qui n'a rien produit; ensuite, un compte vague des six ministres, et une lettre de Luckner au roi, dans le même esprit que le beau discours de l'autre général. Il réclame le respect pour le représentant héréditaire, pour le premier fonctionnaire, le chef suprême de l'armée ; une proclamation du roi à l'armée dans les mêmes principes ; ensuite, pour mêler et assaisonner tout cela, une petite victoire de l'armée de La Fayette, adaptée aux circonstances, comme dans les contes des fées, et sur tout cela, renvois à la commission des douze.

Je suis bien peu satisfaite de l'Assemblée. Elle a hier accordé les honneurs de la séance à La Fayette, comme à un simple pétitionnaire. Il est allé s'asseoir au beau milieu des aristocrates. On l'en a fait déloger pour le conduire au banc consacré aux porteurs de pétitions. Il est, dit-on, parti hier, ce matin, je ne sais. Cet homme vraiment extraordinaire dans les différentes époques de notre révolution a fait rétrograder l'opinion publique, et, au nom de la liberté, il sert ses ennemis. Je ne peux pas encore calculer le produit de son nouvel exploit. Il a avoué sa lettre avec la confiance d'un homme qui sent sa force. Il a dénoncé les Jacobins le plus despotiquement du monde. Ses meilleurs amis ne savent qu'en dire. La lettre de Luckner n'est qu'un supplément insignifiant qu'on attribue à son collègue, et qui ne nuit que peu à la confiance qu'on lui accorde *à lui Luckner*.

Adieu, mon cher enfant, nous sommes et serons encore longtemps agités, sois bien prudent et bien circonspect. Si Mirabeau avait été hier à l'Assemblée, le général serait resté dans le couloir. Il savait frapper de grands coups, avec l'arme de l'à-propos, qui est toujours victorieuse; mais les hommes à caractère, où sont-ils dans le Sénat? L'esprit ne suffit pas.

Tâche d'être heureux, et ne regrette point Paris dans ce moment, quoiqu'il soit tranquille en apparence; car il couve des orages. La stupeur du Sénat fait le désespoir des honnêtes gens, qui sentent qu'il peut encore faire notre perte et la sienne.

XXXVII

A SON MARI.

Paris, 30 juin 1792.

La Fayette a paru à la barre de l'Assemblée, pour avouer hardiment sa lettre, pour dénoncer la nation dans ce qu'il appelle l'attentat contre le roi, commis par le peuple, le 20 juin. Il avait préparé ce coup de théâtre par les machinations coutumières de la cour, de sorte que le Sénat a paru pétrifié, et le pauvre Guadet a seul pris la parole. Si un homme ferme et éclairé avait montré une grande vigueur et présenté la démarche du général dans son vrai jour, il n'aurait pas été admis. Un général venant dicter ses volontés dans l'Assemblée nationale outrage la loi ; il n'y entrera que sur les cadavres des législateurs. Ce seul mot eût sauvé la France des horreurs que cette époque lui prépare. Les tribunes, les bons patriotes, l'opinion publique, tout aurait trépigné de joie. Il a été admis, il a parlé, il a décrié le peuple, dénoncé les Jacobins. Girardin l'a remercié et lui a accordé les honneurs de la séance. Il est allé se placer auprès de Dumas et de Dumolard ; on l'a prié de passer au banc des pétitionnaires, et tout cela dans le morne silence du désespoir, malgré les petits applaudissements du mauvais côté.

Hier, on attendait que l'Assemblée se montrât. J'y étais. Elle a parlé du grand ordre du jour, comme si de rien n'était, après une dénonciation contre les Jacobins, dont la noirceur et le mensonge ont été prouvés. Les six ministres sont arrivés, qui ont fait des contes à dormir debout, et l'Assemblée de renvoyer paisiblement au comité des Douze. Le ministre de la guerre a fait part à l'Assemblée d'une lettre de Luckner au roi, qui lui assure que toute son armée, dans les mêmes sentiments que lui, désapprouve la démarche audacieuse du peuple. Il a dit qu'à cette lettre étaient jointes des instructions qu'il était nécessaire de communiquer à l'Assemblée, mais non pas publiquement. Le comité général a été presque demandé ; pourtant on a renvoyé au comité diplomatique. Le ministre a lu une proclamation à l'armée dans l'esprit de La Fayette, et sans doute dictée par lui, bien que faite au nom du roi, et signée Louis. Ensuite, pour jeter un beau vernis sur toutes ces horreurs, on a annoncé une petite victoire de l'armée du héros de la liberté ; et, sur tout cela, on a passé au grand ordre du jour, qui était de fixer l'âge des mariages. Le public rugissait. L'Assemblée se perd et nous perd par sa stupeur. Les bons députés sont au désespoir ; les ministres les jouent sous jambe. Si les départements ne bronchent pas, la Constitution est renversée avec du canon, au nom de la Constitution et de la loi. Voilà où nous en sommes.

Mon Dieu, mon ami, que tout va mal ! Car, remarquez que la conduite de l'Assemblée irrite tellement la masse que, quand il plaira à Louis XVI de prendre le fouet de Louis XIV, pour chasser ce débile parlement, on criera bravo de tous côtés, dans de bien différents sentiments, il est vrai ; mais qu'importe aux tyrans, pourvu que l'accord favorise leurs desseins ! L'aristocratie bourgeoise est dans le délire, le peuple dans l'abattement du désespoir, ainsi les orages couvent.

Ah! que ne suis-je dans notre chaumière avec vous! Le renvoi des ministres patriotes a été dicté par le général; les ministres nouveaux sont tous de son choix. Le cousin de Bouillé veut faire de la France le Champ-de-Mars. Voyez notre malheur, les partisans de cet homme extraordinaire croient vous pousser un argument irrésistible, quand ils vous disent : les aristocrates en parlent comme vous.

Je verrai à prendre un parti, si les affaires publiques nous affligent toujours. Comme nous n'y pouvons rien, il faut s'envelopper dans son manteau et tendre la tête à la hache du despotisme. Auguste disait, hier soir, qu'il fallait vous dire que nous irions vous trouver, que nous resterions en Dauphiné jusqu'au mois de novembre, et que d'ici là, ou La Fayette aura renversé la Constitution, au nom de la Constitution, ou il sera renversé lui-même, par une nouvelle levée de boucliers ; et, de manière ou d'autre, nous saurions à quoi nous en tenir. Il y a bien des tempêtes renfermées dans le volcan sur lequel nous habitons.

Pétion a autant d'amis qu'il y a de cœurs droits et d'esprits justes.

Le directoire du département est dans le parti de la cour, il fait avec succès des actes arbitraires.

Si l'Assemblée avait ouvertement condamné la lettre de La Fayette, il n'aurait pas osé paraître; si, quand il a paru à la barre, on avait jeté les hauts cris, on n'aurait pas eu l'audace de lire la lettre de Luckner au roi, qui a été soufflée par La Fayette. C'est la fable de cette chienne de La Fontaine :

« Prêtez-moi votre loge pour mettre bas.
Attendez que mes enfants soient grands;
Puis elle montre les dents. »

Je crois pourtant qu'ils s'y sont pris trop tôt et que le rapprochement des gens éclairés fera le contrepoids. Mais le Sénat, le Sénat! Cette révision perfide, sanctionnée sous la protection de La Fayette, nous est une triste expérience de ce qu'il sait faire. S'il prêtait son secours à un roi véritablement constitutionnel, il aurait la France pour lui; mais il couvrait alors de son bouclier un roi parjure et pris en flagrant délit; il le fait triompher aujourd'hui.

Depuis la fête de Château-Vieux, nous allons en déclinant, quoique toujours en combattant. J'irai vous rejoindre si La Fayette continue à donner à nos députés la funeste direction qu'ils paraissent disposés à suivre. Alors il choisira Paris pour le théâtre de la guerre, s'il le peut; et je me souviens si bien de l'effroi que causent ces assassinats légaux dans le champ de la Fédération, que je ne veux pas me retrouver ici, à pareille fête. Comme il quitte son poste *a capriccio,* s'il plaisait au peuple, dans son indignation, de se lever encore, il pourrait prendre la poste et arriver assez tôt pour souffler à la partie gangrenée de la garde nationale l'audace de tirer ; et alors nos maux seraient incalculables.

XXXVIII

Paris, 4 juillet 1792.

Tu sais que Ramond a dit que La Fayette était le fils aîné de la liberté. Collot d'Herbois, dans un discours prononcé aux Jacobins, dit : « Si c'est le fils aîné de la liberté, il assassine sa mère ; si c'est notre frère aîné, c'est notre Caïn. » Tout l'empire français parle, avec une énergie romaine, sur les démarches inconstitutionnelles et criminellement despotiques du général. En vérité, mon ami, toutes les sources de l'éloquence sont rafraîchies et renouvelées pour les Français. Ils deviennent Cicéron et Démosthènes. Lis Vergniaud, dans le *Moniteur*, il n'y a pas de pétition particulière qui ne renferme de grands et de nouveaux traits enfantés par le génie sublime de la liberté. La Fayette me paraît un nain, qui ne peut, comme les fourmis, que piquer le talon.

Ses plus fidèles amis l'abandonnent. Perlet en dit tout ce qu'il faut pour ouvrir les yeux aux aveugles. Il avait toujours été son ami, mais il est enfin éclairé. Mon cher ami, tout ceci conduit à de grands événements ; mais tout est prévu et pesé, le ciel est pour nous.

J'embrasse mon fils, j'aime mon fils ; et tous les jours je fais une ardente prière à l'Être suprême pour qu'il le maintienne heureux et vertueux, chose inséparable.

Pétion est adoré du peuple et des gens de bien. Le bon parti est dans une force à vaincre l'univers.

XXXIX

A SON MARI.

Paris, 5 juillet 1792.

Nous croyez-vous épouvantés, faibles, éperdus ? revenez de votre erreur. Nous sommes fermes comme les rochers des Alpes, élevés comme les cèdres du Liban, et calmes comme les eaux d'un lac paisible. Rien de si imposant que la réunion des sociétés, et rien de si frappant que la majesté de la société mère. Ses ramifications bienfaisantes portent partout la vigueur et la force. L'Assemblée nationale, poussée avec effort par l'opinion, vient de casser l'état-major, d'incorporer les gardes-françaises dans la gendarmerie nationale, que j'aurais pourtant aimés mieux avec leur premier nom. Un décret de dix-huit articles excellents, proposé par Jean de Brie, a passé hier. Un discours de Vergniaud, que je vous engage à lire, éclaire les plus aveugles. Un décret, pour la réception des fédérés, sanctionné sur-le-champ ; des ministres corrompus, une cour perverse, mis au grand jour ; une surveillance active dans l'attente d'un grand événement. Voilà notre situation et nous sommes dans le calme de l'observation. Luckner a évacué Tournai et fait mettre le feu aux faubourgs d'une ville où les Français avaient reçu une généreuse hospitalité. Cette nouvelle atrocité n'en imposera ni aux braves Brabançons, ni aux vigoureux soldats de la liberté. Ils voient tous, dans cette œuvre impie, le jeu barbare des cours. Luckner est un instrument passif ; un autre est l'âme de cette basse intrigue, dont tous les faits sont à découvert. C'est la seconde scène de sang jouée par des marionnettes barbares, pour étouffer la liberté. L'échec de Mons et l'évacuation de Tournai sont si grossièrement faits exprès pour favoriser l'infâme politique des cabinets, que l'indignation est au comble et la perfidie mise à nu. Si l'Assemblée ne frappe pas le général inconstitutionnel, il aura le front de pousser l'aventure jusqu'au bout. On voit qu'il veut placer la cour dans le cœur de son armée, attirer la partie corrompue de l'Assemblée nationale sur le même point, pour, de là, donner, au nom de la loi, des fers à tout l'empire. La Fayette s'est promené dans la capitale avec six ou huit cents officiers de l'armée parisienne qui entouraient sa voiture. C'était Sylla dans Rome. Sa dernière lettre à l'Assemblée avait la modeste arrogance d'un despote. Il regrettait, disait-il, qu'elle n'eût encore rien fait dans l'esprit de sa pétition, et Ramond l'a surnommé le fils aîné de la liberté ; et Collot d'Herbois disait le soir : « C'est un fils qui assassine sa mère ; si c'est notre frère aîné, c'est Caïn ! »

Les sections de Paris, les départements, les pétitions particulières, tous ont déjà fait entendre le cri de l'indignation, à l'Assemblée, contre La Fayette. Les journaux la propagent dans l'univers ; enfin, la feuille villageoise et Perlet, ses deux adulateurs fidèles, ont brisé leur idole et voient le singe, nain de Cromwell ou de Monck, dans le héros des deux mondes.

Si l'on déclare, aujourd'hui, que la patrie est en danger, comme on le doit, j'ai dans l'idée que cela hâtera votre retour. Mon ami, je sais que partout un citoyen peut lui rendre des services ; mais, cependant, je crois que votre place est ici, sous le double rapport de député suppléant et de soldat citoyen. L'uniforme est à bas par un décret d'hier. Tous les militaires actuels ne sont plus tenus de le porter qu'à leur volonté. Le vôtre est anéanti : vous n'avez pas l'idée de l'impérieuse majorité de l'opinion publique. La levée de boucliers du peuple, sa peccadille chez le roi a été, comme dans la fable, jugée un cas pendable : c'est La Fayette qui est venu royalement crier haro sur le baudet. Nous sommes perdus! se sont écriés les sots ; nous sommes sauvés! ont répondu les clairvoyants, parce que voilà notre homme démasqué avant d'avoir les lauriers de la victoire, qui auraient couvert toutes les difformités d'un franc perfide. Quoiqu'il dise : « mon armée », comme une jolie femme dit : « mon perroquet », nous avons déjà vu des lettres de soldats, qui racontent qu'on a bourré des fusils avec les exemplaires de la proclamation du roi au peuple, tant elle a paru liberticide et fallacieuse!

Savez-vous, mon ami, que tous ces grands intérêts publics étouffent le moi humain au point que, quoique j'aie dans l'âme un poignard à deux tranchants, votre absence et votre silence, à peine je peux ou je veux vous en parler. Pourtant, je vous supplie, écrivez-moi! Reviens, mon ami! Que de temps, que de jours, que de moments à retrancher de ma vie! Cruelle sœur, que vos intérêts me coûtent cher! Adieu.

XL

A SON MARI.

Paris, 7 juillet 1792.

Je donnerais tout au monde pour que vous soyez auprès de moi, pour ma satisfaction particulière et par l'intérêt que je prends à la chose publique sur laquelle vous fixeriez mes opinions, avec cette sagesse et cette pénétration qui jamais ne vous ont trompé. Écoutez et recueillez avec attention. Le directoire du département de Paris est venu à bout de suspendre ce matin le brave Pétion de ses fonctions. Cette nouvelle sourdement répandue est adoptée, rejetée par chacun, suivant ses désirs ou ses appréhensions, et l'on nage dans le vague des incertitudes qui suspend tout. J'arrive à midi à l'Assemblée nationale avec Auguste. Brissot devait, dans un discours, montrer la nécessité de poursuivre La Fayette, la cour, les ministres, et mettre les perfidies dans le jour de l'évidence. Vergniaud, Gensonné, Jorné, Condorcet avaient commencé depuis lundi à préparer ce dernier coup, et tous leurs discours, que sans doute vous lisez dans le *Moniteur*, portent les caractères de la force et de la vérité. Un colonel de l'armée de La Fayette paraît à la barre et le dénonce avec preuves. Il a été contraint de donner sa démission, parce que, n'ayant pas voulu apposer sa signature à la pétition fameuse, la Tour-Maubourg lui a fait éprouver des mortifications à la parade. Il ajoute d'autres preuves, et, sur-le-champ, on s'écrie qu'il faut mettre La Fayette en état d'accusation; que depuis huit jours on ne cesse de recueillir des preuves contre lui et des improbations sur sa conduite. Le colonel B... est admis aux honneurs de la séance; c'est un superbe homme, qui a l'air d'un Romain. L'Assemblée et la tribune l'accablent d'applaudissements. Tout à coup paraissent à la tribune différents orateurs. Un homme, en costume noir, parle avec l'onction d'un missionnaire : c'était M. Lamourette de Lyon. Il dit que toutes les passions doivent se taire, que le danger de la patrie doit imposer silence à tout ressentiment, qu'une réunion opérée dans le sein de l'auguste Sénat serait imitée dans tout l'empire; que la vertu doit la cimenter;. que l'univers étonné le contemple, et que le monstre de la guerre civile sera étouffé dans leurs embrassements. Il descend de la tribune et y remonte à l'instant, comme inspiré. Il fait la motion, qu'on jure d'exécrer les deux Chambres ainsi que la République, pour tuer d'un seul coup deux factions [1]. Le président Girardin met aux voix, avec la rapidité de l'éclair ; puis, comme par ces incompréhensibles miracles de l'électricité qui font ressentir à tous, et dans le même moment, la plus forte commotion, toute l'Assemblée est debout, les bras en l'air, et s'écrie, dans un enthousiasme magique : oui ! mille fois oui ! Jamais spectacle ne fut plus beau, plus majestueux, plus étonnant, plus entraînant ; j'avais la rage dans le cœur, parce que je voyais le piège ; et pourtant, mes yeux étaient charmés, malgré ma raison, de cette union sublime manifestée par tous les signes les plus prononcés. Les députés avaient leurs chapeaux et ils les élevaient et les faisaient jouer en l'air, en signe d'approbation. Les tribunes trépignaient ; les voûtes retentissaient de joie, d'applaudissements. L'ivresse avait saisi toutes les têtes. Les noirs s'avancent, il se fait un mouvement tumultueux ; les sept cents représentants s'agitent, se pressent, changent de place, et, en un moment, se serrent, s'accollent, s'embrassent. Enfin, les Jancourt, Cheron, Dumolard, Dumas, volent à la montagne. Les flots de la tempête s'apaisent, tous sont changés ; et la sainte fraternité semble les unir et les transporter tous. La pâleur de Gensonné et de Bazire, la joie maligne et

1. La proposition Lamourette se terminait ainsi. Louis Blanc, *Rév. française*, vol. I, chap. XIII.

bruyante des Gaillard, Fleury, etc., me glacent l'âme d'effroi. On fait tout de suite la motion de soutenir la Constitution tout entière. Lecointe Puyraveau fait rayer le mot *entière;* puis, une autre motion d'envoyer vingt-quatre membres au roi pour lui annoncer l'heureuse nouvelle. Ils partent. Brissot, à la tribune, dit tristement, que son discours renfermant des choses qui pourraient réveiller les passions haineuses, dans l'effervescence de la joie où était l'Assemblée, il croyait de sa prudence de le remettre à demain, et l'on passa à l'ordre du jour sur les mariages. La profonde impression de terreur et de tristesse gagna si puissamment mon âme, que je fus obligée de sortir. J'étais dans la loge de M. Euvy, avec quatre ou cinq autres femmes. Il y avait là de bons patriotes qui se réjouissaient, et l'étonnement étourdissait tout le monde. La suite, que je tiens par récit, est tout aussi féconde en choses surprenantes. La municipalité arrive et, par un généreux dévouement, elle demande de partager le sort du brave Pétion, et qu'on les juge l'un et l'autre, sur les procès-verbaux qu'ils apportent, et qui renferment tous les faits. Ils auraient pu ajouter : le crime du vertueux Pétion est d'avoir sauvé la vie à vingt mille âmes, le 20 juin, journée dans laquelle un royal caprice du directoire du département aurait fait assassiner, au nom de la loi, pour les menus plaisirs d'une cour perverse. Le croirez-vous ? Aux termes de la Constitution, il a fallu renvoyer cela au pouvoir exécutif qui est sommé d'en faire son rapport demain ; sur quoi, le Corps législatif confirmera ou improuvera suivant les formes de la Constitution. Le roi arrive dans l'Assemblée : force applaudissements...

XLI

Paris, 8 juillet 1792.

Hier au soir, la place devant la maison commune, les Tuileries, le Palais-Royal, ont été remplis d'un peuple immense, qui redemandait Pétion. On a entendu, cette nuit, des bandes d'ouvriers, de quatre ou cinq l'une, qui criaient dans les rues qu'on leur rendît Pétion. Aujourd'hui, des sections sont venues le réclamer à l'Assemblée nationale. Le président Girardin est venu à bout de faire renvoyer au comité les pétitions. Il n'a pu empêcher que les voûtes du Sénat ne retentissent de ce nom chéri, et de cette phrase : rendez-nous Pétion, et cassez le département ; c'est le vœu général. Le roi a fait aujourd'hui fermer les Tuileries. Il a écrit à l'Assemblée qu'il lui laissait à faire révoquer la suppression du brave magistrat du peuple [1]. L'Assemblée a renvoyé au roi de manière que l'affaire se prolonge. Pétion a fait faire un placard, affiché partout, qui recommande le calme et l'attente tranquille de sa réhabilitation par la loi; c'est Aristide ou Socrate pour la sagesse. Demain doit le voir triompher et doit voir son ennemi terrassé. On s'attend si fermement à cela, que par cela seul la chose est. La réunion produit un grand effet en espérance. Le vulgaire crédule admire, les gens habiles craignent, les aristocrates pestent, cela fait schisme dans le sein de leur secte. Enfin, mon ami, si vous étiez ici, vous verriez plus loin que moi. Ce que j'observe avec satisfaction, c'est que la cour marche, comme le crime, en tremblant. Ils ne savent ce qu'ils font; hier le roi a fait ouvrir ses jardins avec l'air d'allégresse et de loyauté d'un monarque constitutionnel; aujourd'hui il les fait fermer avec l'humeur d'un despote. Tout cela n'est pas perdu pour les observateurs, et l'esprit public ne déchoit pas, quoiqu'il soit fourvoyé par les ruses les plus malignes. Paris a été calme et brillant aujourd'hui, comme si de rien n'était. On voyait pourtant, de tous côtés, des groupes tranquilles et fermes, qui commentaient l'affaire de Pétion et célébraient tout haut son humanité, sa profonde

1. Pétion avait été suspendu de ses fonctions de maire de Paris par le directoire du département.

sagesse et toutes ses vertus. Ce vrai magistrat du peuple vient de publier un écrit sous ce titre : *Règle générale de ma conduite :* c'est la vertu en chausses et en pourpoint, et la vérité avec ses traits qui frappent les plus aveugles. Enfin, hier, nous attendions aujourd'hui, et aujourd'hui nous attendons demain. L'impétuosité française est devenue bien anglomane, et ce respect pour la loi est un frein puissant, quoi qu'en disent les détracteurs du peuple.

J'ai reçu des lettres de notre ami Jules : il vous a écrit. Rien de nouveau, quoique tout soit intéressant dans son commerce. Il a vu le Dr Priestley dont il est charmé ; c'est la simplicité et la sagesse de Phocion.

Les conseillers du roi lui ont fait un beau discours où ils ont le front de dire que cette réunion faisait l'objet de ses vœux, que tous, d'accord, ils vont faire marcher la Constitution qu'il a jurée, et qu'ils veulent soutenir. Il sort ; les Tuileries, qui étaient fermées depuis le 20 juin, sont ouvertes par ses ordres. Tout le peuple y entre en foule ; on a, dit-on, l'air de l'allégresse. Vous le dirai-je? Les trois quarts de Paris ignorent le sort de Pétion, qui pourtant est bien suspendu de ses fonctions, dont un autre remplit la place par intérim. Les événements surprenants du jour donnent le change à l'opinion publique. Les crieurs des rues étourdissent. Grande réunion de l'Assemblée nationale. Le roi y est venu qui a embrassé les deux partis. Un avis au peuple, donné hier par Pétion lui-même, tapisse aujourd'hui toutes les rues de Paris. Que le peuple soit calme ; d'ici au dix, il y aura de grands événements. Le calme du peuple peut seul sauver la chose publique, de manière que, par respect et soumission pour ses conseils, on attendra le dénouement de cette grande scène. Dans tous les cas, il y a ici un double nœud que je ne conçois pas. Si le pouvoir exécutif est assez fin pour improuver le directoire du département, quelle popularité il acquiert ; et s'il est assez audacieux pour confirmer sa criante injustice, quelle pierre de touche pour la réunion du Sénat ! Si ce n'est pas une œuvre impie que cette réunion, demain le département est cassé, et Pétion réintégré, ou, après-demain, Paris est en insurrection. Le vulgaire patriote croit à la bonne foi, parce qu'il en est plein. Il se flatte, en conséquence, que l'Assemblée nationale va déployer de grandes mesures, toutes favorables au patriotisme, à cause des dangers imminents de la patrie. Cela pourrait être, à la rigueur, parce que la cour et les mauvais députés craignent les fédérés : tout ce qui s'est fait aujourd'hui n'est qu'une sotte comédie que la peur a fait jouer ; le fil de la double intrigue m'échappe. Croit-on pouvoir sacrifier Pétion ? On se trompe; nous sommes au moment funeste d'une terrible explosion. Mais écoutez et faites tous les rapprochements. Hier, la commune a été convoquée extraordinairement, à l'effet de lire une pétition d'un nommé Cahier, qui n'est autre chose que la lettre et les sentiments de La Fayette, commentés, développés contre les sociétés patriotiques. Ce Cahier prétend qu'il faut présenter cette pétition au nom de la Commune entière, pour faire prendre à l'Assemblée nationale le parti indiqué par La Fayette pour leur dissolution. Pétion et Manuel, ainsi que tous les autres patriotes de la Commune, ont combattu victorieusement cedit Cahier qui, à raison de la longueur de sa pétition et des combats qu'elle a excités, n'a pu parvenir à ses fins. On a fait ajourner la chose à lundi. Le département pense peut-être que la suspension de Pétion et de Manuel, changeant l'opinion, laissera la victoire au mauvais parti; mais chut. Attendez, j'oubliais de vous dire que, dans le beau moment du Sénat, il avait, sur une motion de Bazire, décrété que tous les corps administratifs et judiciaires de la capitale seraient tenus de paraître demain à la barre de l'Assemblée pour jurer tous d'agir dans le sens de la Constitution et de la maintenir de toutes leurs forces.

Tout ce qui se passe demande bien de la pénétration pour combiner les différents résultats. Je pense que demain sera la journée des dupes pour les noirs[1] ; car je ne puis croire à la corruption générale, et les lumières ont tellement brillé cette semaine que la nuit du crime ne peut pas en être la suite.

XLII

Paris, 10 juillet 1792.

Les événements publics sont tellement rapides et intéressants que l'âme est toujours dans une espèce d'agitation qui gêne la liberté de l'esprit. Depuis trois jours, je veux t'écrire ; mais l'abondance de matériaux me fait peur, parce qu'il me manque l'habileté de les mettre en place avec l'art d'un bon architecte.

J'étais, samedi, à la sublime farce de la réunion du Corps législatif. J'étais dans la tribune de M. Euvy. Je puis t'assurer que la bonne foi naturelle à la plupart des hommes a rendu ce moment un des plus beaux spectacles que l'humanité puisse offrir à la raison. J'ai senti le piège de ce moment avec l'énergie de ma sensibilité ; et, malgré cela,

1. On appelait du nom de *noirs* les défenseurs de l'aristocratie et les ennemis de la Révolution, que l'on a depuis appelés les *blancs*.

j'étais ravie de la beauté du tableau. L'unanimité du mouvement qu'a excité la motion du prêtre *Lamourette*, mise aux voix par le président Girardin avec la promptitude de l'éclair, a présenté ce miracle de l'électrité qui fait ressentir à tous la même commotion avec une égale force. C'est le coup d'une baguette magique. Jurez d'exécrer les deux Chambres et la République. Tous, à la fois, se sont levés, les bras en l'air, les chapeaux tournoyants, les tribunes trépignantes de joie ; les bravos et les applaudissements faisaient, pour ainsi dire, tressaillir d'allégresse les voûtes mêmes du Sénat. Jamais, jamais, mon fils, l'œil humain n'a rien vu de plus beau que cette réunion ; je disais avec amertume : que n'est-elle l'ouvrage de la vertu ! Alors, quel sublime triomphe pour l'humanité ! Un mouvement tumultueux a mêlé tous les députés ; un sentiment de fraternité les a si bien réunis et enlacés que j'ai vu s'embrasser les plus ennemis. Jaucourt, Dumas, Dumolard ont volé à la Montagne auprès de Chabot et Merlin. Un air de cordialité si vraie brillait sur tous les visages, qu'il faut pardonner au crédule vulgaire la bonhomie avec laquelle il a donné dans le piège. Je pleurais de rage, et j'étais transportée d'admiration, parce que je sentais bien que la masse était pure, et qu'il n'y avait de criminel que le petit nombre de meneurs qui donnent le branle à ces grands mouvements, sans autre dessein que l'espérance d'en attraper un heureux résultat qui leur échappe souvent, parce que le ciel frappe de nullité la politique insensée des méchants. C'est ce qui est arrivé. Le beau discours et la présence du roi, le beau coup de théâtre imaginé par les traîtres, tout cela a, par miracle, si bien désorganisé l'Assemblée que la majorité, dans les bonnes choses, est sûre par le déplacement des individus. Ce mélange heureux rompt l'harmonie et l'énergie des méchants. L'événement de la suspension du maire de Paris, dans le moment de cette réunion, nous la fait voir, à nous autres clairvoyants, comme un moyen habile de donner le change à l'opinion publique sur ce grand événement ; mais tout tournera à la confusion des méchants ; le père et le magistrat du peuple triomphera avec nous. Le calme, dans cette tempête, prouve que nous sommes dignes de la liberté.

J'avais envie de te faire un petit précis politique de toutes nos affaires depuis samedi jusqu'à aujourd'hui ; mais M. Euvy, que j'ai vu ce matin, m'a dit qu'il t'en avait rendu bon compte. Je le devancerai aujourd'hui par la nouvelle du jour. J'arrive de l'Assemblée.

Les cinq ministres, qui y ont paru hier et ce matin pour rendre compte de l'état du royaume et des forces de nos ennemis, ont divagué de manière que les plus sots ne pouvaient être leurs dupes. Ils ont terminé leurs fallacieux rapports par une phrase qui a été couverte d'applaudissements : « Nous faisons part à l'Assemblée, que ce matin nous avons tous cinq donné au roi notre démission. » Les bravos les ont honorablement reconduits jusqu'à la porte. Chambonas, ministre des affaires étrangères, n'y était pas, ayant écrit, dès hier, à l'Assemblée, qu'il saignait du nez, ou crachait le sang, comme il te plaira. Après cela, on a ouvert la discussion sur la déclaration de la patrie en danger. L'opposition est venue à bout d'affaiblir et de prolonger les débats. Les Jaucourt et Dumolard ont repris leurs anciennes places avec toutes leurs fureurs aristocratiques. Je suis fort mécontente du Sénat. Aujourd'hui, le seul avantage de la réunion, c'est que Lacroix a obtenu la vice-présidence ; tout le reste a été faible et puéril. Demain, ils se relèveront, car ils vont d'une allure fort irrégulière.

Notre brave Pétion est toujours suspendu de ses fonctions. Je vois, dans la lenteur que l'on met dans cette affaire, une malveillance scélérate des valets de cour. Cependant, j'attends avec toutes les sections de la capitale qui le redemandent à cor et à cri, ainsi que tout le peuple, qu'il sortira glorieusement vainqueur des griefs de ses ennemis. Son crime est de n'avoir pas fait tuer légalement, le 20 juin, une vingtaine de mille âmes pour les menus plaisirs d'une cour sanguinaire. Pour certains sots les crimes des rois sont des peccadilles ; et les peccadilles du peuple, de grands crimes. Que le bon La Fontaine avait raison, dans sa fable des animaux malades de la peste : « On crie haro sur le baudet. » Pauvre peuple, que tu es grand à mes yeux dans ta grossière droiture, et qu'ils sont petits ces grands dans leur perfide urbanité ! Le rassemblement n'est entré dans le Louvre qu'accidentellement. Au reste, cette faute, si c'en est une, nous a valu plus d'une découverte et a fait connaître La Fayette. Le masque tombe, l'homme reste, et le héros s'évanouit. D'ici à huit jours nous verrons ce qu'on décidera de lui. Toutes les cent bouches de la renommée l'accusent, ainsi que le pouvoir exécutif, dont il est le puissant protecteur. Mon Dieu, quels chocs d'événements j'entrevois et que le Sénat perd de sa force par ses lenteurs !

Le discours de Brissot, hier, m'avait relevé le courage, il étincelle de vérité ; je t'invite à le lire tout entier dans le *Moniteur*. M. Talleyrand est rappelé. On compte fort sur la neutralité de l'Angleterre, quoique on se méfie beaucoup de la sincérité du gouvernement. J'ai peur que la paix avantageuse qu'il vient de conclure avec Tipoo-Saïb, ne lui donne l'envie de se joindre à nos ennemis. Sois bien circonspect dans les conversations. Je vois d'ici que le franc parler, l'idiome des hommes libres, est proscrit des lieux mêmes où l'idole de la liberté semblait révérée avec le plus d'enthousiasme.

Tous les fédérés, qui arrivent en foule des 83 parties constitutionnelles de la France, assurent que jamais les récoltes en blé, en vin et autres denrées n'ont présenté une plus belle apparence. La Providence nous comble de ses biens, et la nature prodigue présente, sur tous les points de la surface de ce vaste empire, des richesses et une abondance qui garantissent sa prospérité. Il y a treize fédérés logés à Montaigu, et douze à Navarre : ces hommes de la liberté ont l'air austère et fier comme elle. Madame Crouset me disait le soir : « Ils ont l'air de ne savoir pas vivre. » Qu'importe, lui ai-je répliqué, pourvu qu'ils sachent mourir.

En passant, l'autre jour, dans l'église de Saint-Germain-l'Auxerrois, paroisse du roi, j'ai vu dans la nef un superbe tableau de pierre, où étaient gravés les Droits de l'homme. Cela a redoublé ma dévotion, et j'ai fait la plus ardente prière, en conséquence. Au sortir de là, sur la place, j'ai vu deux hommes montés sur des tréteaux, entourés d'une centaine de personnes. Ils avaient chacun un catéchisme, par demandes et par réponses, qu'ils commentaient avec une véritable éloquence. L'un soutenait l'aristocratie et l'autre la Constitution. Ma foi, celui-ci avait tous les rieurs de son côté. Il disait des choses dignes de Mirabeau, par le sel de leur à-propos. Un homme du peuple me poussa par mégarde et m'en fit de si honnêtes excuses, qu'il fit deux cents pas avec moi pour m'en demander pardon. Au bout de là il m'assura qu'ils aimaient tant la bienfaisance et la justice qu'ils étaient cinq mille porteurs ou commissionnaires, qui avaient signé une prière de réinstaller bien vite le brave Pétion dans ses fonctions.

Voilà le peuple, mon ami, et on peut le juger par ce proverbe : *La voix du peuple est la voix de Dieu.* Cette trivialité, aussi vieille que le monde, me paraît renfermer un si grand sens, que je ne peux me refuser à la planter là, comme la plus belle fleur de rhétorique.

L'Assemblée nationale s'est élevée aujourd'hui ; elle a décrété que le roi serait tenu de prononcer dans l'affaire de Pétion et de Manuel qui demain nous seront rendus. Elle a déclaré la patrie en danger, seul moyen de la sauver. Hérault de Séchelles a mirabeauté ; enfin, mon ami, des pétitions nouvelles des fédérés retracent si bien l'éloquence d'Athènes et de Rome, et promettent à la patrie de si généreux défenseurs, qu'il n'est point permis de désespérer de son salut. Demain, on doit faire le rapport de toutes les *Monckeries* du général. Samedi, la fédération qui sera calme et superbe. Mais, mon cher ami, ne parle de nos affaires qu'avec circonspection. Il est de mode aux aristocrates de voler à Londres. Ainsi, prends garde à ces déserteurs de la France et ne te compromets pas avec eux.

Les Polonais battent les Russes à plate couture : Catherine va finir comme Louis XIV. La mégère ne sait-elle pas que la fortune est femme!

Si jamais nous sommes sous les ordres d'un général patriote, je t'annonce que Prussiens, Autrichiens, Hulans, Valaques, diables, tout sera battu et vaincu par des hommes libres. Je n'ai peur que des traîtres français.

Les Jacobins sont majestueux et calmes comme si les canons n'avaient pas d'amorce : ils prétendent y faire tête avec les foudres de l'opinion publique. Collot d'Herbois a parlé en Romain pour Pétion, à la barre de l'Assemblée nationale. Toutes les sections, toutes les sociétés, tout le peuple a crié et crie : rendez-nous Pétion, c'est l'homme de bien, c'est l'homme vertueux en butte aux traits malfaisants de nos ennemis. Ah! le sot feuillantin dit que nous sommes tous payés pour faire chorus. Il faudrait l'or du Pactole pour y suffire. Les sots, les imbéciles, avec leur ordure jaune ! Ils croient tout mû par ce sale moyen. Je suis payée, moi, pour crier vive Pétion!

L'argent n'est rien, et l'intérêt public tout pour le bon parti.

XLIII

Paris, 18 juillet 1792.

Mon cher ami, je ne t'ai pas dit grand'chose de notre fédération, parce qu'elle a été insignifiante, quoique calme et belle. J'en avais vu passer le cortège dans la rue Saint-Honoré, assise à un balcon. Il y avait bien cent mille personnes, mais peu d'ordre dans la marche. Ce qui m'y a fait plus de plaisir, c'est de voir écrit à la craie blanche sur presque tous les chapeaux : *vive Pétion*. Ce cri et celui de *vive la Nation* ont été vivement répétés ; mais, te l'avouerai-je, cette aristocratie bourgeoise, qui remplissait les fenêtres de superbes femmes, ne faisait pas chorus avec le bon peuple. Je n'ai pas vu cet accord enthousiaste qui met tout à l'unisson. Je ne suis pas contente de la tournure que prennent les affaires. La pusillanimité de notre Sénat et la sotte crédulité des naïfs feuillantins mettent véritablement la patrie en danger. Je crains moins les Prussiens, les Autrichiens, les Hulans, que l'engeance maudite des modérés qui paralysent l'énergie du patriotisme ; et, sans un miracle du ciel, nous aurons de terribles échecs en dedans et au dehors, par l'imbécillité du fretin feuillantin et par la perfidie de leurs chefs. La cour, avec adresse, ne met plus La Fayette en avant ; c'est Luckner. Il est à Paris, il a machiné avec elle, il est nommé généralissime des armées. Il a écrit à l'Assemblée nationale, et, dans sa lettre, j'ai remarqué des phrases qui mettent l'homme à découvert. C'en est fait pour moi. Mon cœur, qui est le guide de mon jugement, me dévoile Luckner : c'est un véritable ami des despotes et un ami dangereux de la liberté. Il faudra quelques mois à la Nation pour saisir cette vérité qui me prend au collet, et que je suis sûre de voir confirmer lentement par d'habiles logiciens qui ont toujours l'équerre et le compas à la main. Que de mal il aura fait, avant que l'opinion publique en soit venue où j'en suis ! Mon bon ami, ce qui me contriste l'âme jusqu'à la mort, c'est que le pauvre soldat est mené à la boucherie : le loup est berger. Quand toutes les forces ennemies seront en présence, les rois feront un beau manifeste où ils demanderont la destruction des Jacobins, et ils mettront la paix à cette chétive condition. Tu juges des clameurs des sots. Je tremble, en vérité, dans l'attente de l'événement ; et, si je ne croyais fermement aux prodiges de la Providence, j'aurais peur, car il n'y a plus de solide rempart à notre Constitution que les Jacobins et le peuple. Or, le peuple est mobile comme l'onde. Il est aussi facilement séduit par les apparences, que par les réalités. Nous courons donc une terrible chance. En vérité, mon ami, nous sommes suspendus sur un abîme.

La raison, ce grand véhicule de toutes nos sottises, dit J.-J. Rousseau, opère bien diversement dans chaque individu ; car la mienne me fait voir noir ce que mon frère voit blanc, et la sienne lui fait voir blanc ce que je vois noir, en protestant tous deux de notre bonne foi. Mon cher enfant, dans quel temps orageux le ciel nous a marqué les courts moments que nous avons à vivre ! Qu'il lui plaise que nous ne voyions jamais le renversement de nos plus chères espérances ! Mais, en vérité, la variété folle des opinions désespère les plus fermes croyants. Caton le censeur ne mettait-il pas à toute sauce ce vœu de son âme : *qu'on détruise Carthage ?* J'en suis de même pour le grand général. Je réponds à tous les arguments pour sauver la patrie par ces mots : *qu'on détruise La Fayette.* Il me semble que l'influence magique de ce nom fait tous nos maux, et que son amour hypocrite pour la Constitution fait tant de dupes qu'il mettra des fers aux mains et aux pieds de la liberté, et le bâillon à la bouche de tous ses amis, avant qu'ils s'aperçoivent du piège où il les prend. Cependant, on crie dans les rues : *à bas La Fayette*, et ses amis feraient tuer constitutionnellement le peuple pour punir son audace à proclamer la vérité. Mon bon ami, je voudrais parler de la pluie et du beau temps plutôt que des affaires politiques, tant je les vois en noir. Les intrigues sont si compliquées, la corruption si invétérée, le Sénat si faible, que je ne sais d'où viendra notre salut.

La Morlière a écrit au roi, au nom de son armée, dans le goût des autres généraux. Ainsi, tous les officiers parlent l'ancienne langue et marchent comme sous l'ancien régime ; que faire avec eux ? Voilà la grande question, rien de bon, et je ne me sauve qu'à la faveur des miracles.

Il y a une commune qui a arrêté de cultiver gratuitement les champs de tous ses habitants qui iraient à la guerre, en s'engageant ainsi à travailler pour les veuves et les orphelins. Ma logique femelle va tirer un grand argument en l'honneur de l'humanité de ce petit événement. La vertu se cache sous le chaume, et le vice habite souvent les palais. Or, il y a dans ce bas monde cent chaumières contre un palais ; ce qui fait cent contre un entre la vertu et le vice. Faites un calcul géométrique et un résumé philosophique sur ceci, et vous verrez, mon enfant, que nous, qui évaluons chaque individu au même taux, et qui l'estimons par sa valeur intrinsèque, nous allons juger, en jetant les yeux sur nos vastes campagnes, qu'il y a, en effet, plus de vertus que de vices ici-bas.

On a fait le rapport sur le grand général. Voilà deux jours que ses amis et ses ennemis sont aux prises. On décide aujourd'hui, à ce qu'on annonce, qu'on va passer l'éponge sur le passé, parce qu'il n'y avait pas de loi. Quel aveuglement, quelle perversité et quelle faiblesse ! Tout cela concourt à notre perte...

XLIV

Paris, 21 juillet 1792.

..... Je l'avouerai, mon fils, que je travaille toujours à me dominer et que je soutiens qu'il n'y a pas d'âge où l'on ne puisse acquérir ; car, dans ma rigoureuse surveillance de moi-même, depuis quelque temps, j'ai gagné quelque chose d'essentiel dans ma conduite vis-à-vis de ton frère. Notre nature est si misérable qu'il faut toujours la combattre ; mais elle a tant de ressources et une si véritable grandeur, malgré son abjection, qu'avec de la bonne foi, avec sa conscience, l'on se corrige, et l'on peut faire chaque jour un pas vers la perfection.

L'amour-propre, dont on fait tant de bruit, n'abuse que les sots et ne fait de dupes que ceux qui le veulent bien être. *On sait bien à quoi s'en tenir sur soi avec soi, quand on y veut regarder de près.* Adieu.

XLV

A SON MARI.

Paris, 23 juillet 1792.

Vous ne voulez donc pas que je vous parle politique ? C'est en vérité une grande contradiction ; car je ne m'occupe pas d'autre chose, et l'intérêt public devient si personnel qu'on ne peut s'empêcher de l'avoir à cœur, comme ce à quoi tiennent notre fortune et notre vie.

Je bénis la Providence de ce que notre cher fils soit éloigné de nous. Elle a permis que cet éloignement se fît dans un temps où il n'avait rien de choquant ; aujourd'hui, il serait impossible. Tous les jeunes gens s'enrôlent ; j'en ai vu hier plus de deux cents à la suite d'un des magistrats qui faisaient la proclamation dans la section des Gobelins, et ces deux jours, consacrés aux enrôlements, vont voir toute la jeunesse de Paris sous les drapeaux de Mars. Puisque vous ne voulez voir que dans les journaux, je bats en retraite, et vais tâcher de vous entretenir de la pluie et du beau temps.....

XLVI

Paris, 26 juillet 1792

Ton papa me paraît tout près de revenir, et jamais je n'ai plus désiré son retour. Il t'aime et t'estime avec une si parfaite plénitude, que jamais père et fils ne resserreront plus délicieusement les liens de la nature que vous ne le pouvez faire. Je te recommande la plus grande confiance et la plus entière liberté. Ton père réunit à la plus profonde sensibilité la raison et la philosophie. Oublie un peu la majesté paternelle, et ne vois en lui que l'ami. Fais-en de même avec moi. Toutes ces limites du froid respect que les pères et les mères placent entre eux et leurs enfants, glacent la tendresse en la comprimant. Mon enfant, nous sommes des amis égaux en droits, en devoirs, en sentiments. Je défie au père qui déploierait le plus de puissance, d'aller plus directement au but; car l'autorité de l'amitié est un joug doux et sacré, sous lequel il est noble et généreux de courber la tête la plus fière. Et qu'a-t-elle à prescrire cette amitié? La vertu et le bonheur d'un jeune ami que la nature nous a donné, que le ciel a fait naître dans notre sein pour semer de roses l'hiver de nos jours. Oui, mon ami, tu seras la gloire et la consolation de notre vieillesse, travaille pour cela ; et souviens-toi toujours de la joie que portera dans nos âmes le récit d'une bonne action de notre cher enfant.

J'ai peine à aborder les questions politiques, tant elles sont grandes et imposantes. Les trahisons meurtrières du pouvoir exécutif sont tellement funestes à la prospérité et à la gloire de la nation, qu'il nous a conduits à la cruelle nécessité de le détruire, ou de porter honteusement les fers qu'il nous prépare constitutionnellement.

L'Assemblée nationale vient de décréter la permanence des sections. Il arrive de tous côtés des pétitions pour la déchéance. L'opinion publique demande cette mesure, et nous sommes dans l'attente d'un grand événement. Guadet a proposé aujourd'hui un message au roi, dans la vue de lui faire les dernières et les plus fortes représentations ; tout cela est inutile et petit. Les rois ne connaissent d'autres raisons que leur intérêt et d'autre loi que leur volonté. Il n'y a pas de composition à attendre d'eux. Ils promettent tout et ne se croient engagés par rien. Enfin, trois ans de parjures n'ont pas encore instruit suffisamment les malheureux Français, et la déshonorante évacuation de Courtray et l'atrocité de l'incendie, qui doit rendre notre nom odieux chez tous les peuples ; toutes ces gentillesses royales, qui seraient répétées à chaque époque de cette guerre, suivant les infâmes caprices de la cour, n'ont pas encore fait tomber toutes les écailles des yeux. Nous sommes dans le plus terrible moment de perplexité, et avec une guerre sur les bras qui fait peur. Nos levées d'hommes ont été si considérables, après la proclamation du danger de la patrie, que si tout cela était dirigé dans le bon sens et conduit par des officiers patriotes, je défierais l'Europe entière de nous vaincre.

Mon cher enfant, fais une ample provision de connaissances, puisque le ciel t'a accordé une précieuse portion d intelligence. Mets en magasin, approvisionne-toi bien ; que ta barque soit lestée de bonnes choses ; mais ne te hâte pas de débiter et de paraître. Il faut laisser mûrir tout cela ; et pour que les fleurs deviennent des fruits, il faut bien se garder d'en faire des bouquets. Rien n'est plus commun que l'esprit ; mais le penser mâle et la suite profonde dans les raisonnements, qui marquent la connaissance réfléchie qu'on a des hommes et des choses, sont aussi rares que l'autre est familier. Je crains que l'habitude que tu prends d'écrire beaucoup, *currente calamo*, ne te donne pour la vie un style négligé et incorrect. Je ne mets pas une grande importance à cette observation qui me passe par la tête, et je te la dis. Elle n'est peut-être pas aussi légère qu'elle est faite légèrement, car Solon, au rapport de Locke, répétait souvent : *n'est-ce rien que l'habitude ?*

Robespierre perd de son crédit ; je lis toujours son journal, et c'est parce que je le trouve traînant et incorrect que son nom m'est revenu en ce moment. L'incorruptible Pétion a écrit dernièrement : *Les règles de ma conduite;* je l'ai lu et relu. On dirait que c'est de Socrate ou de Platon, tant il y a de cette antique simplicité si admirée et si admirable. Je veux te dire, en passant, que nous avons été si punis de nos idolâtries, que nous nous en tenons avec le maire de Paris dans les bornes de l'estime. Il n'y a que le peuple, qui ne peut manifester son amour qu'avec enthousiasme, qui crie à tue-tête : vive Pétion.

On a changé en motion une pétition de Pétion au nom de la Commune, pour ne plus délivrer aucun passe-port, ce qui a été décrété ; et ce qui l'a été aussi à l'unanimité, c'est la vente des biens des émigrés. D'Averond a donné sa démission : en somme le Sénat est faible et marche à pas de tortue dans la voie du salut. Il faut que l'opinion publique tonne pour obtenir une sage mesure.

Vergniaud est surnommé *Barnave second;* la confiance ne sait où reposer, et véritablement nous sommes dans un grand péril. Je bénis mille fois la Providence qu'elle m'ait favorisée par ton éloignement. Je voudrais être avec toi. Conservons notre énergie et nos moyens pour des temps plus propices. Dans celui-ci, l'esprit malin de la cour a amené la confusion des langues de la tour de Babel ; mais de l'excès du mal naîtra le bien. Patience et courage ; nous ne serons pas trahis et joués impunément.

Deprémesnils, paré d'une cocarde blanche, avait l'audace de prêcher, je ne sais où, dans Paris, la contre-révolution. Hier, des fédérés et des personnes du peuple lui ont fait un mauvais parti. Il est à l'Abbaye, à moitié mort, s'il ne l'est pas tout à fait. Je ne sais cette nouvelle que confusément, mais elle paraît sûre.

La Rochefoucauld, qui a donné aussi sa démission, a, dit-on, pris un passe-port pour voyager. Le département n'est pas remplacé. Si tu lis journellement le *Moniteur*, tu es au fait comme nous. Ce qu'il y a de plaisant, c'est qu'il y a des rédacteurs de tous les partis, et qu'il est bon ou mauvais, suivant celui qui le travaille.

XLVII

A SON MARI.

Paris, 31 juillet 1792.

Je suis jouée par mon imagination de la manière la plus fatigante ; tantôt votre absence est un fardeau insupportable, et tantôt les agitations de notre capitale, qui sont effrayantes, me font regarder cette absence comme un bienfait du ciel.

Hier, l'arrivée des Marseillais a causé un événement qui a pensé ouvrir la porte sanglante de la guerre civile. Il y a même eu quelques morts ; la générale, les appels, tout a été employé jusqu'à neuf heures du soir, et nous avons pourtant été au Palais-Royal et presque aux Tuileries. M. Julliot, l'un des chefs de bataillon de la garde nationale parisienne, nous arrêta en nous disant qu'il y avait un combat d'engagé. Nous retournâmes pourtant au Palais-Royal où tout était dans une extrême agitation, et je revins chez moi aussi tranquillement, au chagrin près, que vous allez promener dans vos prairies. Je fis toutes mes réflexions ; et voyant bien que c'était un coup monté, je pensai qu'il serait débusqué par les nôtres ; ce qui arriva, et tous nos sots épaulétiers, qui ont fait une rumeur du diable, sont revenus comme ils étaient allés. A l'arrivé des braves de Marseille, des gardes nationaux des Filles Saint-Thomas, leur commandant en tête, ont provoqué les arrivants, en voulant leur faire crier : *vive le roi*, et se refusant de crier : *vive la Nation*. Voilà le sujet de la guerre, et les Marseillais ont tué, dans le combat, le commandant, qui était un aristocrate. Cela aurait pu avoir des suites sérieuses.

Je deviens si volontaire et si indépendante que je ne reconnais d'autre maître que la loi martiale. Ce Pétion est un excellent homme. Hier au soir, je disais à notre bonne Marion : « Remarque bien ce que je vais te dire ; il n'y aura rien ce soir, malgré la générale, Pétion est là ; » et voilà ce qui me fait badiner de cette vilaine loi ; parce qu'elle ne fera jamais de mal dans cette bienfaisante main. Robespierre perd tout son crédit.

XLVIII

Paris, 4 août 1792.

Nous sommes, mon cher ami, dans de grandes perplexités politiques. La rixe des Marseillais avec une très petite portion de la garde nationale aristocratique n'a pas eu d'autres suites que de développer le système perfide de ceux qui veulent la guerre civile; mais il me semble que le grand jour de la vérité, qui porte sa lumière sur ce projet meurtrier, le déjouera ou le retardera longtemps. Un événement sinistre, celui de nos volontaires empoisonnés au camp de Soissons par du verre pilé dans leur pain, vient encore nous soulever d'indignation. Le rapport des commissaires, que l'Assemblée y a envoyés, semble annoncer qu'il y a eu plus de négligence que d'intention; mais cela ne donnera pas le change; c'est un crime qui fait frémir d'horreur, et qui est constaté par le malheur d'environ cent victimes, qui en périront dans les crises les plus affreuses de la douleur. Les cruautés de l'aristocratie allument les torches de la vengeance; et toutes ces barbaries, au dix-huitième siècle, désolent l'humanité et la philosophie.

Mon pauvre ami, que je suis contente que tu sois sur une terre étrangère! Sois-y circonspect et philanthrope, conserve ta vie pour la sacrifier un jour au sublime amour de la patrie. Dans ce moment de confusion, il me semble que le dévouement est périlleux, sans être glorieux.

Pétion, au nom de la Commune dont il n'est que l'organe, le simple porte-voix, a demandé hier, à la barre de l'Assemblée nationale, la déchéance du pouvoir exécutif, pour cas de *forfaiture*. C'est le vœu de quarante-deux sections de la capitale, que les départements consultés agréeront, ou rejetteront suivant leur volonté. Les uns assurent que cette grande mesure de précaution étoufferait la guerre civile dans son germe, et d'autres qu'elle en accélérerait l'explosion.

Dimanche soir.

Grâces au ciel, mon fils, les malheurs de Soissons ont presque disparu sous les yeux des commissaires, et la seule négligence les a causés. Tu auras vu ces détails dans les journaux. Nous sommes très calmes au milieu de nos orages. Il pleut à l'Assemblée des pétitions et des adresses pour la déchéance. Cette grande question, avec l'affaire de La Fayette, est à l'ordre du jour pendant cette semaine. Juge de l'affluence des citoyens au Sénat et de l'agitation de la capitale.

J'ai vu aujourd'hui un Anglais, qui veut être capitaine dans nos troupes.

Le décret qui décloître tous les nonnains m'afflige, quoique l'aristocratie religieuse ait provoqué ce fléau. La supérieure des sœurs grises de Rueil a perdu son portefeuille qui a été porté et ouvert à la municipalité du lieu. Il est constaté qu'elles ont envoyé quarante-huit mille livres aux émigrés, depuis le premier janvier.

Si tu as lu le procès-verbal de ce qui s'est passé à l'occasion des enrôlements, tu as vu des prodiges de vertus civiques, qui annoncent les grandes destinées d'une nation, qui sera invincible avec de pareils défenseurs. J'étais à l'Assemblée nationale, lorsqu'on en fit la lecture. Tout pleurait, aristocrates, patriotes; les femmes sanglotaient tout haut. Pour moi, j'étouffais d'admiration, de joie, de plaisir, et je voyais dans ce généreux dévouement le salut de l'empire. Oui, mon ami, les Français se perdent dans les nues par l'élévation de leurs sentiments. Malheureusement, ce qui grandit les uns, rapetisse les autres. Le temps des révolutions est celui du développement des vices et des vertus, parce qu'il met tous les intérêts aux prises.

La terrasse des Feuillants est un endroit délicieux pour les observateurs du peuple et pour les vrais amis de la liberté et des lois. Un simple cordon de ruban défend l'entrée des Tuileries, et pas un pied profane ne se porte au delà. Ce superbe jardin est absolument désert, et la terrasse remplie. Ce contraste est piquant. L'esprit français s'évertue par de légers sarcasmes : *C'est là Coblentz, c'est l'Autriche.* J'y suis allée dix fois depuis; il y a du beau monde assis à l'entour du café, du peuple en groupes et un concours de promeneurs.

Je vais demain à l'Assemblée nationale; des

femmes y présentent une pétition contre le général.

XLIX

A SON MARI.

Paris, 5 août 1792.

Je vous avoue, mon ami, que je vois tous les maux dans la pusillanimité du Sénat, ou plutôt encore dans la corruption de certains membres. Pétion, organe et simple porte-voix de la Commune, demande la déchéance de Louis XVI. Ce vœu est appuyé par des adresses et des pétitions si mâles et si fièrement motivées par des faits, que l'opinion me semble générale. Tout ce qui est royaliste ici est avant tout égoïste, et la chute de mille majestés ne leur ferait pas mettre le nez dehors pour les secourir.

Si préalablement La Fayette était éloigné des armées, Louis XVI pourrait être renversé du trône, sans que cela opérât la plus légère commotion à Paris. Je crois ce fait que j'avance, comme l'Évangile, et ce qui me désespère c'est que le Sénat ne me donnera pas le plaisir de voir vérifier ma prédiction. Un pouvoir exécutif bien organisé, et dans le sens de la Constitution, vous ferait rebrousser tous les rois de la terre plus vite qu'ils ne sont venus. Car, si malgré les trahisons des chefs, on se porte en foule sur les frontières, que serait-ce, si la confiance y faisait marcher, et si les précautions d'un ministre patriote y fournissaient avec abondance le pain et le fer, seuls besoins des Français libres. Lisez le procès-verbal de Nancy. Après ce généreux dévouement, prononcez sur les destinées de l'empire ; il ne faudrait que l'élan d'un vaste génie à la tête de notre Sénat pour opérer des prodiges et pour maîtriser la fortune. Alors, nous serions vraiment un grand peuple ; mais les petites vues, les petits intérêts, les petites intrigues, tout va poser de sottes limites.

Pauvre Louis XVI, c'est pour le débarrasser d'un fardeau trop lourd pour ses épaules que je souhaite sa déchéance. Ce malheureux roi est poussé dans l'abîme par de faux amis. Bref, il ne faudrait que deux coups hardis pour faire l'aristocratie repic et capot. Ils sont à l'ordre du jour pour cette semaine ; jugez de l'agitation de la capitale. Demain, La Fayette ; jeudi, son protégé.

Je vais demain à l'Assemblée nationale. J'ai été cette semaine aux Jacobins, d'où je suis sortie, par un effort de raison, à neuf heures et demie, afin d'être rentrée chez moi à une heure convenable. Je n'y avais pas été depuis trois mois, et je leur croyais bien un peu la crinière du lion et la gueule du loup ; mais je veux le dire à vos provinciaux : ce sont des hommes, de bons militaires ; non pas des sans-culottes, mais la fleur des bourgeois de Paris, à en juger par leurs pourpoints. Il y avait là deux ou trois cents dames aussi parées qu'au spectacle, qui en imposaient par leur parler mâle et la fierté de leur attitude. Je me suis crue au *Forum Romain*.

J'ai entendu Antoine, ancien député, et Robespierre ; ce qui m'a contristée, c'est qu'ils ont dénoncé Brissot et Vergniaud.

J'en veux toujours aux gens qui jugent sur parole. Ces Jacobins ne sont rien autre chose que les plus fortes colonnes de la liberté et l'épouvantail des tyrans. Sans eux, sans leur énergie et leur active surveillance et sans la publicité de leurs discussions, qui échauffent et éclairent le peuple et qui excitent son patriotisme, la contre-révolution aurait déjà réjoui le cœur de nos ennemis. Si l'on parvient à les paralyser, adieu la Constitution.

Je crois que je vais passer à la campagne le mois dont vous prolongez votre absence ; comme c'est un projet en l'air, qui pourtant pourrait être lestement exécuté, je ne puis trop ni le taire, ni en parler. La vérité est que ce serait pour me mettre à l'abri des agitations publiques. J'y serais renfermée dans les murs de mon appartement ; mais la proximité du théâtre, le grand intérêt que je prends à la chose, une certaine sagacité que je me crois pour l'observation, me poussent, malgré moi, sur la scène d'où j'ai toujours rapporté des motifs de sécurité qui m'enhardissent. Je veux, mon bon ami, humer l'air pur de la campagne et ne plus penser à la politique, ni en parler, ni en entendre parler.

Tous ces enrôlements qui enlèvent quinze ou vingt mille jeunes gens à Paris pour servir sous un général qui sera peut-être l'homme de la contre-révolution, me les font voir morts tout vifs, de manière que je remercie la divine Providence d'avoir exilé mon fils d'une patrie où le chef suprême croit de son intérêt de faire moissonner la jeunesse, parce qu'elle est la plus chaude amie de la liberté. Le ciel ne permettra pas la consommation de ce forfait, et notre salut est écrit, dans le livre du destin, à la page où sont inscrits deux vers qui terminent une pétition que vous saurez bien distinguer dans les journaux.

L

A SON MARI.

Paris, 7 août 1792.

Il se prépare un orage terrible sur l'horizon parisien.

On traite demain l'affaire de La Fayette. Je souhaite, comme vous me le disiez plaisamment, qu'on batte le général plutôt que la générale. Si on ne fait pas l'un, l'autre pourra bien avoir lieu, car le peuple sera en fureur.

Je serais tentée d'aller au Sénat; mais mon petit Auguste, que je ne veux pas renfermer dans ce cloaque de passions pendant cinq ou six heures, étouffe cette belle envie.

Voulez-vous savoir mon opinion politique? C'est que la faiblesse du Sénat, qui n'osera pas, occasionnera une explosion terrible. Cet oracle est plus sûr que celui de Calchas. Ce n'est pas la guerre civile, c'est un coup monté des deux partis qui étourdira celui qui aura le dessous; mais les chances particulières ne peuvent être prévues, et la somme des maux généraux infinie. La longueur des discussions, mesurées sur leur importance, me donne le temps, à ce que j'espère, d'être dans votre giron avant le coup. Encore une fois, je n'ai peur que d'être le témoin trop sensible d'une catastrophe malheureuse. Je suis sûre que le parti populaire triomphera; mais les autres sont aussi des hommes et j'ai horreur du sang.

J'ai entendu hier la superbe pétition signée, sur l'autel de la patrie, par tant de citoyens qu'il y a un gros cahier de signatures. Le jeune orateur qui la débitait avait l'organe de Cicéron. Elle a été écoutée dans le calme du plus profond silence, interrompu par des applaudissements qui avaient la majesté du sujet. L'invocation à l'Être suprême m'a paru grande et pathétique ; tout ce morceau a été débité avec la vraie chaleur du sentiment. L'Assemblée était magnifique dans ce moment, par l'attitude attentive et touchante de tous les spectateurs. Après cela, les noirs ont fait les diables à quatre pour empêcher l'admission des pétitionnaires. Le bruit a contrasté avec le précédent silence ; c'était l'Océan calme et l'Océan en fureur ; enfin, nous l'avons emporté. Calvet a voulu parler ; il a excité un orage affreux et il a fait tête à la majorité avec l'impudence de Dumolard.

Voilà tout, car il me revient que vous ne voulez pas que je m'appesantisse sur les détails. Ces messieurs ressemblent parfaitement aux démons de Milton.

Adieu, je n'ai pas plus peur des Savoyards que des Prussiens et des Autrichiens. Je n'ai peur que des traîtres.

La terrasse des Feuillants est ma promenade favorite. L'Autriche déserte forme un contraste piquant, et le simple ruban y fait une barrière insurmontable. Dernièrement, une dame la franchit par ignorance ; on lui fit secouer la poussière de ses pieds avec une gaieté bienveillante qui me fit maudire les calomniateurs d'un peuple qui est toujours bon, quand on ne le force pas à être méchant : j'y étais...

. . . .

LI

Paris, 8 août 1792.

Dans ce moment, l'horizon se charge de vapeurs qui doivent produire une explosion terrible. La nuée renferme la foudre : où tombera-t-elle ?

L'Assemblée nationale me semble trop faible pour seconder le vœu du peuple, et le peuple me semble trop fort pour se laisser dompter par elle. De ce conflit, de cette lutte, doit résulter un événement : la liberté ou l'esclavage de vingt-cinq millions d'hommes. Ma sensibilité jointe à mon activité m'a portée souvent à l'Assemblée nationale, aux Jacobins, dans les promenades publiques, où tout retentit des affaires présentes.

Il me semble avoir fait dans ces divers endroits de si justes observations, que je vois et prévois l'avenir avec une prescience que je crois prophétique. La partie patriote l'emportera ; mais il est malheureusement impossible que ses lauriers ne soient ensanglantés sous bien peu de temps.

La déchéance du roi, demandée par la majorité et rejetée par la minorité qui domine l'Assemblée, occasionnera le choc affreux qui se prépare. Le Sénat n'aura pas l'audace de la prononcer, et le peuple n'aura pas la lâcheté de souffrir le mépris qu'on fait de l'opinion publique. Les armées, dans les mains des traîtres, font l'orgueil et l'espoir de nos ennemis, et c'est de là d'où viendra notre salut. Les soldats de la liberté ne peuvent plus être les satellites et les vengeurs des despotes.

Jugez donc l'incalculable somme des événements que va produire ce chaos, et dis-moi, mon bon ami, si une femme et un enfant intrépides dans la bonne cause, et qui sont partout pour recueillir des nouvelles, ne sont pas gratuitement exposés à des malheurs? Je pourrais rester chez moi, à merveille; je pourrais courir les campagnes solitaires, fort bien; mais j'ai une certaine curiosité qui a toute sa source dans mon cœur, et qui commande mes pas du côté où souvent est le danger. Le secret des sages est de se bien connaître; me voilà. Il m'est plus facile de fuir que de résister. Je me suis dit mille fois que ce spectacle de l'agitation et du combat des passions, si vifs dans ce moment, ne convenait pas à l'âme tendre et jeune de mon Auguste; ma raison m'a dit là-dessus tout ce que Mentor m'aurait pu dire; et, toujours prise dans le même piège, le grand intérêt public me conduit au foyer politique, où nous prenons si chaudement les choses, que nous revenons l'âme épuisée de fatigue et souvent le cœur bouillant de passion, avec le désir de voir le lendemain la suite de ce qui a été proposé la veille.

Je ne suis pas allée aujourd'hui à l'Assemblée nationale. Le tumulte y a été considérable. Le comité faisait le rapport sur La Fayette et terminait par un décret d'accusation. La discussion a été orageuse, et l'appel nominal lui a été favorable. Jugez du désappointement des amis de la liberté. Cela leur prépare un autre échec dont je suis sûre qu'ils auront la honte. Mais tout cela nous achemine vers une catastrophe qui fait frémir les amis de l'humanité ; car *il pleuvra du sang, je n'exagère point*, et, comme l'importance de la délibération nécessite la lenteur, je vois encore une quinzaine avant le coup terrible qui décidera du destin de l'empire, au moins pour quelque temps. Nous sommes dans une crise plus terrible que toutes celles qui ont précédé ; mais il ne faut pas avoir l'ingratitude d'oublier tous les miracles que le Ciel a faits pour nous depuis quatre années. La Providence nous couvre de ses ailes, et malheur à ceux qui s'en méfient !

Croirais-tu que les sots royalistes prétendent que c'est le gouvernement anglais qui paye les Jacobins pour travailler à la désorganisation sociale, afin d'amener les choses à une telle extrémité, que tout soit anéanti. Il n'y a pas de folie qu'on n'invente pour aliéner l'esprit des Français et des Anglais. *Les raisonnements bannissent la raison.* Les bons esprits ne croient pas à tous ces fagots et la liste civile de George ne fait pas le mal de la liste civile de Louis. Celle-ci corrompt tout.

Pour reposer un peu ma tête, parlons de toi. Que fais-tu ? Il me tarde de savoir quels sont tes progrès dans la langue anglaise, et si tu t'habitues aux usages et aux coutumes du pays. Observe bien ; apprends à connaître tes semblables, afin de leur accorder cet indulgent amour qui est toujours le résultat de l'étude du cœur humain. Ce composé bizarre a reçu de la nature tant de passions qui se heurtent et s'entre-choquent, qu'il faut être bien sage et bien habile pour démêler tout cela. Ce qu'il y a de sûr, c'est que nous naissons bons et sensibles ; et ce qui fait calomnier notre espèce, c'est que la minorité vicieuse attire plus l'attention que la majorité vertueuse. Celle-ci, trouvant son repos dans sa conscience, n'a pas besoin de remuer le monde pour chercher le bonheur. Un méchant fait plus de bruit que cent hommes de bien. C'est une vérité qu'il faut toujours avoir présente à l'esprit et qui fait plaisir au cœur.

Apprends, si tu en as l'occasion, à monter à cheval et à nager. Je te recommande le plus grand soin pour développer toutes tes forces, et l'habitude de la frugalité, qui en est le vrai conservateur. Les excès, de quelque genre qu'ils soient, énervent le corps et l'âme ; mon bon ami, pour la félicité de ta mère et pour la tienne, que j'ai encore plus à cœur, soit toujours sous l'égide de Minerve. Je ne veux pas être une radoteuse maman, épuisant tous les lieux communs de la morale. J'ai affaire à un ami, que la nature a formé dans mon sein des éléments les plus précieux de mon être, la sensibilité et l'amour de la vertu ; avec cela je n'ai rien à prescrire et j'ai tout à espérer.

Il y a une agitation effrayante dans le peuple ; hier il y a eu des députés noirs de maltraités. Nous attendons un miracle du ciel pour nous sauver. N'aie nulle inquiétude sur mon compte ; mais songe aux chagrins véritables que nous causent les maux dont la patrie est menacée.

LII

A SON MARI.

Paris, 9 août 1792.

Le tocsin sonne, la générale bat, l'alarme est répandue dans tout Paris. Les rues sont pleines de monde, et les femmes, tremblantes, aux fenêtres, interrogent avec effroi les passants. Que va-t-il arriver? La vaste population de la capitale représente à l'imagination effrayée huit cent mille âmes livrées à toutes les angoisses de l'épouvante que les crêpes noirs de la nuit redoublent, et que tous les signaux de la terreur rendent affreuses. La mort n'a rien de plus poignant que le sentiment de la douleur la plus profonde qui remplit mon âme.

Vendredi, 7 heures du matin.

Grâces au ciel, la foudre a grondé sans tomber, et les rayons du jour ont dissipé les frayeurs de la nuit. Depuis cinq heures je rôde dans mon quartier; il n'y a rien eu que du bruit, on ne sait pas assigner la cause de tout cela. Je crains bien que Pétion, qui l'a échappé belle, ne soit un jour la victime de nos féroces ennemis. Les Marseillais que l'on redoute et que l'on veut mettre aux prises avec la garde nationale; la déchéance du roi, qu'on demande de tous côtés; l'absolution de La Fayette, qui a irrité les esprits, occasionnent une effervescence qui conduira sans doute à une catastrophe. Que ne suis-je auprès de vous! Non pas que je coure des risques, mais parce que le douloureux sentiment que j'éprouve dans mes craintes pour le peuple me déchire et me fait mourir.

Je suis restée sur pied toute la nuit et je dors maintenant. Je vous dirai que nous sommes fort mécontents de l'Assemblée nationale. Elle montre une mollesse qui nous conduit à notre ruine, si le peuple entier, les départements soutenant la capitale, ne se lèvent encore une fois. Quelques députés courtisans ont été injuriés et poursuivis par le peuple; entr'autres Dumolard. Quoique toute voie de fait soit répréhensible, ces misérables, en réclamant la liberté, travaillent si ouvertement à rendre le peuple esclave que, si on les laisse faire, le divan sera notre gouvernement, c'est-à-dire le plus odieux despotisme. Ils nous rivent des fers à plaisir. Tout ce qui nous est venu de votre province est détestable, à MM. de la Condamine et Archinard près.

On entend encore le tambour; en vérité, je me sais gré d'avoir si généreusement acquiescé à la prolongation du retour de votre frère. Le ciel ne laisse jamais sans récompense une bonne action. Dans tous les cas, vous ne pouvez pas avoir toutes nos sollicitudes et, sous tous les rapports, vous êtes mieux que nous.

Les affaires d'État sont mes affaires de cœur; je ne pense, je ne rêve, je ne sens que cela. Je vois un gouffre de maux dans l'abaissement de notre parti. Votre intérêt particulier est lié à l'intérêt général, ainsi que celui de tous les autres. Courage, aidez-vous. L'accord des départements fera le salut de la France. La cour nous jouera jusqu'à ce qu'elle nous ait perdus. Elle fait prêcher au roi la Constitution comme l'abbé Maury prêchait la religion, en s'en moquant dans le cœur. Je n'ai pas la prétention de me croire en état de résoudre la grande question ; mais voici un adage de l'abbé Maury que j'y applique : « Si vous voulez la fin, veuillez donc les moyens. »

Adieu, je vais courir un peu ; ce qu'il y a de fort naturel, c'est qu'on a du vif-argent sous les pieds, quand on est dans une crise si intéressante, à moins que d'être d'une poltronnerie et d'un égoïsme qui ne peuvent pas loger dans une âme comme la mienne. Je suis prudente, c'est tout ce que je puis faire.

Je n'ai pas été à l'Assemblée depuis lundi, où j'ai entendu la superbe pétition du Champ-de-Mars, qui a été prononcée par Démosthènes ou par Cicéron, tant l'orateur était à la hauteur de son sujet. Aujourd'hui, tout Paris y sera. Hier, nos sots députés ont fait des complaintes. MM. les inviolables veulent être respectés et nous voulons aussi les respecter, sous la condition qu'ils seront respectables et non pas coblenistes ; car il faut les voir et les entendre pour les bien juger.

Je grille dans ma peau de vous dire... devinez, le calme se soutient ; mais les ides de mars ne sont point passées. Adieu.

LIII

Paris, 10 août 1792.

Jour de sang, jour de carnage, et pourtant jour de victoire, qui est arrosé de nos larmes : écoutez et frémissez.

La nuit s'était passée sans événements. La grande question agitée devait attirer beaucoup de monde, et, disait-on, les faubourgs ; c'est pourquoi on avait rempli les Tuileries de gardes nationaux. L'Assemblée aussi avait une triple garde. Le roi, le matin, avait fait, au pont tournant, la revue des Suisses, vers les six heures. A huit heures, il se rendit à l'Assemblée nationale ; les Marseillais venaient se joindre fraternellement aux gardes parisiennes. On entendait des cris *vive le roi*. Au faubourg, la nation criait : *vive la Nation.*

Tout à coup, toutes les fenêtres du château sont garnies de Suisses et ils font subitement une décharge à balle sur la garde nationale. Les portes du château s'ouvrent, hérissées de canons et lâchent une bordée sur le peuple. Les Suisses redoublent. La garde nationale avait à peine de quoi tirer deux coups ; elle est criblée, le peuple fuit ; puis, la rage, le désespoir rallient tout. Les Marseillais sont autant de héros qui font des prodiges de valeur. On force le château. La justice du ciel aplanit toutes les voies et les Suisses expient, par tous les genres de mort, la basse trahison dont ils sont les instruments. Toute la famille royale, jouet d'une faction sanguinaire, s'était réfugiée à l'Assemblée, dans un moment favorable. On les a fait mettre dans la tribune du logographe où ils sont encore. Il n'a paru aucun journal, je n'ai pas entendu dire un mot de l'Assemblée, et, chose inouïe, elle a peut-être été plus calme aujourd'hui qu'à aucune autre époque de son existence.

C'était aujourd'hui, 10 août, que la contre-rélution devait éclater à Paris. Toujours insensés nos adversaires croyaient que la corruption des chefs d'une partie de la garde nationale, soutenue des royalistes avec leurs Suisses et tous les valets des Tuileries, feraient bonne contenance et étourdiraient les sans-culottes sans armes. Ils sont confondus, la fortune se déclare ; et, en moins de deux heures, le Louvre est investi et la victoire certaine. Le tocsin, la générale, mille cris funèbres : *Aux armes, aux armes*, retentissent dans tout Paris. Les boutiques se ferment, les femmes et les enfants se cachent, rien ne peut peindre la consternation et le désespoir où nous étions.

La Commune a fait des chefs-d'œuvre dont je ne puis donner les détails. Purgée tout à coup de son venin aristocratique, elle s'est organisée, indépendante du directoire du département; elle a donné des armes, des munitions, secondé l'action des citoyens que la trahison a si parfaitement réunis que cavalerie, grenadiers, chasseurs, sans-cuculottes sont frères, et servent tous, dans le même sens, la chose publique. Les piques et les bayonnettes ont fait aujourd'hui l'alliance la plus sincère et la plus auguste. Tous les officiers vont être cassés ce soir, et Santerre est depuis midi commandant général de la garde nationale. Manuel et Danton sont chargés du civil.

Pétion est plein de vie; mais frémissez : le roi l'avait mandé, hier, à minuit, au château; à cinq heures du matin il n'en était pas sorti. La Commune inquiète vole au Sénat, et obtient un décret pour réclamer le magistrat du peuple. Il en sort escorté des braves Bretons; il est conduit à la maison commune, où Manuel lui fait les plus graves reproches pour s'être laissé retenir loin de son poste, et il le consigne chez lui par le vœu de la Commune, sous la garde des courageux Bretons (on dit que c'est pour garantir ses jours et le mettre à l'abri de la responsabilité). Enfin, il a passé la journée renfermé. On prétend que sa tête aurait sauté sur le peuple à la première décharge des Suisses.

Le peuple a tout brisé dans le château. Il a foulé aux pieds toute la pompe des rois. Les richesses les plus précieuses ont volé par les fenêtres ; le feu a été mis aux quatre coins des casernes suisses et on a juré de raser le château. Il y a eu des têtes coupées, des fureurs populaires, dont la cruauté fait plus d'horreur aux esprits irréfléchis que la scélératesse raffinée et civilisée des gens de cour, qui font périr des générations entières par le caprice d'une maîtresse ou le bon plaisir d'un intrigant.

Le peuple français a vaincu dans Paris l'Autriche et la Prusse. Ce jour, que deux ou trois aristocrates, que j'ai vus dans leur cave, m'avaient dit être celui qui allait les faire voler aux Tuileries, les en éloigne de dix mille lieues. Ils disent aussi que c'est le signal d'une guerre civile, et j'ai dans l'idée que nous en avons éteint aujourd'hui le flambeau.

Louis XVI est déchu par le fait, il a souffert qu'on armât ses satellites contre son peuple, il a fait plus ; il l'a mitraillé ! Lisez la Constitution.

La Commune s'est fait apporter les lettres d'un courrier qui arrivait.

Ce qu'il y a de frappant c'est qu'à midi la funeste guerre était finie, et que la sécurité, non la sérénité était rétablie. Toutes les femmes ont couru les rues en pleurant et se lamentant, parce que chacune était dans l'attente et dans la crainte d'une perte cruelle. Beaucoup de troupes sont revenues, sur les deux heures, avec des trophées d'armes, des lambeaux au bout de leurs bayonnettes, des dépouilles suisses, etc. Marion a été jusque dans la cour du Carrousel, où elle a vu quatre morts qu'on enlevait, reste peut-être de plusieurs mille. On n'a pas encore fait ce funèbre dénombrement. Elle m'a rapporté que les rues étaient pleines de femmes ; jamais elle n'a vu plus de monde.

J'ai couru aussi tout l'après-midi avec Auguste ; mais nous avons borné nos courses à la mairie et au palais ; il fallait fendre la presse partout, et cela m'a empêchée d'aller plus loin.

J'ai recueilli, dans mon chemin, des détails confirmés par cent témoins sur la décharge des Suisses, qui a été si traîtresse et si inattendue qu'elle a tout à fait réveillé le lion et réuni tous les partis. Elle n'a nullement été provoquée, et tout Paris attestera cette vérité. Je coucherai cette nuit ma porte ouverte, tandis que tous les propriétaires de la capitale ont mis double serrure à leur porte dans l'attente des brigands. C'est là leur cheval de bataille, et il y a beaucoup de gens qui seront fort étonnés de vivre demain, parce que la canaille, qui n'est pas arrêtée par la loi, doit fondre ce soir sur eux et leurs trésors.

Paris est illuminé et les patrouilles se font comme en 89. Le calme le plus profond règne ici, et la surveillance est si active qu'on peut dormir en repos. On a crié le journal du soir à onze heures ; je n'ai pu l'avoir. Je suis restée debout hier jusqu'à minuit, et je me sens l'âme usée et languissante par toutes les vives émotions que j'ai éprouvées depuis vingt-quatre heures.

Il est minuit, et le tambour m'a fait relever : c'est un décret de l'Assemblée nationale, en quinze ou vingt articles, que l'on proclame dans les rues. Il a été lu à la porte de la place, rue Saint-Jacques : je n'en ai entendu que des mots ; mais aux vifs applaudissements qu'ils ont reçus, je juge de sa bonté. Braves Marseillais, vous avez la gloire de faire la France libre ! Ces vaillants martyrs de la liberté ont péri les premiers, parce qu'ils étaient en première ligne.

La suspension du roi, le rappel des anciens ministres, la punition des chefs qui, hier, ont trahi leurs soldats, ce qui a été cause de la mort de quinze mille hommes, les assemblées primaires convoquées, tel est l'ouvrage de l'Assemblée nationale : c'est le vœu de l'opinion publique consacré par des décrets. Le roi est au Luxembourg, gardé par le peuple. On a fait des choses admirables, et d'autres affreuses. De pauvres sans-culottes ont reporté à la Commune toutes les richesses qu'ils avaient prises ; ils ont pendu cent vingt voleurs, qui s'étaient mêlés parmi eux. Plusieurs traîtres, dont on évalue le nombre à près de cent, ont péri victimes de l'effervescence et de la fureur populaires. Enfin, voilà une seconde révolution qui doit faire appeler cette journée celle des dupes ; parce que c'était le jour fixé pour la contre-révolution, et que le lendemain devait voir tous les Jacobins du royaume noyés dans leur sang.

J'ai manqué, hier, l'Assemblée nationale ; j'y vole aujourd'hui, et c'est par prudence et par égard pour Auguste, que j'avais fait ce sacrifice ; j'en ai mille fois remercié le ciel ; car ma sensibilité m'aurait fait mourir du canon qui a retenti toute la journée, et des terribles scènes politiques qui ont eu lieu. J'ai un tremblement continuel causé par les violentes agitations qui ont secoué mon âme depuis quelques heures. Adieu.

LIV

Paris, 10 août 1792.

Mon cher Jules, l'étonnante nouvelle! Une seconde révolution, aussi miraculeuse que celle qui a vu prendre la Bastille ; mais qui nous coûte du sang et qui nous tient depuis vingt-quatre heures dans une espèce de frénésie, mêlée de joie, de désespoir, de douleur et de rage.

La nuit d'hier a fait retentir dans Paris l'horrible son du tocsin, la générale, les cris aux armes, et a présenté toutes les horreurs d'un commencement de guerre civile. Le jour adoucit nos maux, calme nos frayeurs. On n'avait rien fait qu'entourer le château et protéger le Sénat. C'était la discussion sur la déchéance et l'Assemblée penchait à traiter l'illustre criminel comme elle avait fait de son protecteur La Fayette. Ce matin, la délibération continuait, et le peuple debout s'empressait à vouloir entendre son arrêt. Le bataillon de Henri IV devait arrêter un faubourg, et tout était préparé au château du Louvre pour assassiner la liberté. A six heures du matin, Louis XVI avait passé, dans son jardin, la revue des Suisses qui, de là, prirent leurs postes dans le château. On y avait placé en dedans des canons, vis-à-vis les grandes portes; la garde nationale occupait le jardin; les Marseillais, d'autres fédérés, ainsi qu'une partie de l'armée parisienne, occupaient la place du Carrousel; et le Sénat avait une triple garde. Le peuple était répandu, comme de coutume, çà et là. Sur les huit heures, la famille royale se glisse furtivement dans l'Assemblée. Le roi y paraît. Les détails de cette importante scène te parviendront par M. Euvy et par les journaux. Je ne sais autre chose, sinon qu'ils furent placés dans la tribune du logographe. Revenons au château entouré, comme je te l'ai dépeint. Tout à coup, les fenêtres et les portes s'ouvrent; elles sont garnies de Suisses qui font, *sans aucune provocation*, une décharge de canon et de fusils qui tue les uns et met les autres en fuite. La surprise et l'effroi ne durent qu'un moment; on tire sur les Suisses; mais la garde nationale n'avait presque pas de munitions meurtrières; et ses agresseurs, qui étaient bien approvisionnés, font plusieurs décharges avec l'avantage du poste. Le tocsin, la générale sonnent la mort et font courir tous les braves de la capitale sur le champ de bataille. Les Tuileries sont forcées avec la même promptitude que la Bastille, et les malheureux Suisses, criminels instruments des vengeances de la cour, périssent de mille morts différentes. Les meubles du palais sont brisés; tout le luxe royal est foulé aux pieds, et d'immenses richesses jetées par les fenêtres. Le feu est mis aux casernes des Suisses, et les flammes dévorent la demeure des perfides. Rien n'approche de la consternation où chacun était, dans l'attente de ce grand événement qui n'a pas tenu en suspens plus de deux heures.

Les Marseillais, ces héros de la liberté, en sont devenus les martyrs.

La perversité du coup des Suisses a fait tourner la fortune tout à fait de notre côté. La réunion a été si parfaite entre tous les citoyens, que la cavalerie, tous les autres bleus avec les sans-culottes n'ont plus fait qu'une alliance sacrée des piques et des bayonnettes, qui a formé une masse si importante et si forte que rien n'aurait pu lui résister. Les officiers qui, là comme ailleurs, sont en partie des traîtres, sont cassés ce soir, et leur général Mensard est en prison.

Il y a eu des exécutions populaires, qui ont signalé le réveil du lion. Je jette un voile sur ces horreurs, dont mon cœur trop sensible ne peut soutenir l'image. Cependant, ma raison me dit fortement que l'humanité a moins perdu d'hommes par la barbarie grossière du peuple, que par la scélératesse civilisée des rois et de leurs ministres.

Dans ce danger imminent, la Commune a fait merveille ; elle s'est réorganisée ; abandonnée par les aristocrates, elle a fourni des armes et surveillé tout avec une parfaite harmonie pour assurer le triomphe des amis de la liberté.

On peut appeler cela la journée des dupes ; car la contre-révolution était faite, d'accord avec une partie du Sénat, et elle est décidément ajournée pour longtemps. Nous étions si près d'être remis aux fers, que je regarde comme un miracle signalé de la protection de l'Être suprême envers le peuple, cet événement inattendu. Il nous fait vaincre à Paris, l'Autriche et la Prusse, il fortifie la neutralité de l'Angleterre, ranime les Belges, les Liégeois et mes bons amis les patriotes Hollandais.

La Commune, qui s'est fait apporter toutes les lettres reçues aujourd'hui, les a décachetées, et en a, dit-on, trouvé trente-deux d'un général dévoué à la cour et au roi, qui feront trente-deux chefs d'accusation contre lui, en prouvant le coup monté du 10 août, célèbre désormais dans l'histoire de notre révolution.

Depuis midi jusqu'à la nuit, toutes les femmes étaient processionnellement dans les rues, chacune pour un intérêt précieux ; et, en pleine rue, elles se précipitaient dans les bras de leurs époux. J'ai vu vingt scènes touchantes ; j'en ai vu de grandes ; j'en ai vu d'héroïques. Mon cher Jules, j'ai versé bien des larmes amères depuis vingt-quatre heures. Ce soir, à onze heures, les tambours m'ont encore fait frissonner ; mais c'était une proclamation ou un décret de l'Assemblée nationale fort long ; je n'en ai pu rien entendre, sinon que tout le monde, qui s'était mis aux fenêtres, applaudissait et criait : *vive la Nation.*

Samedi matin.

Mon ami, l'Assemblée a décrété tout ce que l'opinion publique avait énoncé dans cette belle pétition. Le roi est au Luxembourg : tout a été calme. Cette victoire ensanglantée nous coûte bien cher ; je vole à l'Assemblée nationale. Il y avait un complot contre les patriotes, qui aurait fait périr les plus énergiques d'entre eux et un grand nombre de Français.

LV

Paris, 10 août 1792.

La circonstance où nous nous trouvons est non seulement la plus violente crise de la Révolution, mais aussi la plus étonnante et la plus terrible secousse qu'ait éprouvée la monarchie depuis près de quatorze siècles qu'elle existe. Craignez donc de donner des conseils quand vous voyez que l'expérience la plus consommée, la connaissance la plus parfaite de l'histoire, la grande étude du cœur humain peuvent à peine, à l'aide de leurs lumières et appuyées de tous les secours du génie et de la prudence, tracer une route sûre. O cher enfant, qui avez reçu de la nature une âme neuve et énergique, qui sort des mains de l'Être suprême avec ce feu de la vertu, cette ardeur du courage, qui, pour ainsi dire, est le sceau des véritables honneurs, mais qui périt dans son germe, quand on veut trop tôt forcer son développement, songez que votre âme seule discrédite vos conseils! Telle sagesse qui vous les ait inspirés, telle sagesse qu'ils renferment, songez à leur inutilité pour la chose publique, je dirai presque à leur danger pour vous. Le moi humain est si loin d'entrer pour rien dans l'élan qui vous emporte, qu'il ne pourrait que vous inspirer un dédain qui servirait encore de nouvel aiguillon à votre générosité. Mais la digue la plus forte pour un fils, c'est le tendre amour d'un père et d'une mère qui adorent en lui des vertus naissantes, et qui espèrent les voir fortifier par un heureux naturel, et développer par quelques talents. C'est plus tard, quand vous aurez acquis la maturité de la sagesse, que je verrai votre dévouement pour la patrie, comme cette généreuse Spartiate dont vous rappelez le souvenir. Alors vous rapportât-on mort d'un champ de bataille, ou tomberiez-vous dans l'arène de l'éloquence sous les efforts puissants d'un ennemi, je dirais avec cette vraie citoyenne : *Je ne lui avais donné le jour que pour cela.* Mais vous n'êtes pas prêt à cueillir cette palme de la gloire. Il faut vous exercer pour la conquérir, et ne tendre les bras pour la saisir que lorsque mille expériences vous auront convaincu de vos forces et que vous pourrez l'y atteindre en y visant.

Le microscope de la présomption trompe les yeux les plus fins et les plus sûrs. Il enfle tellement nos perceptions, que nous croyons avoir la faculté de tout entreprendre, et la puissance de tout faire. L'expérience des autres n'est rien pour nous, et la nôtre nous instruit toujours trop tard.

Les chutes, à votre âge, dans une carrière brillante, ralentissent souvent la marche et préviennent toujours défavorablement contre vous tous ceux qui parcourent la même route. C'est un jeune insensé ! disent les personnes indifférentes ou facilement prévenues, qui ne se donnent la peine de rien approfondir; et ces fautes de la jeunesse, ou celles même qu'on se croit fondé à lu imputer, s'expient souvent et amèrement dans tous les âges.

LVI

A SON MARI.

Paris, 15 août 1792.

Quand je considère, dans le calme de la méditation, les maux auxquels nous venons d'échapper par le triomphe de vendredi, l'effroi me saisit au point de tomber en syncope. Les mesures étaient tellement prises pour une Saint-Barthélemy que le miracle de l'Être suprême envers le peuple devient pour moi l'article de foi le plus sacré. *Tolle et lege.* Tout dévoile un complot si mystérieux que la postérité se refusera à le croire. Si le tocsin et la générale avaient pu produire la nuit, les rassemblements qu'on provoquait et qu'il était naturel d'attendre dans l'effervescence où étaient tous les esprits, au milieu des ténèbres, il y avait cent mille individus tués à Paris. Dieu a permis que ce peuple si impétueux ne se mît en mouvement qu'avec les rayons du soleil ; les troupes seulement allaient et venaient sans but, en apparence. Les chefs, qui étaient dans l'infernal secret, les conduisaient à leur gré.

Ne vous laissez pas dire que la réduction de

Paris était un projet insensé, parce qu'il paraît aujourd'hui impraticable. L'événement est le maître des sots. Si la cour n'a pas réussi, c'est que le ralliement opéré par les Marseillais et les Bretons, ou plutôt par la main miraculeuse du ciel, a changé la fortune et forcé la victoire. Le feu roulant dans la vaste étendue de toutes les parties des Tuileries et du Louvre semait l'effroi et la mort. Tout fuyait; l'Assemblée nationale n'aurait pas tenu un quart d'heure. Les monstres qui avaient cherché leur salut dans son sein auraient désigné les victimes.

On me répond à cela que les provinces auraient vengé Paris et que cette crainte des provinces empêche de croire que la cour ait eu dessein de faire autant de mal qu'on l'en soupçonne; qu'elle ne voulait qu'effrayer et contenir.

Pauvres gens! vous connaissez peu le cœur humain! L'abattement est une maladie épidémique qui gagne plus vite que la peste. Les départements, qui ne manquent pas de lâches royalistes, auraient arboré les fleurs de lys ensanglantées de la capitale. Les patriotes seraient tombés sous le glaive des despotes, et la France était aux fers. Luckner et les autres généraux, avec leurs armées, auraient soutenu le parti de la contre-révolution triomphante.

Les sots regardent aujourd'hui cela comme le

rêve creux d'une imagination exaltée. L'événement n'a tenu qu'à un fil, et c'est un miracle du ciel qu'il ait été rompu. Je suis comme un garde national de notre quartier qui a eu son chapeau percé d'une balle, deux de ses amis tués à ses côtés ; et qui n'y a pas plus pensé que si de rien n'était ; le soir seulement, en réfléchissant sur ces faits, le trouble s'est emparé de lui, la bile s'est mêlée dans le sang, la jaunisse l'a pris comme si un peintre lui avait mis un couche de jaune sur le visage. Voilà ce que j'éprouve quand je médite sur tous les dangers auxquels nous sommes échappés ; la stupeur de la mort me saisit des pieds à la tête ; et pour fuir cet horrible tableau, je suis obligée de courir les rues. Le calme que j'y vois partout pénètre peu à peu mon âme ; mais ce péril imminent qui nous a environnés, cet abîme où nous étions au moment d'être engloutis, est toujours sous mes yeux, quand je suis seule avec moi-même. Je serais morte actuellement, si la fortune ne s'était déclarée pour le malheureux peuple.

Nous attendons des nouvelles des armées. J'ai encore peur du coup de désespoir de quelques généraux traîtres. Je suis allée deux fois à l'Assemblée nationale, depuis le mémorable vendredi ; elle fait ce qu'elle peut, mais je ne lui trouve pas encore l'énergie convenable si... mais... Je me meurs de vous voir et de vous entendre.

Mercredi soir.

Je ne saurais pas vous dire de nouvelles, sinon que nos commissaires de l'armée, c'est-à-dire les députés qui y sont envoyés, reçoivent partout un tribut de bénédictions et d'encouragements. On assure que La Fayette dit, dans une lettre insérée dans le journal du soir, qu'il va interposer ses bons services vis-à-vis du soldat, pour lui faire recevoir sans commotion la grande nouvelle; et moi je vous assure que, si mon âme avait pu être dans le corps d'un des augustes envoyés, j'aurais intrépidement saisi le général en chef au collet, et je l'aurais préalablement fait enfermer. Le ménagement et les demi-mesures, aussi fatales à nos ennemis qu'à nous-mêmes, me font trembler. C'est aujourd'hui qu'il faut être barbare par humanité, et couper un membre pour sauver le corps. Tout cela est effrayant. On dit Charles Lameth arrêté par ses propres soldats.

Paris est calme; j'ai passé l'après-midi au jardin du roi, où il y avait foule, et dans l'attitude d'une parfaite tranquilité. On parle de rassemblements aux environs de la Force. On parle également de troubles à Rouen. On est, dit-on, allé en force à Orléans. On attend la Cour martiale qui ne doit pas faire comme le Châtelet. La Commune, composée de patriotes énergiques, doit pourvoir à tout; les maisons de jeu sont fermées; et comme je sais que vous voyez tous les jours de bons journaux et que, grâce au ciel, il n'y en a plus de mauvais, je ne puis rien vous dire qu'ils ne vous disent mieux que moi.

Adieu donc; il semble que j'ai vécu des siècles en quatre jours; de manière que n'ayant pas depuis reçu de vous, ni de Jules, aucun signe de vie, je suis triste et inquiète; quoique les maux que nous avons évités me consolent de ceux dont nous n'avons pu nous garantir; il m'est resté une impression profondément douloureuse; et, sentant toutes les conséquences de notre situation, j'ai si peur qu'on en perde les moindres avantages, que je ne vis qu'à demi.

J'espère que vous allez venir me rejoindre sur-le-champ. Chabrond est, dit-on, arrêté. Que d'étonnantes choses raniment le patriotisme, s'il en est besoin : *vivre libre ou mourir* est notre arrêt, aussi bien que notre devise.

LVII

Paris, 18 août 1792.

Je n'ai d'inquiétude de rien de personnel; mon âme semble avoir pris un nouvel être, et le grand intérêt général absorbe toute ma sensibilité, mon cher enfant. La tranquillité que nous éprouvons a bien encore quelque chose de terrible, parce que la surveillance et la crainte nous tiennent sur la défensive et que la prudence veille.

Je suis allée, hier, à l'Assemblée, qui est vraiment à la hauteur des circonstances. On attend des nouvelles de l'armée ; et comme les commissaires ont été arrêtés à chaque pas par les sollicitudes du peuple, ils n'ont pu répondre à notre impatience. On dit même qu'il y en a trois d'arrêtés à Sedan. Ce dernier coup de trahison nous émeut, sans nous déconcerter ; et nous attendons aujourd'hui des nouvelles sûres.

On dit que La Fayette est passé en Angleterre. On dit, avec plus d'assurance, qu'il sera destitué aujourd'hui par l'Assemblée, ce qui aurait dû être fait samedi. Enfin, patience et courage.

M. Servan arrive aujourd'hui même à son poste, et son actif patriotisme nous donne une grande confiance.

Il y a mille choses qui me passent par la tête ; mais, comme je ne veux pas te dire celles que tu vois dans les journaux, je cherche à t'entretenir de ce que tu n'y vois pas.

D'abord il n'a péri aucunes personnes de notre connaissance dans la mémorable journée du 10 ; et le nombre de ceux qui y ont trouvé leur tombeau est toujours porté à trois mille; mais si le parti contre-révolutionnaire avait eu le dessus, des millions de patriotes auraient été ensevelis, avec la liberté, sur tous les points de l'empire. Le roi est à la tour du Temple avec sa famille. J'ai vu un commandant qui y a été de garde pendant quarante-huit heures. La nature de ces gens couronnés est véritablement différente de la nôtre. Ils sont sans âme; leurs repas, leur sommeil, rien n'a été dérangé; ils jouent au trictrac, et, insensibles dans une calamité qui nous pénètre d'horreur, ils semblent n'y pas penser. Ils sont bien gardés, mais bien servis. Madame de Lamballe, madame de Toursel, madame Babet, madame Royale, le petit Prince, madame Thibot, femme de chambre, et d'autres domestiques, voilà la nichée réunie et toujours ensemble. Deux officiers municipaux couchent au chevet du couple royal, qui a pensé faire nager la France dans le sang, et dans les yeux duquel on lit encore la rage de l'espérance.

Mon bon ami, pour moi, depuis vendredi, je n'ai ni mangé ni dormi dans l'ordre ordinaire. J'ai l'âme oppressée sous une montagne de douleur. Les suites de tout ceci, qui ont une importance et des conséquences terribles, me pénètrent.

J'oubliais de te dire qu'on creuse autour de cette tour un large fossé, auquel tous les citoyens travaillent avec l'ardeur qui les animait au Champ-de-Mars. Des royalistes, dont l'âme est honnête et humaine, partagent notre horreur pour cette cour impie. Madame Dejean est, pour elle, dans les mêmes sentiments que moi ; juge par là d'une infinité d'autres ! Les preuves du complot sont si noires et si claires que chaque jour en voit éclore de nouvelles qui font frémir l'humanité.

Mon ami, sois circonspect où tu es ; car partout où le règne des lois n'est pas bien établi, l'homme libre doit trembler de tomber sous les coups des agents de l'arbitraire, qui sont tous inhumains et perfides. Conserve-toi pour ta patrie, qui va, plus que jamais, avoir besoin de vertueux défenseurs.

Les Jacobins, dont les sots ont fait des hommes extraordinaires, ne sont, pour ainsi dire, plus remarqués dans leur club. Ils sont répandus dans leurs sections, et je tiens d'une dame, qui est un pilier de leur société, que, depuis vendredi, il n'y a presque personne à leurs séances.

La *rue de l'Observance* est appelée et inscrite *rue de Marseille*. La section du Théâtre-Français prend le nom de section *de Marseille*. J'ai su, de bonne part, qu'il n'y avait eu que trente de ces héros tués dans l'action ; le reste est plein de courage et de vie et demeure pour le camp de Paris.

Les Droits de l'homme ont remplacé l'effigie royale dans l'enceinte du Sénat. J'ai vu renverser, avec le sang-froid de la raison, toutes les images élevées à l'orgueil des rois. La statue de Henri IV lui-même a disparu du Pont-Neuf. Bien souvent les bons portent la peine des fautes commises par les méchants ou par les sots.

Jamais je n'ai tant marché que depuis vendredi. Je porte un œil et une oreille d'observateur en cheminant doucement, ton petit frère auprès de moi. Je remarque, dans les discours du peuple, une fierté et une noblesse qui me pénètrent d'admiration pour l'homme rapproché de la nature, et que la richesse n'a point avili. Les sots bourgeois feuillantins sont tous étonnés de n'être pas pillés, assassinés, puisque le peuple a été le maître. Il leur a donné mille leçons de générosité. Mon ami, s'il y a des vertus sur la terre, c'est sous les haillons de ceux qu'on a voulu flétrir du nom de *sans-culottes* qu'il faut la chercher.

Il y avait, hier, un peu d'effervescence, parce que les formes de la justice sont lentes et que le sang de nos frères, qui fume encore, appelle la vengeance. Le brave Pétion a fait faire une proclamation pleine de sagesse. J'étais avec deux cents personnes du peuple à l'écouter sur le pont Marie. La pompe qui éteint l'incendie ne fait pas un effet plus sensible ; oui, oui, il a raison, nous attendrons avec respect le glaive de la loi ; des larmes d'attendrissement, des bravos mille fois répétés, des cris : vive la Nation. Et puis, mon ami, qu'on ose calomnier le peuple. Il sera grand, quand ceux qui le conduisent sauront le rappeler à la dignité de l'homme qu'il souille lorsqu'il est avili et courbé sous la verge despotique.

On crie, dans ce moment, le jugement de cinq Suisses qui vont avoir la tête tranchée, aujourd'hui, en place de Grève. Dieu veuille que ce ne soit point des soldats qui périssent, car leurs chefs sont seuls coupables.

Charles Lameth est dans sa terre, près Pontoise, depuis quinze jours. Clermont-Tonnerre a été sacrifié vendredi. J'ai vu un grenadier, hier, qui le tenait par le bras pour le protéger, et qui a été témoin de sa fin malheureuse. On arrête les prêtres et les parents des émigrés. On veut rompre tous les fils du vaste complot qui nous enveloppait, et qui, s'il avait réussi, aurait fait sacrifier un bien plus grand nombre de victimes.

LVIII

Paris, 21 août 1792.

Mon cher ami, je suis dans une mortelle inquiétude sur ton compte. Où es-tu? Que fais-tu? Toi qui connais si bien les tendres sollicitudes de ta mère, sa profonde sensibilité, pourquoi l'exposes-tu à errer au gré d'une imagination alarmée sur le sort de l'enfant le plus chéri. Ta dernière lettre, qui est la neuvième, est du 27 juillet. Il y a eu des troubles à Londres, et je crains que les étrangers n'y soient pas en sûreté. Mon cœur se forge des monstres que ma raison combat en vain. Mon ami, je suis mortellement inquiète de ton silence ; la seule considération qui l'adoucisse, c'est que les lettres, dans cette circonstance critique, peuvent rester en chemin. Je me répète cela mille fois en un jour.

Les adhésions et les approbations pleuvent à l'Assemblée nationale. Les grandes villes, les généraux, les armées crient de tous côtés : Liberté, égalité ; ces deux bases de notre Constitution, qui ne peuvent plus être renversées, assurent à jamais la durée de l'édifice. On peut changer quelque chose au faîte, en supprimer la girouette, sans que le corps du bâtiment perde rien de sa majesté. C'est la Constitution revue et corrigée ; c'est l'esprit et non la lettre que nous voulons. Ces sots Feuillantins, adorateurs du simulacre, seraient venus à bout de perdre le fond par les formes ; et nous, c'est pour sauver la chose, que nous ne sommes pas esclaves du mot.

Mon cher enfant, nous aurons encore une Constitution et bientôt un nouveau Sénat, qui n'aura qu'à élaguer quelque branche sans toucher au tronc, pour la rendre parfaite.

Nous sommes calmes depuis le 10, comme si de rien n'était. Les interrègnes sont les moments de repos. Ici le commerce est brillant ; les étrangers abondent à Paris ; personne n'en sort, de manière que la population y est plus nombreuse que jamais. Tout y est sous les armes. La Commune, les sections, le Sénat marchent dans la plus parfaite harmonie. Les Jacobins sont partout, excepté dans leur club, parce que ces vrais citoyens n'ont plus besoin de ralliement, ayant chacun leur place naturelle. Dans ce moment leurs séances sont désertes, ainsi que celles des autres sociétés, qui sont dans le même cas. Tous les officiers militaires sont changés.

Enfin, mon fils, les élections pour la prochaine législature font déjà l'objet des sollicitudes. On veut des hommes justes et courageux et, comme il n'y a plus de liste civile pour corrompre, ni de bayonnettes suisses pour tuer les bons citoyens qui osent faire entendre de terribles vérités, la Convention nationale aura plus d'un Mirabeau. Les choix seront faits avec plus de soin et moins d'intrigue que l'an passé.

Madame de Lamballe, madame de Toursel, madame de Luynes, ont subi un interrogatoire public, à la Commune, pendant deux heures. Elles ont été jugées si coupables qu'on les a conduites à la Force. Le ci-devant prince de Poix a été arrêté à

Passy. Le nombre des criminels m'épouvante. Le jury est organisé, le nouveau tribunal est prêt, le peuple veut justice ; il est là, debout, qui l'attend dans l'attitude fière et calme de la force.

Je suis allée aujourd'hui à la mairie. Mon Dieu, que le Français est gai et aimable ! Il sème des roses partout. Il y avait là, pour le coup, des fédérés des quatre-vingt-trois départements, avec des violons basques ; ils dansaient des périgourdines, des bourrées, des danses étrangères, avec une grâce, une légèreté, une gaieté charmantes ; ils étaient dans la cour et paraissaient nouveaux débarqués ; c'était leur débotté et ils étaient tous si bizarres, que sûrement ils venaient de toutes les extrémités de l'empire.

Mon cher bon, si tu voyais Paris et que l'on te fît l'historique de ce qui s'y est passé le 10, tu jurerais la chose impossible, à la cordialité apparente qui règne partout, et surtout à l'affluence du monde qui va, vient et s'agite avec l'activité et la pétulance françaises. Seulement, les hommes portent la tête plus haut et ont l'air plus pensif, les gens du peuple surtout. Il ne se fait plus de patrouilles extraordinaires, rien n'annonce l'agitation ; il n'y eut jamais moins de groupes ; enfin, adresse-moi ta première lettre dans les rues, car je m'y plais tant à observer cet esprit public, que je suis à courir toute la journée. Dis à madame P... que je suis allée samedi, de l'Assemblée nationale à l'Arsenal, par les quais, lentement, avec ton petit frère qui s'amuse de tout et qui me sert à merveille. J'ai l'air d'une mère niaise, qui conduit un enfant gâté.

J'ai bien pleuré et pleure encore nos martyrs de la liberté, même les Suisses; on les a gorgés d'argent, de viande, de vin et on leur a fait croire cent mille indignités. Les grands coupables sont ceux qui ont commandé ces crimes.

LIX

A SON MARI.

Paris, 22 août 1792.

M. Julliot père, membre du nouveau département, nous a rendu compte de son installation, qui est curieuse. Le patriotisme y est si pur et si chaud que, dans la formule du serment, on fait jurer préalablement quatre choses : qu'on n'a été membre ni du club feuillantin, ni du club monarchique, ni de celui de la Sainte-Chapelle, et qu'on n'a point signé les pétitions contre notre brave magistrat Pétion et contre le camp de vingt mille hommes. Deux membres ont été expulsés pour avoir commis cet acte de faiblesse ou de complicité avec nos ennemis. M. Julliot nous assure que rien n'approche, pour les lumières et le civisme, de la composition du département, qui va rivaliser avec la Commune en patriotisme. Cette Commune est dans une majesté et une force imposantes ; elle est composée provisoirement des meilleures têtes de Paris. L'organisation nouvelle des officiers de la garde nationale est complète et parfaite. Les ministres composant le pouvoir exécutif marchent dans le vrai sens de la Révolution, et l'Assemblée nationale, désormais en harmonie avec toutes ces autorités constituées, présente le plus magnifique tableau de la concorde. Les tribunes sont ouvertes à tout le monde, plus de billets, plus d'abus, plus de faveurs. Un brave citoyen avec une pique, ou un brave garde national avec un fusil, vous dit: « Passez, Madame, » à la dernière ou à la première. Une âme un peu élevée sent combien cette précieuse égalité rend sa dignité à l'homme. J'ai passé hier toute la journée à l'Assemblée, j'y ai versé des larmes d'admiration et de tendresse. Il y avait peut-être trois cents adresses venues de tous les points de la France, d'actions de grâces et d'adhésions. J'y ai en vain cherché Romans. On a été obligé, à cause de la grande quantité, de ne faire mention que de la date et du pays. Les pétitions particulières étaient d'une chaleur et d'une éloquence qui effacent Athènes et Rome. L'argent pleut pour les veuves et les orphelins que la cour a fait faire dans la sanglante journée du 10.

J'ai vu M. Servan se présenter et recevoir avec la modestie de la vertu les plus vifs applaudissements, il a dit quatre mots excellents. Nous nous sommes rencontrés en sortant, et je lui ai dit un mot de félicitation. Il m'a demandé, avec le plus vif intérêt, où était M. J... ; ce que faisait M. J.... Je l'ai satisfait et je lui ai dit que Jules était en Angleterre, disposé à faire tout ce qu'un jeune homme intelligent et ardent pourrait pour la bonne cause. Il m'a prié de le rappeler à son souvenir; il m'a ajouté que son fils, à lui, venait le retrouver à Paris, et nous nous sommes quittés. Je ne puis assez vous dire combien la capitale est calme, sûre et tranquille. Ce n'est pas l'avilissement de la servitude, comme le lendemain du massacre du Champ-de-Mars, qui ne sortira jamais de ma tête, ni de mon cœur. C'est la douce et bienfaisante agitation d'un peuple libre, et la démarche et l'attitude mâle des véritables hommes, qui sentent enfin qu'ils sont des hommes et non des esclaves.

Vaublanc n'a point reparu, Dumolard se cache. La Convention nationale est déjà décidée, par l'opinion publique, devoir être composée de l'élite des Français. Le canon des Tuileries la rendra aussi bonne que le canon du Champ-de-Mars avait rendu cette Assemblée si mauvaise. Enfin, on s'attend à n'avoir que des hommes incorruptibles et des Mirabeau. Point d'êtres faibles, les hermaphrodites ont fait nos malheurs.

Mercredi, après-midi.

Nunc dimittis servum tuum. Ma poitrine n'est plus oppressée, mon cœur est déchargé d'une montagne. Je suis grandie d'une coudée. Mon ami, mon ami, je ne parle plus à Dieu que par acclamation, je me prosterne avec ravissement et je m'écrie : vous avez sauvé le peuple, vous avez sauvé le peuple ! Toi et moi, cher ami, qui avons l'âme véritablement grande, véritablement humaine, nous sentons qu'il faut quelquefois être barbare par vertu. Ces petits hommes, qui ne peuvent concevoir qu'une justice partielle, se révoltent sur l'horreur d'une tête au bout d'une pique, et leur cœur glacé ne sent pas que ce crime, nécessaire peut-être, épargne des flots de sang.

Hier, le perfide d'Anglemont, embaucheur célèbre, a porté sa tête sous la guillotine. Aujourd'hui on y attend le prince de Poix et la Porte, intendant de la liste civile.

E.... est parti pour la Normandie, aussi plat, aussi sot, que la plupart de nos aristocrates. Il n'osait pas parler haut chez nous ; il se croyait mort. J'eus beau le réconforter, l'imbécile était persuadé que le pillage allait suivre la victoire du peuple. Il aura été fort étonné de se trouver en vie le lendemain, quoique je lui eusse bien garanti sa vie et ses propriétés dont je voulais lui être caution à tel prix qu'il voulût. N'allez pas nous donner de ces hommes de paille pour notre Convention. Songez que la France est dans l'attente d'hommes à grands caractères et qu'elle en a besoin.

Hier, j'ai parcouru les Tuileries, où l'on prépare des jeux funèbres pour vendredi, au bas du grand escalier. Il y a une simple barrière et un papier écrit à la main : *Peuple, respecte la loi, le scellé est ici.* Plusieurs milliers d'individus affluent sur le même point, et pas un pied profane n'avance au delà. L'esprit public est si ferme et si élevé qu'on se croit dans le forum Romain, dans chaque rue de Paris. Vos petits hommes qui n'y vont qu'en tremblant et qui craignent toujours pour leurs précieuses existences et que l'approche d'un pauvre souille ou blesse, ne sauront jamais apprécier le peuple.

Mon ami, mon ami, j'étais avec Auguste et deux mille personnes sur le pont Marie, à écouter une proclamation de Pétion ; si vous aviez entendu les bons mots, les réflexions, les observations, vous auriez été touché et surpris de la sensibilité et de la justesse de ce bon peuple, que l'on calomnie avec tant d'audace.

Nous apprenons, dans ce même instant, que La Fayette est émigré avec son état-major. Il a pris le chemin de la Hollande, pour passer de là en Angleterre. Les soldats égarés qui le servaient, sans le savoir, contre leurs frères, ont les yeux ouverts ; et nos commissaires sont relâchés. L'Assemblée nationale continue à sauver la patrie, elle a aujourd'hui terrassé le monstre de l'agiotage, en soumettant à un enregistrement très coûteux les effets publics au porteur. Hier, un certain d'Egremont, embaucheur pour les émigrés, a été exécuté. Le prince de Poix, d'Affri, la Porte, vont être jugés. Le peuple est calme. Sa victoire a tué la guerre civile, en écrasant l'hydre du despotisme, qui en soufflait le venin. Ainsi donc, cette population si avilie, d'après d'imbéciles bourgeois, nous a rendus libres et heureux. Ainsi, ces Marseillais, que tant d'aveugles-nés veulent encore qualifier du nom de brigands, ont brisé le glaive du despotisme suspendu sur nos têtes.

LX

Paris, 23 août 1792.

M. Servan vient aujourd'hui de rappeler Luckner et de mettre à sa place Kellermann. Biron est nommé général à la place de je ne sais qui ; ainsi, mon cher enfant, me voilà tranquille sur le civisme de nos armées, dont les chefs seuls étaient à craindre. Tout marche ici dans une si sublime harmonie qu'il en résulte la plus entière confiance et la plus profonde tranquillité.

M. Euvy m'a envoyé, ce matin, la lettre que tu lui adresses, mon bon Jules. Si tu connaissais bien le père et la mère que le ciel t'a donnés, tu ne douterais pas un moment de la sanction qu'ils accorderont toujours aux désirs de ton cœur. Cher enfant, n'ai-je pas lu dans ton âme les sacrifices pénibles que tu faisais à l'amour maternel qui m'agitait des plus tendres sollicitudes ! Je ne suis ni faible ni pusillanime, le ciel m'est témoin que si je n'avais pas redouté la lâche trahison de ceux qui étaient à la tête de nos affaires, je me serais fait un reproche éternel de t'éloigner dans les circonstances délicates où nous étions : mais, ta jeunesse, ton inexpérience, la chaleur de ton âme, la faiblesse de ton corps, tout cela faisait que je ne pouvais supporter l'idée de te voir prendre le parti militaire ; sûre que les chefs, en démêlant l'ardeur de ton civisme, auraient bientôt su choisir pour victime le cher objet de mes tendres affections. Que j'ai versé de larmes sur le sort de ces jeunes et généreux adorateurs de la liberté, que je voyais s'enrôler sous les drapeaux de généraux traîtres au pays ! Je disais : voilà des martyrs qui vont sceller de leur sang la plus noble des causes ; mais sans profit pour elle, un traître les conduit.

Luckner est un vieil esclave des despotes, faible et faussaire, indigne de commander à des hommes libres. M. Servan a bien fait ; il a, sans hésiter, frappé un grand coup.

Mon ami, je te tends les bras ; c'est moi qui ai commandé ton exil, c'est à moi à prononcer ton rappel. Mille fois heureuse de trouver dans mon fils la piété filiale d'Enée, malgré l'humeur impétueuse d'Achille. Tu peux partir à la réception de ma lettre ; enorgueillie des raisons qui te ramènent, tu ne me verras mettre aucun obstacle à la chaleur de ton civisme, sûre par les épreuves où j'ai mis ta prudence qu'elle ne peut plus t'abandonner.

D..... R..... et Fleury, dont on a fait des simulacres de paille avec des écriteaux déshonorants, ont été promenés dans les rues de Romans et brûlés au péage. Ton père était à Voiron. Belle leçon pour les traîtres. On dit Barnave dans les prisons de Grenoble. J'augure que les nouveaux émigrés se rendront à Londres, comme les premiers sont allés à Coblentz ; ce qui rendra, pour les vrais patriotes, le séjour de l'Angleterre aussi dangereux qu'ennuyeux.

Je suis allée ce soir au Temple, où est enfermé le ci-devant roi, pour connaître un peu le local. Les trois tours sont élevées et présentent l'aspect d'un château fort ; celle qu'il occupe est sur le côté. Les environs sont gardés avec une surveillance et un zèle qui frappent d'admiration. L'horreur que les crimes de la cour ont inspirée change tous les gardes en Argus. Louis est insouciant dans sa disgrâce, et celle qui l'y a conduit est altière comme Agrippine. Au reste, ils ont toujours l'espoir d'être délivrés par les armées étrangères.

Vendredi matin.

Je te dirai, mon ami, que toutes nos autorités constituées sont dans un parfait accord. Les séances de la Commune sont du plus grand intérêt. On ne peut pas y trouver place, à cause de l'affluence des spectateurs. Je m'y suis présentée, hier, vainement. Le département est public ; aussi tu peux compter que nous allons avoir une

Convention nationale qui sera composée de l'élite des Français. L'opinion publique désigne les plus purs et les plus chauds patriotes. Il n'y a qu'une chose qui m'épouvante : c'est que, les formes de notre nouvelle justice étant fort douces, des gens moralement coupables ne le seront pas matériellement et échapperont au glaive de la loi. Le peuple irrité verra encore ses vengeances les plus justes avortées; ce qui pourrait produire un mouvement orageux; mais le ciel est là, pour nous protéger.

Nous sommes dans une active surveillance. Tous les points de la capitale offrent, aux yeux de l'observateur, une foule d'objets, qui prouvent à quel point d'élévation cette seconde révolution a porté les âmes. Nous ne pouvons plus aller que dans la direction qui fait monter.

LXI

A SON MARI.

Paris, 25 août 1792.

Je sais que Jules a écrit à Pétion, à Condorcet et à Brissot. Il a des vues et du nerf. Sa lettre à Brissot, qu'il avait soumise à la censure de M. Euvy, en le laissant maître de la remettre ou de la garder, a paru à celui-ci si belle et si sage, si singulièrement noble par sa tournure, qu'il l'a jugée faite pour éclairer Brissot. Il l'attaque et le combat avec la modestie d'un jeune homme et la fermeté d'un Caton, et avec une adresse si délicate, qu'il lui prouve ses torts, sans qu'il puisse s'en offenser. C'est le jugement de son ami ; car je n'en sais pas davantage.

M. Servan a frappé un grand coup, en rappelant avant-hier Luckner et mettant à sa place Kellermann. Tous ceux qui voient clair ont crié bravo, et je suis loin de partager les sottes alarmes de ceux qui craignent, à ce sujet, le mécontentement de l'armée. Luckner a soufflé le froid et le chaud ; c'est un vil ami des despotes. Il a fait deux voyages à Paris. Il fit assidûment sa cour au château des Tuileries, et se contenta de faire présenter ses respects au Corps législatif. Puis, son indulgence pour Jary ; puis, son évacuation de Courtray ; puis, dans toutes ses correspondances, son amitié marquée pour nos ennemis, son désaveu honteux de certains propos. C'est un vieux coquin bien dévoilé. Biron est aussi général en chef, ainsi que Dumouriez, et ceux-là inspirent la confiance, fondée sur leur intérêt autant que sur leur patriotisme. Montesquiou est sur la même ligne. Nos armées brûlent de civisme et les récits des commissaires, auxquels je vous renvoie, en font foi. Longwy est attaqué. On attend des nouvelles avec impatience. Une petite victoire là cadrerait à merveille avec nos succès, et une défaite même ne fera que redoubler notre courage et nos espérances. Voilà l'esprit public. Jamais, mon ami, jamais vous n'avez vu éclater plus de sécurité et de force.

Paris offre, sur tous ses points, l'image du calme et de la tranquillité. De petites émotions partielles semblent imaginées par la Providence pour consolider et fortifier la bonne cause. Le peuple s'agite un moment : un député paraît au milieu de lui, parle le langage de la raison, invoque la loi, et tout rentre dans l'ordre. L'obstination des prêtres et des religieuses donne lieu à ces petits orages, qui se dissipent sous le souffle d'un législateur ; enfin, mon ami, tout va bien.

Les timides craignent encore la lutte des pouvoirs constitués, qui, dans ce choc, se heurtent quelquefois ; mais malheur à ces taupes qui ne voient qu'un point. Il est vrai que la Commune semble un peu altière ; mais il y a des puissances conciliatrices ; et, en considérant la chose de haut, on voit que tout marche dans le même sens.

La Porte, intendant de la liste civile, a reçu hier le prix de ses forfaits. C'est la seconde condamnation à mort. D'Affry s'en est tiré, en jurant qu'il n'avait pas voulu donner d'ordres pour le 10, quoiqu'une personne très influente à la cour l'en eût vivement prié. On a bien accueilli cette défense et je n'ai entendu aucune récrimination sur sa justification.

La Convention nationale se prépare avec prudence. Les murailles sont couvertes d'avis et de moyens pour faire de bons choix. De là, dit-on, dépend le salut de l'univers. On désigne déjà les plus fiers républicains. Il nous faut des Romains.

Cara est nommé, avec Chamfort, gardien de la Bibliothèque nationale. On consulte et on suit l'opinion.

Les six ministres font si rapidement de la bonne besogne, qu'hier j'ai entendu six lettres d'expédition de M. Servan. On parle confusément d'un bouquet présenté à Louis XVI par le faubourg Saint-Antoine. Il n'y a plus que de bonnes affiches et de bons journaux.

LXII

A SON MARI.

Paris, 26 août 1792.

Il s'élève de petits ouragans contre le vaisseau de l'Etat et contre les barques qui l'approvisionnent et le protègent. La Commune de Paris, le Corps législatif et le nouveau département sont en rivalité de droits, et les ennemis du bien public, avec les sots feuillantins, se réjouissent de ces petits orages, comme si de légères discordes entre les hommes rassemblés dans un nouvel ordre de choses n'étaient pas l'effet le plus naturel et le moins inévitable de notre misérable composition humaine. Tout a roulé sur ce que la Commune voulait impérieusement que le département prît le nom d'Assemblée administrative, et le Sénat prétend qu'il en soit autrement. Il y a là dessus un provisoire qui renvoie à la Convention nationale ; mais cela jette un petit germe de division, qui réjouit les méchantes âmes.

On crie beaucoup sur la formule du serment qui exclut ceux qui ont signé les pétitions et fréquenté les clubs impopulaires. On regarde cette condition comme un raffinement de vengeance jacobine et comme l'effet de passions haineuses. Je disais hier à toute la famille Fessard, qu'ils méritaient d'être fessés par tous les fouets du despotisme, puisqu'ils raisonnaient ainsi ; car cette mesure, fût-elle l'effet de la plus aveugle passion, est sanctionnée par la raison, puisqu'elle nous préserve de ces hommes douteux, qui nous ont mis à deux doigts de notre perte. Sous ce rapport, n'est-elle pas le résultat de la plus merveilleuse prudence ; et est-il permis à des patriotes de lui assigner une autre cause?

Mon ami, je prendrais en pitié cette espèce qu'on appelle homme, si je n'étais pas votre femme, et si vous n'étiez pas *mon homme,* dans le sens moral et sublime que je l'entends.

La Condamine, que j'ai vu hier, tançait la Commune comme fait un régent de collège, et se plaignait de la ville de Paris, dont l'influence, disait-il, était tyrannique. Pauvres gens! Je lui ai dit net : les représentés ont sauvé les représentants ; ce résultat peut donner aux premiers une certaine confiance dans leurs vues et dans leurs opérations. L'Assemblée devrait leur rendre justice, elle dont les fautes nous ont suspendus sur un abîme, où nous serions tous engloutis sans la vigueur de l'opinion.

Dimanche au soir.

C'est aujourd'hui la fête funéraire aux Tuileries, où va tout Paris, et qui est d'une beauté triste et lugubre, mais magnifique. J'ai déjà vu plusieurs personnes qui en ont été témoins ; cependant, c'est à ce moment, dix heures du soir, qu'elle sera dans toute sa pompe. Il y a une illumination et une musique parfaites. L'accord et la bienveillance du peuple se manifestent par la police qu'il fait et par les cris qui montent jusqu'au ciel, de : *vive la Nation !* Vous verrez, dans le journal de Gorsas, l'ordre et la multitude du cortège, qui a employé plus de deux heures à défiler.

Longwy est pris : la garnison en est sortie avec les honneurs de la guerre. Où était l'armée? N'est-ce pas un reste de trahison? La nouvelle est officielle ; mais elle n'est point détaillée. Tout cela sent encore le comité autrichien, qui peut avoir influencé sur cet événement, quoique enfermé dans les tours du Temple, puisqu'il avait agi préalablement, et que l'on ne peut pas obvier, dans le moment, à toutes les noirceurs. Nous sommes ranimés par un échec plutôt qu'abattus, et les suites pourront prouver que j'ai raison.

Je cherche toujours à vous dire les choses que vous ne pourrez pas voir dans les journaux, et vous n'y voyez pas le calme et l'agitation de notre capitale, qui est en contraste frappant. Il n'y a pas le moindre bruit ; mais tout y est dans une telle activité que les rues, les carrefours, les places publiques sont remplies de monde militaire. Les aristocrates volent aux sections avec des masques de patriotes; et sans le bienheureux serment, il faudrait encore une insurrection, dans deux ans, pour les arracher des places, où ils auraient prévariqué à plaisir. Voilà pourtant où nous conduirait l'imbécile tolérance des esprits superficiels. Mon Dieu, mon Dieu, préservez-nous de la chose, pour nous mettre à l'abri des conséquences !

Le parti de la cour est dans la terreur ; car le crime des complots est si étendu, si affreux, si prouvé qu'on en soustrait la moitié pour contenir la fureur de notre juste vengeance. Le rappel du bonhomme Luckner ne fera pas plus de sensation à l'armée qu'ici. On l'approuve de toutes parts.

Mais la chose singulière, on parle peu de Pétion. La Commune le trouve trop doux, et il semble être dans une glorieuse inaction. Ces gens du Temple, et leurs criminels amis, attendent les Prussiens à Paris sous quinze jours et nous, nous en moquons. Je m'attends à des faits héroïques sur les frontières, qui leur feront rebrousser chemin. Paris devient une nouvelle Rome ; tout est armé jusqu'aux dents. Le camp se prépare, et la ville est comme une ville de guerre. On assure qu'il y a déjà plus de dix mille fédérés qui sont réunis ici. On est ignorant dans nos paisibles quartiers ; et, quand on a passé la journée au Luxembourg, on a eu la tête dans un sac.

Nos assemblées primaires vont nous donner de bons électeurs ; et les électeurs, de bons députés. Audouin en sera. On dit que les murailles ont des oreilles ; on peut ajouter aujourd'hui qu'elles parlent ; car les nôtres nous prêchent de tous les côtés les moyens de composer une bonne Convention nationale, d'où dépend le salut de l'empire. Si cette législature avait un second volume, aussi faible qu'elle, où en serions-nous ? Ces deux jours ils ont fait et défait tant de choses qu'un enfant, en politique, eût atteint le but. Cependant, il y a bien des lumières et du patriotisme ; mais peu d'ensemble.

LXIII

Paris, 27 août 1792.

Je sais bien que tous les dangers ne sont point passés ; mais je n'en connais qu'un que le brave puisse fuir sans honte, c'est celui de la trahison. Or, les traîtres ne sont plus là. Je leur voyais toujours le couteau tendu sur la gorge des patriotes. Actuellement je respire.

Nous avons encore des nuages sur notre horizon ; il y a de petits débats entre le Sénat, la Commune et le nouveau département ; mais cela n'est que le résultat du rassemblement des hommes ; et, comme ils sont tous dans le sentier de la révolution, leur froissement, dans la même route, ne peut rien avoir de trop fâcheux.

Aujourd'hui a eu lieu la superbe fête funéraire au château des Tuileries, cortège magnifique décorations, illuminations, musique, tout parfait. Mais, par-dessus tout, ce qui me touche le cœur, c'est cette police bienveillante du peuple qui rend les rassemblements sans danger par l'ordre et la douceur qui y règnent. Je n'y suis pas allée par un malentendu qui m'a fort contrariée ; sans cela je vous en aurais fait une relation, que j'aurais voulu voir mouillée de vos larmes. Ce qu'il y a de plaisant, c'est que Jeannette, suivante de l'abbé, aristocrate par la grâce divine de son confesseur, est revenue convertie. L'union, la concorde, l'unanimité des cris de *vive la Nation !* la beauté touchante de la cérémonie, tout cela l'a frappée, de manière que la voilà désaristocratisée. Amen.

Longwy est pris ; voilà le correctif de nos prospérités. J'ai dans la tête que c'est un bout du fil de la trame rompue, qui a conduit les Prussiens dans cette place. Nous en sommes affligés, sans découragement. Nous leur ferons rebrousser chemin. Les Polonais sont dans une telle rage contre le roi de Prusse, qui a machiné leur perte avec la vieille fée malfaisante, Catherine, que j'espère qu'ils viendront nous aider à le battre. Il y a longtemps que Mirabeau nous a dit que ce roi était un sot ; mais je crois bien qu'il est, comme beaucoup d'autres, une bête malfaisante et méchante qui dévore les hommes aussi goulument que le cyclope d'Homère.

Je suis, à propos des élections, dans une attente pénible ; et la difficulté effrayante de notre situation, si nous ne tombons pas en habiles mains, me fait reculer d'effroi ; mais les cent bouches de la Renommée disent ce qu'il faut faire. Les murailles de la capitale, dans leur vaste contour, sont couvertes d'avis, de moyens, de mesures et de réflexions sur l'importance des bons choix. Les aristocrates volent aux sections avec les patriotes ; tout est sur pied. L'ivraie sera séparée du bon grain, comme dit l'Évangile. Nous courons une grande chance ; mais le canon des Tuileries a fait le contraire du canon du Champ-de-Mars ; celui-ci avait tué les bons législateurs ; celui-là les ressuscite ; et, comme le phénix, Mirabeau va renaître de sa cendre.

Le calme de la capitale n'a rien d'égal que son agitation. Ce problème se résout tout seul ; et ces deux contraires, provenant d'une bonne et même cause, existent ensemble, sans présenter autre chose à l'esprit qu'un beau contraste ; et au cœur qu'une heureuse harmonie. Observe bien les hommes ; la fortune les enchaîne au char des vainqueurs, et l'exemple d'un seul, donné avec éclat, en entraîne des milliers ; c'est ce qui nous arrive. Les patriotes sont quadruplés, et les croix de Saint-Louis tombent de la boutonnière sur le bureau par douzaines, parce qu'un député s'est avisé de donner la sienne pour les veuves et les orphelins du 10. C'est pourquoi je conclus que les hommes, naturellement imitateurs, doivent tous désirer que le premier modèle soit bon. J'en veux venir à la nécessité de laisser le Sénat à Paris, par cette seule raison : cette ville, foyer des lumières, donne l'élan à tout le reste. Il est pourtant vrai qu'un monde de sots demande qu'on le transporte partout ailleurs, pour lui assurer, dit-on, plus de calme et de tranquillité. Je te dis là, mon fils, des vérités si triviales et si communes que tu les a lues partout ; mais, pour en tirer un exemple rare, je te dirais que Dumas, lui-même, fait le patriote et a décroché son petit saint, pour en faire une offrande sur l'autel de la bienfaisance.

D'Averons s'est brûlé la cervelle ; Jaucourt est arrêté ; Vaublanc n'a point reparu ; Dumolard se tait ; Cheron ne fait plus la mouche du coche ; enfin, pour terminer leur dolente histoire, on a fait à Romans trois hommes de paille, représentant trois dignes collègues de ces messieurs archipatelins. On a mis derrière leur dos : *Traîtres à la patrie.* On les a promenés dans les rues et brûlés devant les Minimes. Cela ne fait pas de mal au corps, mais du bien au cœur, quand on en a.

Je trouve bien fâcheux pour eux et pour nous qu'ils aient eu la manie d'être législateurs.

Adieu, mon ami, domine tes passions, si tu veux être heureux et sage, et foule aux pieds l'amour-propre ; car c'est Charybde et Scylla pour presque tous les hommes. Pons, de Verdun, est accusateur public ; Cara est à la bibliothèque.

Louis dort et médite comme Vitellius ; Médicis est fière comme Agrippine ; ils attendent les Prussiens et les Autrichiens pour mettre à la raison cette canaille, qu'on appelle hommes improprement. D'Aigremont, embaucheur, la Porte, intendant de la liste civile et Durosoir, journaliste, ont porté leurs têtes sur l'échafaud. D'Affry père est acquitté, il a quatre-vingts ans. On est parti aujourd'hui, au nombre de six cents fédérés, pour mettre en sûreté les coupables d'Orléans, et un nouveau tribunal est organisé.

L'ambassadeur d'Angleterre est parti, que fait M. Chauvelin ?

LXIV

Paris, 29 août 1792.

Dans le cas où ma lettre te trouve, elle t'instruira de notre situation. La prise de Longwy avait tellement rehaussé le courage de nos ennemis, que leur insolence était au comble. Sous huit jours ils attendent l'armée d'invasion à Paris. Toutes les villes frontières feront comme Longwy, et mille autres sottises. Vraiment, j'étais avec tous les patriotes dans une espèce de consternation et d'indignation d'entendre des Français former des vœux impies contre des Français.

Le ministre de la Justice, Danton, a représenté au Sénat les dangers de la patrie et la nécessité que le peuple se tînt debout, et que l'on prît de grandes mesures. Il dit que, pendant que d'honnêtes personnages avaient inutilement sollicité des passe-ports sans en obtenir, de vrais criminels en avaient eu à force d'argent. Bref, on décrète ce que tu trouveras dans le *Moniteur* du jour, la visite, au nom de la loi, dans toutes les maisons, pour y prendre les armes non utilisées, et pour connaître ceux qui ont émigré.

A trois heures, le décret ; à six ou sept, le rappel, la générale ; tout Paris en armes ; tout Paris sur pied : illuminations, patrouilles, toutes les femmes aux portes ; et, dans ce moment, minuit, j'entends plus de bruit dans les rues qu'à midi, les jours de fête. Soixante mille Prussiens qui dévastent nos frontières ; encore des traîtres et des trahisons. Voilà qui doit nous tenir éveillés, jusqu'à ce qu'ils soient vaincus et chassés.

Rien n'est aussi favorable à la cause populaire que la folle présomption de nos aristocrates. Elle nous excite au point que tout, dans ce moment, tient du prodige. Depuis le 10, le calme le plus profond et le cours des affaires libre comme de coutume, aux passe-ports près. La journée même a été tranquille ; et puis, en deux heures, tout est en action. Les tambours, les armes, la vaste population de la capitale dans les rues, avec une sérénité et une gaîté qui feraient croire qu'on chôme une fête publique, plutôt que de s'occuper des préparatifs de guerre. J'entends causer et rire de tous les côtés, et j'attends avec sécurité les braves patriotes qui vont venir me désarmer. Je leur donnerai le fusil de ton papa avec d'autant meilleure grâce, que, depuis quinze jours, je suis dans la disposition de le faire remettre au quartier général ; mais nos aristocrates, qui ne sont braves qu'en paroles, et qui, dans ce moment, sont tous dans leurs caves, seront demain modestes et plats. Si leurs chers Prussiens ont encore un succès, ils rediront leurs sottises, et je ne sais pas ce qui en arrivera ; car la patience des plus sages est à bout par leurs rodomontades.

L'inaction de La Fayette, depuis trois mois, sur nos frontières, préparait ces calamités ; et, sans le coup de maître du dix août, on pense qu'il aurait fait, avec ses satellites, l'avant ou l'arrière-garde des Prussiens, et serait venu, aux portes de Paris, pour détruire les factieux. Enfin, nous serions aujourd'hui en pleine contre-révolution, et la Constitution dans les bourres des fusils de ces perfides. *Il pleuvrait du sang, je n'exagère pas.* Au reste, nos dangers ne sont point passés, et l'œuvre combinée de trois ans de trahison, nous met à deux doigts de notre perte. Ce qu'il y a de bon, c'est que nous autres patriotes, nous ne perdons jamais le courage et l'espérance.

Les adhésions viennent de toutes parts à l'Assemblée. Il n'y a que le département des Deux-Sèvres qui, fanatisé par les prêtres, a levé l'étendard de la rébellion.

Comme tu vois jour par jour le *Moniteur*, je ne te parlerai point des séances du Sénat. J'aime mieux t'entretenir de nos faits et dits. Malgré la juste inquisition sur les presses contre-révolutionnaires, il y a encore de petits pamphlets aristocratiques, qui font leurs derniers efforts pour corrompre l'opinion publique.

Les patrouilles sont si nombreuses et si répétées, qu'il semble que la pluie inonde notre quartier ; c'est le même bruit, à cause du silence qu'on y observe ; enfin, mon cher enfant, jamais ville de guerre ne fut mieux gardée. Il y a bien cinquante mille hommes sur pied ; ce n'est plus la garde nationale, ce sont tous les citoyens et en toutes couleurs avec des piques, à défaut de fusils.

Le tribunal d'Orléans a jugé un criminel à mort, c'est un personnage subalterne dont le nom m'est inconnu. Des troupes de Paris ont passé là, dans la crainte de l'évasion des prisonniers.

Si nos calculs sont justes, les maudits Prussiens sont sur Thionville. Je frémis des horreurs qu'ils y peuvent commettre ; car le père de Merlin, qui y est administrateur, écrit aujourd'hui que les habitants ne sont guère en état de défense ; mais qu'ils sont résolus à s'ensevelir sous les ruines de leur ville, plutôt que d'imiter Longwy.

A 2 heures, après minuit.

Je viens de recevoir la visite nocturne d'une vingtaine de braves, dont une demi-douzaine sont entrés chez moi, je leur ai présenté le fusil comme offrande patriotique, et non comme capture. Ils n'en ont pas voulu. Le commissaire, que je ne connais pas et qui connaît mon patriotisme, m'a fait toutes sortes de politesses, et j'ai répondu à cela par l'offre cordiale de rafraîchissements qu'ils n'ont pas acceptés. J'approuve si fort cette mesure et la surveillance du peuple, que j'aurais crié bravo, et vive la Nation.

Jeudi, 30 août.

Il y a eu beaucoup d'arrestations ; mais je ne puis avoir des détails, quoiqu'on ne doute pas que les armées et les villes fortes ne fassent une vigoureuse défense. On forme quatre camps aux environs de Paris. On creuse des fossés ; enfin, on se met en état de résistance. Tout va être changé en armes. On a saisi, cette nuit, toute l'argenterie de la Sainte-Chapelle, qui avait été soustraite par les ennemis. Mon Dieu, mon cher ami, quelle situation ! Quelle immense opération ! Que la chose publique est menacée, quoique bien défendue !

Vendredi, 31.

Nous avons encore ici des choses inquiétantes dans les divisions entre le Sénat et la municipalité ; mais nous vivons au milieu des orages et nous y sommes habitués.

La Savoie a prononcé une neutralité armée ; le peuple ne veut pas battre les peuples.

LXV

Paris, 29 août 1792.

Cette prise de Longwy nous consterne et ranime les aristocrates. On voit clair comme le jour qu'elle est l'effet de la trahison ; mais ce monstre, tout hideux qu'il est, n'existe-t-il pas partout ? Et partout ne peut-il pas nous rendre les victimes de nos féroces ennemis? Servan a commandé, sur-le-champ, la punition des traîtres. A qui ? A Luckner. Nous nous demandons avec surprise pourquoi ce perfide dévoilé est encore là. Il y a un peu de confusion dans tout ceci, et nous avons encore bien des combats à soutenir, avant d'avoir une victoire assurée. On a nommé douze commissaires pour aller casser tous les mauvais officiers de l'armée. On a pris de nouvelles mesures pour avoir de nouvelles levées, pour renforcer nos troupes, pour armer les citoyens. Le décret d'accusation contre Lajard, de Graves et Narbonne, est une punition tardive de la fausse sécurité qu'ils nous ont inspirée et qui occasionne tous nos désastres. Je pleure des larmes de sang sur les malheurs particuliers qui désolent nos frontières ; et je vois dans les traîtres, qui sont les auteurs de nos maux, des monstres ennemis de l'humanité qui méritent mille morts. L'Assemblée nationale et le Conseil exécutif sont dans une activité permanente; mais peuvent-ils réparer, d'un coup de baguette, l'œuvre ténébreuse d'une cour sanguinaire et de ses nombreux agents qui, depuis trois années, travaillent à notre perte et ourdissent la trame qui nous enveloppe aujourd'hui. On en a brisé bien des fils ; mais il en reste assez pour faire répandre encore bien des flots de sang.

Mon bon ami, j'accuse presque la Providence qui ne m'a pas placée dans vos bras en ce moment de crise ; et, sous un autre rapport, je l'en remercie; de façon que, dans la difficulté de la chose, il faut se laisser rouler par le torrent sans consulter la prudence humaine qui est toujours en défaut, à cause de la nouveauté des événements.

Kersaint et ses deux collègues sont rentrés, hier, dans le sein de l'Assemblée; leur rapport a été des plus intéressants. Notre capitale est tranquille, quoique dans la plus active agitation. Les enrôlements, les nominations, les expéditions et, par-dessus tout, la surveillance mettent tout en action. Bien des gens commencent à voir ce que vous avez aperçu, la nuit même qu'on prenait la Bastille; ce qui met vos lumières en telle considération, dans le petit nombre de vos amis, que tous conspirent, par leurs vœux, contre votre repos, excepté moi, qui suis impassible là-dessus. Le décret de l'Assemblée, qui appelle les philosophes de toutes les nations dans la Convention nationale française, me fait espérer que les lâches et les traîtres n'oseront pas briguer l'honneur de la souiller. Enfin, nous sommes dans l'attente du plus grand des événements. Un petit succès pour les armées remettrait du baume dans le cœur de tous les vrais amis de la Liberté et donnerait un élan bien avantageux à ce vaisseau battu par tous les vents. Je l'attends, je l'espère, nous ne respirons pas dans les tourments de notre situation. Cependant, je ne puis pas assez appuyer sur le calme imposant de Paris et les grands moyens de défense qu'on déploie de tous côtés. Les jours me paraissent des siècles. Je voudrais avoir de vos nouvelles et de celles de Jules, et je suis seule dans l'univers avec mon bambin, n'ayant d'autre boussole que mon cœur qui me fait souffrir et sentir, avec les déchirements de la douleur, tous les maux qu'on veut nous faire.

J'ai vu hier MM. Julliot, l'un d'eux a gardé au Temple. L'insouciance de Louis est complète et la fierté de Médicis est mêlée de toutes les perfides douceurs de son sexe. On place des grilles à leurs fenêtres. Ils sont dans une si aveugle sécurité qu'ils disent aux ouvriers qu'ils ont trop peu de temps à rester là pour qu'on fasse ces dépenses. Les sots aristocrates montrent le même espoir, et ils voient déjà les 80,000 Prussiens à Paris, dictant les lois de sang qu'ils souhaitent pour leurs petits intérêts. Enfin, mon ami, c'est toujours la même confiance, quoique déçue tant de fois ; on s'y perd. Le levain de division entre le Corps législatif, le département et la municipalité n'est pas tombé ni ne fermente; cependant, il inquiète. On est allé à Orléans pour renforcer la garde des prisonniers ; on commande des renforts pour la frontière. Les camps se préparent; on transforme tout en canons et en armes. On efface partout les attributs de la royauté ; enfin, on a fait des fouilles chez les royalistes qui ont fourni bien des armes. Il faut vaincre ou mourir, pas de milieu.

Je viens de lire le rapport de Kersaint, il fait frissonner. Sans la journée du 10 août, nous étions perdus, tant les filets étaient bien tendus de tous côtés autour de nous. On se méfie encore, et il semble qu'on a suspendu l'envoi de certains commissaires, dans la crainte de dégarnir l'Assemblée de ses plus chauds et de ses plus éclairés défenseurs. Audouin, Prudhomme et les autres écrivains patriotes crient aux armes : ils sonnent la charge et la victoire; nous sommes perdus, si nous ne nous sauvons par des prodiges de courage. Les adhésions et les dons pleuvent à l'Assemblée nationale, comme s'il n'y avait pas de Prussiens au monde. L'argent reparaît un peu, on n'en vend plus que sous le manteau. La police a une telle vigueur, qu'il y avait avant-hier une douzaine d'intrigants au carcan et trois hommes guillotinés pour fabrication de faux assignats. Voilà notre situation. Je vous écrirais tous les jours si je n'avais pas peur de vous donner de fausses nouvelles. Il faut attendre la confirmation pour ne point dire des sottises qu'il faut ensuite effacer. Le courage des patriotes est monté à une hauteur qui n'a rien d'égal : il y va de la vie de chacun, jugez de la surveillance, cela rend d'autant plus délicat, scrupuleux et attentif sur la nomination des législateurs qui vont avoir dans leurs mains le dernier fil de salut de l'empire. Je me cache d'effroi, en pensant à l'importance et au danger de cette fonction.

Ne communiquez mes lettres qu'avec prudence. Il faut exciter le courage, c'est notre seul moyen de salut.

LXVI

A SON MARI.

Paris, 30 août 1792.

Cinquante mille hommes ont été sur pied, hier, à la tombée de la nuit, en deux heures de temps, et tout le peuple dans la rue. Illuminations, patrouilles, la nuit aussi vivante que le jour. Enfin, mon ami, quand les Prussiens auraient été à nos portes, nous n'aurions pas été plus réveillés. Tout cela pour faire visite dans chaque maison et en tirer les armes oisives ou en mauvaises mains. On a fait de bonnes captures de fusils d'aristocrates. Cette grande mesure a été provoquée par leur folle ambition. La lâcheté de Longwy a ranimé leur courage. Ils ont chanté victoire ; ils ont annoncé que les ennemis seraient dans huit jours à Paris, qu'ils leur préparaient des gîtes, etc. Heureusement, nous n'en sommes pas là, et l'on déjouera leur projet. Cependant, les camps se forment, on fait des fossés, on vide les arsenaux, on prend tous les moyens de défense qu'exigerait cette calamité. Voilà l'ouvrage des traîtres et des feuillantins monarchistes, leurs complices, engeance maudite qui met la France à deux doigts de sa perte. Les ennemis sont devant Thionville ; si nous ne faisons pas quelque prodige de valeur qui relève notre courage, il n'y aura pour ressource que l'excès du désespoir. Il pourra coûter cher à ces indignes Français, qui préfèrent le droit prussien à la liberté et à l'égalité. Songez que l'opinion publique est forte et prononcée, que les adhésions sont générales, que les autorités constituées marchent d'accord, et qu'il n'y a plus d'autre voie de salut que « vaincre ou mourir ». Dites bien cela à nos frères Drômains, Romains. La Convention nationale bien composée devient notre palladium. Si on la manque, nous sommes perdus. On prend ici des mesures terribles pour en écarter tous les gens suspects. D'ici là nous aurons des événements décisifs. Voilà une grâce d'État, c'est le calme qui règne ici ; la sécurité est aussitôt rétablie que troublée. C'est un ouragan sur un ciel serein qui ne le couvre qu'un moment. Cela ne peut provenir que du sentiment de nos forces. J'en fais l'observation certaine, après la secousse, sur les places publiques et dans les rues, car c'est là que se promène l'opinion publique. Les aristocrates voient le monde à travers le prisme de leurs passions ; et ils se croient tout-puissants. A propos, à deux heures après minuit, la visite chez votre servante. J'ai présenté votre fusil comme ma seule arme, je l'ai offert, et l'on a prétendu qu'il fallait le laisser au brave frère d'armes qui, sur le point de revenir, pourrait en faire un digne usage. Les politesses ont été réciproques, et ceux qui se sont effrayés de ces visites étaient bien sots ou bien criminels. J'ai demandé qu'on n'allât point chez ma vieille voisine, parce qu'on me consultait là-dessus ; et, sur ma parole, on n'a pas monté plus haut. Le bon Germain en a été exempt. Le commissaire, qui avait oublié son parapluie, est revenu ce matin ; il m'a dit qu'il avait pris quatre pistolets chargés à balles chez Sareste, qui a gagné la Bourgogne depuis la bienheureuse journée du 10. Du reste il n'y a pas eu d'autre événement, dans notre quartier, que l'enlèvement des Eudistes, tous prêtres réfractaires. On a retrouvé dans cette perquisition l'argenterie de la Sainte-Chapelle, cachée dans des fontaines.

Je ne puis pas vous parler savamment des autres quartiers. On parle de voitures d'armes et de voitures d'aristocrates mises en bonnes mains. Aujourd'hui se continue l'opération sans nécessiter seulement un rappel ; le calme est parfait. On ne respire plus dans l'attente des nouvelles de Thionville ; en vérité, mon ami, je ne sais point ce que nous ne donnerions pas pour avoir une victoire. J'ai écrit à Jules dont j'ignore la dernière résolution ; il est peut-être en chemin. Et vous, mon ami, que faites-vous? Où êtes-vous? Qu'il me serait doux de vous presser tous deux contre mon sein ! J'ai dans ma solitude pour tout recours le Jacobin empereur, qui voit tout couleur de rose et qui chanterait *Ça ira* au nez des Prussiens. Il ne peut pas souffrir la moindre crainte et c'est l'optimiste de la Révolution. Quand je veux faire des combinaisons, qui tournent mon esprit du côté de la peur, il se fâche, comme si je révoquais en doute la divinité.

Les prisonniers du Temple ont encore des connivences au dehors qui rendent les rigueurs contre eux nécessaires. M. Julliot m'a dit qu'il a été témoin des leçons que Médicis donne à son fils. Elle lui fait apprendre et réciter devant les gardes des vers de je ne sais qui, terminés ainsi :

« Et d'un peuple rebelle abhorrant la noirceur,
» Il faut, mon fils, apprendre à lui percer le cœur. »

A l'application. J'écorche ces vers et je ne vous garantis que la pensée. La garde du château est le *nec plus ultra* des officiers. Elle cherche à les gagner ou à les rendre suspects ; et l'on voit bien qu'elle n'y perd pas son temps ; car elle est au courant des affaires. On fait différents contes sur les moyens qu'elle emploie, mais je ne veux rien hasarder.

L'Assemblée nationale, où je ne suis pas allée depuis un siècle, est dans des circonstances si critiques et se montre en général si pusillanime qu'elle ne va souvent que d'une aile. Cependant elle jouit de la plus entière confiance, et peut tout ce qu'elle veut. La nomination de Luckner, comme généralissime, nous a étourdis. Il est peut-être prudent de l'empêcher de faire du mal chez nous et de l'y retenir par un honneur insignifiant, qui nous l'attache, sans nous compromettre. Je n'aime pas cela ; mais il faut croire que les aigles y voient mieux que les taupes, et se résigner. Servan, qui est un sixième de roi, a bien à faire. Si ce conseil du pouvoir exécutif provisoire pouvait contenter tout le monde, ce serait un mode de gouvernement qui, renouvelé dans un temps assez court pour n'être pas corrompu, pourrait nous garantir des fléaux de la royauté. L'essai qu'on va en faire y pourra donner goût ; je dis cela en rêvant, car je me trouve très indigne de traiter autrement cette grande question.

Jeudi matin.

On vient de me dire que le Sénat a cassé hier soir la municipalité ; et que, cette nuit, les quarante-huit sections ont rétabli cette municipalité, avec menace contre le Sénat. Il est vrai qu'il y a

de mauvais citoyens partout et qui gâtent tout.
Cet orage me fait peur ; il va avoir sa suite aujourd'hui. Je me reproche de vous le dire, parce que, quand vous me lirez, nous serons rassurés ; et l'affliction que vous en aurez éprouvée sera inutile. N'en dites mot : j'augure que ce choc ne sera rien. Il y a des boute-feux et, vraiment, de très mauvais sujets à la Commune ; mais c'est leur intrépidité qui a produit l'événement du 10. S'il n'y avait eu que des sages, la contre-révolution serait consommée dudit jour. Il faudrait purger doucement et non pas tout détruire. Le Sénat est bien autant gangrené et si l'on s'y attache, comme à un point de ralliement, à un moyen de salut, ce n'est pas qu'on a pour lui une profonde admiration. La Providence se sert des plus vils instruments pour faire les plus grandes choses, et la nature, des plus abjects éléments pour produire toutes ses beautés. Ma foi, mon ami, ceux qui ne regardent que la chose publique n'épluchent pas les hommes et voient en masse ce qu'il y a de bien ou de mal. Je suis bien curieuse de la journée d'aujourd'hui. La neutralité de l'Angleterre est confirmée plutôt qu'affaiblie par l'événement du 10. La Savoie déclare, dit-on, une neutralité armée. Les Prussiens sont établis dans le camp de Fontoi et menacent Thionville. Nous sommes dans de terribles circonstances ; mais le génie de

la France protège les grandes destinées qui nous attendent, et la victoire est sûre.

Je crois avoir reconnu le style de Jules dans la note longue et intéressante que j'ai vue dans le journal d'hier soir. Elle est datée de Londres, du 24 ; elle est piquante.

Bonjour, bon ami, soyez tranquille comme nous. Ce serait vouloir l'impossible et ne rien connaître à l'espèce humaine, que de s'attendre qu'il n'y aura ni choc, ni orage, quand tous les vents sont déchaînés. Je vais aujourd'hui à l'Assemblée nationale. Je ne vous écrirai qu'après-demain.

Il y avait encore hier une foule d'adhésions, et j'ai lu, dans le *Moniteur*, le superbe rapport de Kersaint, qui prouve les crimes de La Fayette. Sans la journée du 10, la France esclave voyait, avec les larmes du désespoir, la liberté noyée dans le sang. Paris fait des prodiges ; qu'on se garde bien de le mal juger. Si vous étiez ici, je vous dirais bien des choses. La Providence a-t-elle bien fait de ne pas permettre que j'aille en Dauphiné ? c'est encore une question, qui est peut-être résolue où vous êtes. Adieu.

J'apprends, à quatre heures, que la Commune n'est pas rétablie ; seulement, on est en pourparlers. N'ayez peur de rien.

Le divorce est décrété, ou prêt à l'être. Vous n'avez plus de femme.

LXVII

A SON MARI.

Paris, 1er septembre 1792.

Bonjour, bonne œuvre, je veux vous embrasser le premier du mois ; c'est ma dévotion. Je veux vous dire aussi que tout va le mieux du monde. Nos amis Pétion et Manuel ont conduit hier cette municipalité disgraciée au Sénat. On a parlé, on a été favorablement entendu, on a eu les honneurs de la séance, on a été applaudi ; voilà le fin mot. Cette diablesse de municipalité ferait la barbe au Sénat, tant elle a de vigueur ; elle a la police du Temple, qu'elle exerce avec fermeté. Elle a lâché un mandat d'amener contre Dupré, qui est le plastron de Brissot, dans le *Patriote Français ;* et voilà toute la clique Brissotine aux abois, qui a levé, par son autorité, le mandat. Tout cela n'est rien que de petites intrigues qui n'empêcheront pas le grand peuple de faire son chemin. Cambon, l'incorruptible, a presque dit, à la tribune, que le comité de surveillance avait fait sauver le prince de Poix et d'autres. Allez, mon ami, notre législature finit comme elle a commencé ; mais donnez-nous une bonne Convention nationale, et nos destinées sont aussi brillantes que sûres. Des Romains, des Romains, des Romains ! On dit partout que nous avons repris Longwy, que nous avons fait prisonniers le fils du roi de Prusse et 6,000 Prussiens. Cette nouvelle n'est pas officielle ; mais je l'ai entendue bourdonner hier à l'Assemblée, et l'on m'assure, ce matin, qu'elle se répandait, le soir, au palais dit royal. Quand je devrais vous la reprendre, je veux vous la donner ; au reste, je vous réponds que nous aurons une victoire, soit celle-ci, soit une autre. Si vous aviez entendu hier la lettre de Dumouriez à Servan, vous auriez crié bravo. Nos élections se font bien ; notre calme est parfait, quoique l'absolution qu'on avait prononcée sur Montmorin hier eût un peu réveillé le peuple. Mon Dieu, laissez-le faire ; s'il avait la mollesse et la justice de ces indignes représentants, la contre-révolution serait bientôt triomphante ; et la tyrannie, eût-elle un taureau comme Phalaris, vos grands sénateurs plieraient les genoux devant elle. N'en parlons plus. Je les ai examinés de près, hier, et je n'y retourne plus de quinze jours, tant leur faiblesse m'a affadi le cœur.

Admirez la soumission parfaite de votre fils Jules. Il brûle de revenir, il marche sur des charbons ardents. J'ai signé, sur-le-champ, son acte de rappel, et le pauvre enfant attend une lettre d'approbation de son ami papa pour lever le pied. Cela contraste si fort avec son caractère d'Achille que j'en suis pénétrée. Ecrivez-lui, écrivez-lui et vite, vite.

Une bonne Convention nationale, et je vous prédis la liberté, la paix et toutes les prospérités dans tous les rayons de la gloire. Robespierre est à la tête de la municipalité, et Brissot dirige le Sénat. Le beau sujet de guerre ! Danton est ferme comme un Romain ; notre Conseil exécutif est bon et c'est la pierre de l'angle. On confirme vraiment la reprise de Longwy. On vient encore de me l'assurer. Comme on croit facilement ce qu'on désire ! On placarde tant ici les moyens de faire de bons députés que les mauvais citoyens n'oseront pas même y prétendre. Notre section a d'excellents électeurs. Tallien a parlé avec énergie à l'Assemblée nationale ; Manuel, Pétion, l'ont soutenu ; et, *ça ira, ça ira*. Adieu.

LXVIII

A SON MARI.

Paris, 2 septembre 1792.

Quand on veut la fin, il faut vouloir les moyens ; point d'humanité barbare. Le peuple est levé, le peuple, terrible dans sa fureur, venge les crimes de trois ans des plus lâches trahisons. Oh, mon ami ! je me réfugie dans vos bras, pour verser un torrent de larmes ; mais je vous crie avant tout : la France est sauvée ! Ces larmes, je les répands sur le sort de nos malheureux frères patriotes, tombés sous le fer des Prussiens. Verdun est assiégé et ne peut tenir que deux jours. La joie de nos féroces aristocrates contraste avec notre profonde affliction. Ecoutez ; tremblez : le canon d'alarme tonne vers midi ; le tocsin sonne, la générale bat. On va, on vient dans les rues. Tout était dans la crise la plus violente ; des proclamations pathétiques de la municipalité fixaient l'attention du peuple et touchaient son cœur : « Volez au secours de vos frères ! Aux armes ; aux armes ! » Chacun s'empresse, court. Enfin, il part ce soir quarante mille hommes qui vont fondre sur les Prussiens, soit à Verdun, soit en avant, s'ils s'avancent. La fureur martiale, qui a saisi tous les Parisiens, est un prodige ; des pères de famille, des bourgeois, des troupes, des sans-culottes, tout part. Le peuple a dit : nous laissons dans nos foyers nos femmes, nos enfants, au milieu de nos ennemis, purgeons-en la terre de la liberté. Mon ami, je jette ici, d'une main tremblante, un voile sur les crimes qu'on a forcé le peuple à commettre par tous ceux dont il est depuis trois ans la triste victime. Les noirs complots qui se découvrent de toutes parts, portent la lumière la plus affreuse et la conviction la plus certaine sur le sort qui attend et menace les patriotes ; s'ils ne font pas périr, ils périssent ! Atroce nécessité, ouvrage funeste de nos ennemis ! Des têtes coupées, des prêtres massacrés... Je ne puis vous en faire le récit, quoiqu'éclairée par ma raison, qui me crie : les Prussiens et les rois en auraient bien fait autant et mille fois davantage. Si le peuple... Ah ! malheureux peuple, qu'on se garde de le calomnier !

Le croiriez-vous ? Je suis allée depuis six heures jusqu'à huit, aux Tuileries. Foule partout, et dans une agitation froide et ordonnée. Il n'y a plus de nuit à Paris ; l'illumination succède au jour, et l'on voyait deux magnifiques pyramides de lumières sur le grand bassin, et des boutiques éclairées dans les grandes allées. La terrasse des Feuillants était claire comme le jour, couverte de groupes, de femmes, d'enfants, d'hommes ; tous prêts à suivre les plus généreuses ou les plus terribles résolutions. Des députés de l'Assemblée, environnés de troupes, sont passés pour aller porter au peuple des conseils pacifiques. Dix-sept personnes, parmi lesquelles se trouvent, dit-on, des députés, ont été arrêtées aux barrières et ramenées à l'Abbaye. Dans la cour, une foule de peuple indigné, forçant les portes de derrière des

prisons, leur ont épargné la peine d'y entrer.
Terrible événement ! J'ai entendu Cambon accuser à mots couverts le comité de surveillance
d'avoir relaxé le prince de Poix. Donnez une Convention nationale incorruptible, ou que les lâches
Français tombent dans les filets des Prussiens :
autant vaudrait, que d'avoir de vils représentants.
Ils faisaient merveille ce soir. J'ai entendu mille
bravos. Si l'on parvenait à faire siéger cette Assemblée loin de Paris, comme le veulent les sots,
les Néron et les Médicis renaîtraient de leurs cendres. Nous avons pris une voiture ; car l'agitation
du peuple et la nuit portaient dans mon âme une
terreur secrète. En montant, j'ai été arrêtée par
une amie de M. de Sillery, qui m'a dit que ce patriote arrivait ce soir de Reims, dans une indignation qui l'étouffait. Point d'armes ; nous sommes
livrés pieds et poings liés à l'ennemi !

M. d'Orléans est électeur, et nos électeurs sont
tous bons. On a fait la liste des députés que l'opinion publique appelle à la Convention nationale, c'est la fleur des Français. Si vous aviez vu
Paris, comme je l'ai vu aujourd'hui, vous n'oseriez pas douter un moment de la chose publique.
C'est la rage du courage et l'accord le plus parfait ;
car, dans les trois cent mille hommes que j'ai vus se
disputer l'honneur de partir, il n'y a pas seulement
un Feuillant. Ils sont tous cachés dans les caves.

Rentrée chez moi à huit heures et demie, ayant observé, de la pointe Saint-Eustache jusqu'ici, les mêmes mouvements et les rues pleines de monde, j'ai trouvé la bonne amie Tiberge avec Gabrielle qui se réfugiaient chez nous, à cause de l'esprit d'aristocratie de leur maison. Elles ont couché dans notre alcôve. Elles m'ont assurée qu'un nombre de peuple, en bon ordre, faisait une police sévère, et qu'il y avait eu des actes terribles. Le calme le plus profond règne cette nuit. Aucun bruit, ni de tambours, ni de cloches, ni de rien, qui annonce de sinistres événements. J'ai l'âme si préoccupée qu'il me sera impossible de trouver le sommeil, et j'ai un mal de tête si violent, que je ne pourrai continuer d'écrire. Mille et mille tendresses dans la maison hospitalière où vous êtes. J'ai une si profonde estime pour M. Blachette, que je fais des vœux contre son repos. Je le nomme à la Convention. Il nous faut de vrais patriotes et des hommes. Mon ami, faites agréer mes excuses et mes civilités à la digne femme de ce courageux ami de la liberté. Je voudrais déjà être à demain.

Nous serions perdus, si la Providence de la Révolution ne faisait pas tous les jours de nouveaux miracles. Le tocsin doit sonner sur tous les points de la France et les départements se tenir dans la fière attitude de la capitale, afin de ne pas devenir la proie de nos ennemis. Nous sommes tous morts si nous ne sommes pas tous unis. Nous avons des armées, nous avons des gardes nationaux, nous avons une foule de citoyens qui vont cerner les ennemis. Plus de traîtres à la tête de nos troupes, et la victoire est à nous. Je crains la famine, si la victoire n'est pas impétueuse, car ils vont être deux cent mille réunis sur la frontière. Oh, mon ami ! dans quelles circonstances nous sommes ! N'ayez pourtant nulle inquiétude. Les Autrichiens et les Prussiens seraient aux portes de Paris, que je ne ferais point un pas en arrière. J'en crierais avec plus de sécurité : la victoire est à nous !

Je suis saisie d'épouvante, d'horreur : je ne sais quels sentiments éprouver. Voilà le détail que je tiens de six maçons qui arrivent de leurs travaux. Un bataillon de gens du peuple frappé de l'imminent danger de voir tomber sur nous les malfaiteurs de toutes les prisons, en cas de réussite de quelque complot, ou de l'approche des Prussiens, s'est fait accompagner des juges, qui sont allés successivement à chaque prison. On a fait visiter tous les écroux. Les voleurs tués, les contrefacteurs d'assignats tués, les contre-révolutionnaires tués ; les prisonniers pour dettes délivrés, les querelleurs renvoyés, les jeunes gens pris pour étourderies admis à la bande. Ainsi l'on a vidé complètement les prisons, même Bicêtre, où l'on est encore. La gendarmerie nationale et les autres troupes disent aux citoyens : « Camarades, nous vous laissons nos femmes, nos enfants ; préservez-les des ennemis de l'intérieur qui pourraient les tuer, tandis que nous allons combattre ceux de l'extérieur. » Ces nouvelles exécutions d'une justice terrible et barbare, se sont faites, dit-on, dans un calme extraordinaire. Plusieurs prêtres ont été sacrifiés à la vengeance populaire. Ces maçons ont vu des monceaux de cadavres aux portes des prisons. Ma profonde humanité me fait pleurer sur le sort des coupables et malheureux innocents confondus. Mon Dieu ! ayez pitié d'un peuple qu'on précipite dans la voie du carnage en le provoquant ; ne lui imputez pas...

Mon ami, mon âme est accablée. Les Prussiens, cause seconde, de tant d'atrocités, par le sentiment d'irritation et d'horreur qu'excitent leur injuste agression et leur invasion, périront, fussent-ils cent mille. Avec quelle ardeur furibonde nos braves volontaires ont quitté Paris ! Ils sont sûrs de mourir ou de revenir vainqueurs.

Adieu, mon ami, nos maçons, dont l'un a été témoin de tout, nous ont narré cela avec une sorte d'ingénuité et avec un véritable regret que le peuple, pour se sauver de tous ses ennemis, des traîtres et des conspirateurs, en soit forcé d'en venir là, et de se faire justice lui-même.

LXIX

A SON MARI.

Paris, 3 septembre 1792.

Mon ami, mon ami, le plus grand calme est la suite de ce tribunal populaire, soutenu de la garde nationale, assisté de quinze juges choisis parmi la multitude. Bicêtre a occupé toute la journée. Il n'y a plus d'êtres vivants dans aucune sorte de prison ; les uns ont péri, les autres ont été mis en liberté.

Vous le dirai-je ? Mon âme est troublée et profondément épouvantée d'un si terrible spectacle. On assure qu'on avait acquis les preuves d'un vaste complot, où tous ces criminels devaient être les instruments du crime. M. Pétion n'avait garanti la sûreté de la capitale qu'hier jusqu'à minuit. Enfin, il faut croire que la Providence nous a encore miraculeusement sauvés.

Voilà un trait frappant qui caractérise le respect du peuple pour ses représentants. Journeau, qui a eu une affaire avec Grangeneuve, était à l'Abbaye. On a dépêché un canonnier à l'Assemblée pour s'assurer si vraiment c'était un député, et on l'y a reconduit avec toute la considération attachée à la dignité de son poste. Cependant, c'est un aristocrate connu. Mesdames de Lamballe et Toursel, qui étaient à la Force, n'ont pas joui du même privilège, elles sont au nombre des victimes ; mais la fille de cette dernière, âgée de douze ans, et madame Bithe, qui est enceinte, ont été mises sous la sauvegarde du peuple et singulièrement protégées.

On assure que les ennemis ont été obligés de se replier sur Longwy et que, bientôt, il sera repris. Nous avons un avantage certain ; mais les détails ne sont pas infiniment clairs ; c'est pourquoi, n'aimant à vous donner que des nouvelles fort sûres, j'attends un plus ample informé. Mais, l'espérance étant fondée, je veux vous en faire jouir sur-le-champ. Les troupes partent à différents intervalles pour faciliter les approvisionnements, et l'ardeur est telle que l'on ne peut qu'augurer la plus éclatante victoire. La France est sauvée ; mais il faut que nos braves frères des départements imitent notre dévouement. On ne connaît plus qu'un intérêt, celui de la patrie. On n'a plus qu'un sentiment, l'amour de la patrie. Enfin, son salut est le plus cher objet de nos vœux, et absorbe toute autre pensée.

On prétend que le tribunal sanguinaire va se

porter à Orléans. L'Assemblée a décrété de transporter les prisonniers dans un château fort à Saumur. Elle a simplement fait mention, dans son procès-verbal, du cours des événements, et elle a repris ses travaux.

Les deux Montmorin ont subi le sort des autres coupables ; et, hier matin, le major des Suisses fut guillotiné, jugé par le tribunal du palais. Pour les Montmorin, c'est le peuple qui les a immolés. Il y avait des monceaux de morts dans les cours des prisons, qui ont tous été portés à Clamart dans des charrettes. Nous n'avons pas franchi le seuil de notre porte. La sensibilité d'Auguste et la mienne nous ôtent la force de sortir, dans la crainte de rencontrer un char mortuaire.

Nous n'avons plus qu'une voie de salut : vaincre ou mourir. Le peuple est si pénétré de cette vérité, que tous vont se transformer en héros pour abîmer les Prussiens, les Autrichiens et ceux qui viennent dévaster et asservir notre France. On travaille aux fossés et aux camps qui doivent environner Paris, avec l'ardeur que vous avez vue briller au Champ-de-Mars. Pétion et Manuel sont toujours les magistrats choisis du peuple. La municipalité a subi quelques changements ; mais je ne les connais pas bien. Enfin, mon ami, j'ai voulu vous écrire ce mot ce matin, parce que, dans la crise terrible où nous sommes, il est doux d'avoir une assurance directe de l'état de la capitale et de la vie de ceux qu'on aime. On sent que ces affreux événements doivent nous conduire au terme de nos maux et fixer les destinées d'un grand peuple, trop longtemps le jouet des intrigants et des conspirateurs On a une pleine confiance dans le conseil exécutif qui nous gouverne.

Nos élections vont leur train, et vous verrez, dans la *Révolution de Paris*, toutes les indications données pour les diriger. Les prédicateurs s'accordent avec les défenseurs de la liberté pour les propager. Il y a eu, dimanche, un sermon qui a fait l'admiration de tout Paris.

Dans les malheureux prêtres sacrifiés, je ne connais heureusement personne.

L'on ne sort pas de Paris, mais j'espère que cette crise touche à sa fin, et que la liberté et la circulation vont être rétablies.

LXX

Paris, 6 septembre 1792.

Le patriotisme est dans son triomphe, les enrôlements, le départ des enrôlés, donnent une nouvelle vie à la capitale et une telle activité au commerce que les marchands doivent redevenir patriotes. La gaieté et la sécurité marchent au bruit du tambour. On ne voit que fédérés, on n'entend que musique militaire. Les rues sont remplies de cette immense population, qui fait toujours croire que tout l'univers est dans Paris, et partout on crie à tue-tête : *vive la Nation*. Nous n'avons pas l'air d'un peuple menacé, ni d'un peuple abattu ; mais d'une grande famille qui est en liesse. Si l'on se fait de la capitale une autre idée, on ne connaît pas les Français. Le voile est jeté sur les hideux tableaux. Les découvertes des plus infernales machinations étouffent les regrets. Si le peuple n'avait pas purgé la terre des scélérats qui étaient dans les prisons, ils auraient souillé la terre du sang du peuple. On a trouvé des armes, de l'argent et toutes les preuves de l'odieux complot, qui, dans la nuit du 5 au 6 septembre, devait anéantir tous les patriotes. Si Pétion et Manuel n'avaient pas eu des indices, les choses n'auraient pas été poussées à cette triste et affreuse extrémité ; mais tout devient légitime pour une juste et nécessaire défense. Le croiriez-vous ? Nos ennemis conspirent encore, un fil est à peine rompu, un nouveau fil est renoué : c'est un dernier coup de désespoir qu'ils préméditent ; ils attendent leurs chers Prussiens. Ce qui est inconcevable, c'est que nous n'avons ici que des nouvelles vagues sur les opérations de la guerre. La moitié de Paris assure que Verdun est pris, l'autre moitié soutient que la citadelle tient bon. Enfin, les deux généraux, dans leurs dépêches à Servan, lues aujourd'hui, n'en touchent pas un mot. Si l'on en croit la renommée, la Champagne et la Bourgogne fournissent plus de cinquante mille hommes. Paris seul en fait autant. On pense que nos troupes cerneront l'armée envahissante d'un côté, tandis que les nouvelles levées l'envelopperont de l'autre ; si bien qu'Autrichiens et Prussiens seront entre deux feux, sans pouvoir échapper. Il doit se faire là une si horrible explosion, qu'avant huit jours nos grandes destinées doivent être fixées à jamais. Je meurs dans l'attente, et j'ai si peur de la famine pour nos innombrables armées que je voudrais qu'elles prissent d'assaut la victoire. Luckner est à Châlons.

Pétion, Robespierre, Collot d'Herbois, Garau de Coulon, Lacroix Albitte, Brissot, Thouret, Pastoret, Massieu, Calon, etc., sont nommés députés à la Convention nationale, dans Paris et lieux circonvoisins. L'ivraie est encore mêlée au bon grain, mais en petite quantité ; patience et courage. On assure que Marat est nommé, mais je n'en veux rien croire. La municipalité est toujours celle du 10 août. Roland y a été dénoncé, et il a fait là-dessus une lettre si sage que la Commune elle-même doit baisser pavillon. Tous ces levains de discorde ne doivent pas effrayer ; ils serviront de stimulant pour mieux faire. Le Sénat est dans une entière stagnation, il écoute les plus superbes pétitions qui brûlent du feu du génie et de l'ardeur de la liberté. J'en ai entendu aujourd'hui que Demosthènes voudrait avoir faites. L'or, l'argent, les assignats, pleuvent sur le bureau ; enfin il faudrait que les fleuves remontassent vers leurs sources pour que nous périssions. Je n'ai pas de couleurs pour peindre la généreuse ardeur qui enflamme nos troupes patriotes. Je n'ai point de pinceaux pour représenter le spectacle animé et surprenant qu'offre la capitale. Je suis allée à la Commune, à l'Assemblée nationale, au palais ; le calme et l'agitation forment un si beau contraste qu'on voudrait toujours être sur les places publiques pour l'admirer. Camarades, frères, on n'entend plus que ces douces expressions ; et la bienfaisante égalité rapproche et ouvre tous les cœurs. Les sots feuillantins, sur le moule d'enfantin, croient que le peuple va les dévorer. Comme ils ont tous conspiré contre lui, avec leur barbare modérantisme, et que les signataires contre Pétion sont vus de très mauvais œil, ils ont peur. C. et B. ont la sottise de faire comme Denys le tyran : on ne sait jamais où ils couchent ; c'est la dernière injure qu'ils font à ce pauvre peuple, qui ne pense guère à eux. C'est pourtant de ces instruments imbéciles que le despotisme se servait pour parvenir à ses fins ; et ceux qui regardent avec horreur les exploits du peuple, auraient trouvé bon que les Jacobins, au nombre de vingt mille, fussent tombés sous le glaive de la loi, dans les mains d'un juge soudoyé par la liste civile. Ils auraient dit à leur maître : « Vous leur fîtes, Seigneur, en les croquant, beaucoup d'honneur. » Quant aux juges, ils ont suivi la Constitution, ils ont exécuté la loi. Les Jacobins étaient des scélérats, qui voulaient que la justice et la raison gouvernassent le monde, et que les droits de l'homme ne fussent plus chimériques. Jugez de leur crime, dans tout ceci. A propos, il n'y a plus de Jacobins, et cette société éparse ne forme plus de corporation. Il n'y a plus qu'une unité, la *République française*, et ce ne sont pas les Jacobins qui ont eu la gloire de la proclamer, ce sont les cris multipliés de nos ennemis.

Si le cours des événements reprend une marche tranquille, comme nous l'annonce aujourd'hui notre brave maire, je ferai moins usage de ma plume ; j'ai mes maçons qui me donnent tous les matins le bulletin de la nuit. Il y en a un qui a tout suivi, sans prendre aucune part aux actes sanguinaires ; car il est plein d'humanité et de bon sens. Si je voulais calculer les résultats que nous valent ces cruautés, sur les preuves qu'il me fournit, je vous dirais qu'il y a différence d'un à mille sur les victimes et dans le choix, celle d'un individu condamné à la corde pour assassinat, faux assignats, etc., ou Pétion, Robespierre, Dubois de Crancé, Manuel, vous, moi, nos enfants et tout ce qui a professé les saines maximes de la justice, de la philosophie et de l'humanité.

Il n'y a rien de si sûr que la tranquillité de Paris, on a rouvert les barrières. Les peureux, dans les quatre parties, vont gagner le large ; pour moi, je reste à mon poste, jusqu'à ce que je sache où est le vôtre et celui de mon fils. Ce qui m'a toujours rendue intrépide, c'est la lâcheté et l'égoïsme de ceux qui nous attaquent. J'ai pourtant souffert mille morts depuis huit jours, je n'ai pu ni manger, ni dormir.

Les conspirateurs étaient soudoyés par la liste civile. Les preuves en sont claires, même pour les sots ; car, pour nous, il y a longtemps que nous l'avions deviné. Il y a bien des députés sur cette liste, que je ne veux pas nommer, mais le peuple les connaît. Ils n'ont rien à redouter, ces infâmes députés, dans ce moment. Le respect du peuple pour l'Assemblée nationale va jusqu'à l'idolâtrie.

LXXI

Paris, 17 octobre 1792.

La force armée, qui était sur le tapis quand tu as quitté la Convention, est, je crois, à vau-l'eau. L'opinion est tellement prononcée, que celui qui aurait la hardiesse de la rappeler à la mémoire de l'Assemblée serait sifflé du parterre, de manière à n'être pas entendu.

Les Brissotins ont le dessus. On entrevoit, avec espoir, qu'il s'élèvera une masse bien pure, qui mettra tous les partis de côté et qui ira droit au but. Dumouriez a été parfaitement reçu à la française dans la Convention ; mais, aux Jacobins, la réception a été plus mâle et plus républicaine. Collot d'Herbois a mêlé la leçon aux louanges, et son discours a fait plaisir a tout Français libre. Le général y a répondu, en romain ; puis, il est allé de là, en petit-maître français, se faire applaudir au spectacle. Il y a encore bien du vieil homme chez tous ces hommes nouveaux. Que Dumouriez aille prendre ses quartiers d'hiver à Bruxelles, pour se faire pardonner son apparition à Paris, au mépris d'un décret !

Ton papa a été une demi-heure à la tribune, à

disputer la parole que le président Lacroix lui a obstinément refusée. C'était en présence même du général qu'il voulait, rappelant l'oubli coupable qu'il avait fait de la loi, mêler un juste reproche aux louanges outrées qu'il venait de recevoir. Ce seul trait de républicanisme aurait relevé l'Assemblée, qui n'a pas été approuvée dans le fade encens qu'elle a prodigué. Le lendemain, ton papa a tancé le président, avant qu'il fût dans sa chaise curule, et si vertement qu'il en a rempli sa fonction avec un peu moins de tyrannie. Je te dis cela en passant, afin que tu juges les difficultés qu'on a dans les pénibles fonctions de législateur.

Je ne suis pas allée à l'Assemblée depuis ton départ. Ton papa, que j'ai vu tous les soirs, en paraît moins mécontent. Il y a, cependant, bon nombre de la gent moutonnière. Notre députation parisienne n'ose encore souffler; mais, quand le nuage de prévention sera dissipé, elle se montrera, et de là sortiront ces rayons du soleil de la liberté qui doivent éclairer l'univers. Danton, Robespierre et ceux que je ne nomme pas par égard pour la faiblesse humaine, on sera tout étonné de les voir les plus solides colonnes de la liberté et les plus vrais républicains.

Souviens-toi que ceux qui parlent au commencement d'une législature laissent tellement leur

existence dans les premiers procès-verbaux qu'il
faut y recourir pour être sûr qu'ils sont là. J'en
vois déjà une douzaine qui y trouveront leur
tombeau. Tu verras par le bulletin, que le succès
de nos armées passe nos espérances. On parle de
déclarer la guerre à l'Espagne, qui s'apprête sourdement et traîtreusement. Vous trouverez l'armée sur pied quand vous arriverez, j'entends la
nôtre ; car on dit que tout ce qui est aux environs
des Pyrénées est prêt à prendre les armes et à
marcher à l'ennemi. On fait ici un grand nombre
de vêtements pour les soldats ; tous les tailleurs
y sont occupés. Le camp va être abandonné, et
les ouvriers éparpillés, ce qui me fait un grand
repos d'esprit ; car il ne manquait pas là de malveillants pour égarer le peuple. Toutes les calomnies qu'on répand sur la gendarmerie parisienne, sur différents bataillons parisiens, tout
cela n'était que pour avoir la garde armée :
quand la vérité perce, tous les crimes s'évanouis-
sent. Cherche et suis partout les fils de cette
intrigue dans les bons journaux.

LXXII

Paris, 24 octobre 1792.

Je vais parler politique, à cette seule idée mon âme se flétrit. Je vois une République sans républicains et je n'en trouverai à mon gré que dans la génération future, qui est encore tout en boutons ou en germes. Je me flatte bien qu'il s'y développera les vertus que j'attends. Mais d'ici là, mon fils, que ceux qui, comme nous, ont été portés à la hauteur de la Révolution à son premier échec, par l'amour de l'humanité et l'espoir de l'amélioration des hommes, ont à souffrir de la corruption générale qui met obstacle à tout! Cependant, il y a déjà tant de changements dans nos mœurs et dans nos opinions que les maux et les biens se contre-balancent sans succès. Camille Desmoulins, que j'ai expédié hier à ton oncle Henri, ainsi que les autres journaux que tu rencontreras sur ton chemin, te donneront les détails que tu me demandes sur la Convention nationale. J'en suis incapable, je n'y suis pas allée deux fois depuis ton absence; et j'ai engagé la citoyenne Lavit, qui est plus habile que moi à remplir la tâche qu'elle s'était imposée, de t'instruire de tout. Ton papa, qui jouit d'une bonne santé, occupe en philosophe sa place de législateur. Il observe beaucoup et ne désespère de rien. Il a parlé deux fois au bruit des murmures, malgré l'excellence de son intention et des choses qu'il disait. Il plaide la cause de l'indigence contre l'ordre du jour sur les petits billets dont Paris est empoisonné, et contre une diatribe concernant la députation de Paris. Les intrigues et les artifices des Brissotins, soutenus et propagés par Gorsas et le *Patriote français*, désolent les amis de la justice et de la liberté. Ne t'y laisse jamais prendre. Pour moi, qui crois que le tact et la finesse de mon sexe, joints à mes quatre années d'observations, ont mis dans ma main la pierre de touche du patriotisme, j'y ai bien frotté Brissot, Buzot, Guadet etc. *Comment en un plomb vil, l'or pur s'est-il changé!* Je trouve que Robespierre, Panis, Robert, passent à l'épreuve en laissant les marques de l'or le plus fin, en dépit de leurs détracteurs.

Voilà mon idée, c'est que les uns veulent une république pour eux et pour les riches, et les autres la veulent toute populaire et toute pour les pauvres; et c'est, avec les passions humaines, ce qui divise si scandaleusement notre Sénat. Au reste, les Brissotins font le bruit tout seuls, car les autres n'osent pas encore parler, grâce à la tête de Méduse qui est toujours dans la main des habiles pour dominer les imbéciles et les sots. Notre Commune, si astucieusement calomniée, vient de rendre les comptes les plus satisfaisants.

La journée du 2 septembre, sur laquelle je jette un voile funèbre arrosé de mes larmes, est la première cause de la défaveur répandue sur Paris, la Commune et la députation. Eh bien, c'est une atrocité de leurs ennemis. Cette journée sanglante a sauvé les patriotes d'une nouvelle Saint-Barthélemy ; et tel a l'audace de la blâmer qui en aurait été la première victime. Toutes les circonstances politiques où nous étions alors s'effacent des esprits superficiels. Mon ami, la fable des *Lapins* est bien l'histoire des hommes.

Les provinces n'ont que les roses de la Révolution, toutes les épines, tous les dangers sont pour nous. On cache à nos frères des départements le généreux dévouement des Parisiens et la sublime élévation de leurs vues. Les pygmées qui demandent des géants pour les garder les trompent sur tout[1]. Cette garde armée fait toujours l'espoir des Lilliputiens ; pour ceux qui sont des hommes, ils ne souhaitent que deux sentinelles à la porte du Sénat : L'amour et la justice.

---

1. Le parti de Brissot et de la Gironde voulait alors faire décréter l'organisation d'une garde venue des départements, pour garder la Convention nationale.

Je crois qu'on va décréter aujourd'hui que la Patrie est hors de danger. Il n'y a plus d'esclaves sur le sol de la liberté.

Dumouriez est parti, je l'attends à Bruxelles pour lui faire grâce. Anselme me paraît républicain, au reste les réputations ne tiennent pas longtemps, et nous changeons comme les hommes.

LXXIII

DE MONSIEUR J.

Paris, 15 décembre 1792, au Ier de la République.

J'ai reçu ta lettre et ton discours, mon bon ami. Je suis fort content de l'une et de l'autre. Le maire Blachette, qui m'écrivit ces jours derniers, me disait beaucoup de bien de mon fils ; mais personne ne m'en dira autant que j'en pense. Tu as une belle âme, d'excellents principes, du caractère, du talent, des connaissances, de la facilité et un grand amour du travail. En voilà plus qu'il n'en faut pour se faire un nom, surtout dans le nouvel ordre de choses où nous vivons ; mais, mon bon ami, je désire trop ton bonheur pour te souhaiter la célébrité. Je crois qu'on n'en obtint jamais sans la payer bien chèrement. Tu me diras que tu ne veux aller à la gloire que par le chemin de la vertu. Je le sais bien, mon cher enfant; mais les vertus privées suffisent à la morale et font le fondement le plus certain du bonheur. Je m'en suis convaincu par mon expérience et je voudrais qu'elle ne fût pas perdue pour toi. Ta chaleur pour faire des prosélytes au système de l'égalité est bien louable, sans doute; mais elle peut te perdre, si tu ne sais pas la modérer. Pour travailler avec trop de zèle au bien de l'humanité, on n'opère souvent que sa propre infortune. Il faut bien connaître les hommes de son siècle et ne pas vouloir transformer en Catons les esclaves de César. Nos contemporains sont bien corrompus et je doute qu'on puisse jamais en faire de vrais républicains. Il faut y travailler, cependant, mais avec une sage circonspection. Ne t'avance jamais trop, mesure la force des préjugés avant de les combattre, et ne leur livre que des attaques indirectes, quand tu n'as pas lieu d'espérer une pleine victoire. Le grand vice de notre état social (et il est peut-être irrémédiable) vient de la monstrueuse inégalité des fortunes. Les riches sentent bien que cet état ne saurait subsister longtemps dans une république démocratique; et voilà ce qui irrite si fort leur égoïsme contre un système de gouvernement qui doit les dépouiller tôt ou tard d'une partie de leur fortune. Ils ne peuvent pas se dissimuler que la classe laborieuse et pauvre, étant la plus nombreuse, doit avoir une grande part dans l'exercice de la souveraineté, et qu'elle en fera usage pour améliorer son sort. Si tous ceux qui ont au delà du nécessaire étaient justes et bons, ils s'empresseraient de faire des sacrifices en faveur de leurs frères infortunés et préviendraient par là de grands malheurs. Mais c'est là l'écueil de la philosophie moderne. Elle a bien établi l'égalité des droits; mais elle veut maintenir cette prodigieuse inégalité des fortunes, qui met le pauvre à la merci du riche, et rend ce dernier l'arbitre de tous ses droits, puisqu'il peut lui ravir celui de subsister. Il n'en sera pas ainsi, ou la tyrannie renaîtra. Il faut absolument, pour que la République se maintienne, que les plus pauvres citoyens soient assurés de vivre avec aisance au moyen de leur travail; et que ceux qui ne peuvent pas travailler soient nourris et entretenus aux dépens de la fortune publique. O mon ami! que de maux nous avons encore à éprouver avant d'arriver à ce point! Tous ceux qui voudront se rendre les protecteurs des pauvres auront les riches pour mortels ennemis, et courront grand risque d'être leurs victimes; car les riches ont cet avantage, qu'ils peuvent armer la foule indigente contre elle-même, en lui faisant massacrer ses plus ardents défenseurs. Il suffit pour cela d'accaparer les grains, et de crier ensuite aux agitateurs. Moi-même, mon bon ami, ne suis-je pas détesté, en ce moment, des malheureux paysans de mon canton, à qui l'on a persuadé que j'avais fait dans la Convention nationale la motion de déraciner tous les mûriers. Les méchants se permettent tout, et la multitude ignorante croit tout.

La vérité est qu'il n'a pas seulement été question de mûriers dans la Convention. Tu auras beau dire, mon cher enfant, tu ne m'empêcheras jamais de regretter ma précieuse obscurité, et si tu avais autant de sagesse que tu as de vertu, tu m'aurais pressé toi-même de ne jamais en sortir. Ce n'est pas à cinquante ans qu'on peut se donner un nouveau caractère, et l'homme qui, jusqu'à cet âge, a vécu éloigné des affaires et qui se sent pour elles autant de répugnance que d'incapacité, doit toujours s'en tenir à une très grande distance. Je ne te dis pas cela par forme de reproche, mais pour t'apprendre à ne vouloir jamais mettre ta raison à la place de celle d'un homme à qui l'expérience a donné assez de confiance de soi-même et des autres, pour savoir mieux que personne ce qu'il lui convient de faire.

La faction de Brissot n'ose pas justifier le roi, mais elle tend évidemment à le sauver. Chaque jour, elle entrave la marche de la Convention par des dénonciations ou des incidents qui jettent le trouble dans l'Assemblée et donnent lieu aux scènes les plus scandaleuses. Je ne sais pas ce que tout cela deviendra, mais nous sommes environnés de dangers, et nous ne faisons rien pour nous investir de l'amour et de la confiance du peuple, qui pourrait seul nous en garantir. Adieu, mon bon ami, garde tes principes, mais que le premier de tout soit d'agir avec prudence; et de ne pas t'avancer imprudemment sur un terrain miné. Sonde les esprits et les cœurs, avant de donner tout leur essor à tes idées et à tes sentiments.

LXXIV

Paris, 24 décembre 1792.

Ton papa est très mécontent, ainsi que tous les patriotes de la Convention nationale; c'est pitié. Les imbéciles et les intrigants composent la majorité. Les Brissotins ont le diable au corps. Roland a réussi à corrompre l'opinion publique dans les départements, en soudoyant une partie des écrivains patriotes. Il prend tous les jours deux mille exemplaires du journal de Gorsas. Ces Gorsas, Brissot, Carra, répandent les ténèbres où, jadis, ils faisaient briller la lumière. Leur autorité est si bien établie par trois ans de civisme, qu'on ne peut croire à un si horrible changement, sans voir le dessous des cartes. Desmoulins et Merlin ont été obligés de laisser leur journal, faute de souscripteurs. Il semble que les hommes ne courent qu'après l'erreur et le mensonge : l'austère vérité n'a qu'un fort petit nombre d'amis; elle fait peur aux uns, elle déplaît aux autres; et sa cour, qui n'admet ni flatteurs ni flatteries, est plus déserte que celle de son lâche antagoniste.

J'aimerais autant vivre dans les bois et dans les forêts que dans la société actuelle. Il me semble que tous les habitants de ces lieux-là sont moins tigres et moins féroces que nos personnages politiques, Brissotins, Girondins, etc.

La Révolution a mis les passions dans une telle fermentation, qu'on ne connaît plus rien aux hommes. Combien j'invoque la prudence pour te garantir des pièges des méchants; combien je t'invite à avoir une clef à ta bouche et un verrou à tes lèvres, et à ne pas laisser échapper un seul mot qui donne prise sur toi! Tu as les bouillons de la jeunesse et avec cela les bouillons du caractère : tâche que tous ces bouillons soient renfermés dans un vase si bien clos, qu'il ne s'en échappe rien au dehors. Le grand mérite de l'homme, sa dignité par excellence, c'est l'empire sur soi-même. Rien de si honteux et de si sot que de donner à nos ennemis de grands avantages par de petits torts, qui laissent pourtant l'âme et le cœur pur et ne gâtent, pour ainsi dire, que la superficie. Comme les méchants savent prendre l'homme de bien dans ce piège! comme ils altèrent la vérité! comme d'une peccadille ils font un crime! comme ils tournent et retournent, jusqu'à ce qu'ils aient enveloppé leur proie dans leurs filets mensongers! Mon cher ami, je frissonne des pieds à la tête, quand je pense aux dangers qui environnent la candeur de ton âge et la noble fermeté de ton âme. Je te recommande toi-même à ta propre sagesse, à ta méditation. Ton papa a été infiniment content du style de tes lettres et surtout de tes principes. Il a une confiance en toi qui, venant de ses lumières, calme un peu mes anxiétés et mes sollicitudes maternelles. Il te croit une prudence et une modération qui, malgré ta vivacité, te doivent faire conduire ta barque avec sagesse. Moi, je vois toujours cette chère petite barque entre Charybde et Scylla. Ton parlementage au milieu des jacobins de Toulouse m'a fait venir la chair de poule. J'ai peur que tu ne te fasses des ennemis. Au reste, je suis femme, je suis mère, tout cela est naturel, et je ne me pique pas d'être autre chose.

LXXV

Paris, 28 décembre 1792.

J'ai le cœur gros de toutes les tempêtes qui grondent sur nos têtes dans ces jours désastreux. Avant d'entrer en matière, je te dirai qu'à mesure que mon corps se guérit, mon âme devient malade. L'apathie et l'égoïsme forcé où me jetaient mes douleurs, étaient un double rempart contre ma sensibilité. Aujourd'hui, je la sens se réveiller, et je doute si j'ai gagné au change; tant je me sens dévorée d'inquiétudes et de sollicitudes civiques, qui me sont pourtant une vraie preuve de santé.

Je te recommande non à la fortune, non à la gloire, non au grossier dieu Plutus, mais à la Déesse Minerve, à la sainte vertu. Plus elles sont négligées par les fous, ces deux divinités, plus elles sont courtisées par les sages. Mon bon ami, il n'y a qu'elles deux qui méritent ton encens. La corruption même du siècle, et particulièrement du moment, doit être un véritable préservatif pour une belle âme. Le mépris que nous inspire la conduite de Pierre et Paul, est comme un miroir qui nous dit : Ah! que je serais hideux, si je leur ressemblais! Il faut avoir ce miroir en poche, et examiner scrupuleusement si rien ne nous rapproche des personnages qu'il réfléchit. Sois sévère et redoutable pour toi. Fais-toi un conseil de conscience qui te juge *in petto*. Admets-y entre cette conscience et ton cœur tes deux meilleurs amis, et consulte-les en imagination.

Mon ami, sois bon et vertueux, voilà tout.

On nous a envoyé de Valence, la traduction du mémoire de Milton par Mirabeau. C'est un ouvrage si propre à la circonstance et si parfaitement bien fait, que je voudrais qu'on en eût imprimé vingt-cinq millions d'exemplaires, afin que chaque Français en eût un. Alors je défierais l'homme de bonne foi de n'être pas convaincu, et le plus pervers d'y répondre.

La Convention nationale est plus agitée que l'océan dans ses plus grandes fureurs. On ne peut parier ni pour ni contre. La majorité, séduite par tous les artifices brissotins et rolandins, est depuis trois mois le jouet de cette cabale. Les vrais patriotes, inébranlables dans les principes et forts de leur conscience, sont si vigoureux que je vois encore la victoire planer sur leur tête. Le malheur, c'est qu'ils s'entendent à peu près comme dans la tour de Babel; et la finesse de leur supposer un parti et des chefs a été bien grande; car elle les a isolés et les a fait tenir à part avec le scrupule de la délicatesse, tandis que les méchants se sont coalisés, rassemblés, serrés, engageant la gent moutonnière par la terreur qu'ils lui soufflaient sur Paris. Ton papa a porté là l'œil de lynx du philosophe et l'esprit judicieux le plus parfait.

Manuel a tourné casaque ; voilà ce que sont les hommes sans morale et sans foi. Ils sont à Dieu ou au diable, suivant leur intérêt, ce qui me fait dire en passant que la foi est nécessaire à la vie de l'âme, à l'égal de l'eau et du feu à la vie du corps. Mais observe avec moi que, sans force de caractère, il n'est point de vertu et, enfin, que les liaisons avec les méchants corrompent le meilleur.

Le brave Pétion n'a plus la robe nuptiale. Sa bonté naturelle et ses complaisances pour des hommes qu'il a crus vertueux le rendent le mannequin de la cabale. Son humeur conciliatrice fait qu'on le met en scène avec une médaille à revers, dont il ne voit bonnement qu'un côté. Moi, qui avais une si tendre vénération pour lui, et qui ne me détache de mes amis qu'à grand'-peine, je le juge dupe ; et, s'il persiste, mauvais patriote. Il a déjà fait plus d'un faux pas et il faut toute son ancienne popularité pour rendre aussi indulgent qu'on l'est à son égard.

Vergniaud, Gensonné, Brissot, sont sous terre.

On ne se douterait pas qu'ils fussent à la Convention. Mais on dit qu'ils travaillent comme les taupes, qui n'ont pas d'yeux.

Samedi matin.

Robespierre a prononcé hier un discours sur la nécessité de juger et de punir le tyran, qui a été écouté dans le calme le plus profond. Buzot, Rabaut-Saint-Étienne, avec de l'esprit sec, ont péroré ensuite, et leur conclusion était pour l'appel au peuple qui ouvre les portes de la guerre civile. Aujourd'hui, nous verrons.

Mille tendresses à Saint-Cyr, est-il content dans ses nouvelles fonctions? Et toi, mon cher enfant, qu'en dis-tu? Je te souhaite toutes les satisfactions; et, dans le cas où tu ne les trouverais pas là, il serait raisonnable de les chercher ailleurs. Le commerce des honneurs est bien épineux et bien répugnant dans ce moment de discorde; mais il faut que la prudence, l'indulgence et la bonté nous les fassent supporter tels qu'ils sont. Nous ne sommes pas faits pour vivre avec les purs, et la science profonde du cœur humain, qu'on ne peut étudier que dans la société, devient bien nécessaire, quand on veut y être quelque chose et faire du bien à ses semblables. Ta place te procure, sous un certain rapport, les moyens d'exercer la justice et la bienfaisance ; elle me plaît par là ; mais sois en garde contre la sensibilité, qui doit toujours être soumise à la plus austère intégrité. Souviens-toi aussi de la base de notre nouveau Gouvernement. Egalité et Liberté, le dernier des soldats est un homme comme le général. La différence qu'il y a, c'est qu'étant plus près de la nature, il est peut-être meilleur et moins corrompu.

LXXVI

Paris, 3 janvier 1793, an Ier de la République.

Mon cher ami, voici l'opinion de....., répands-la avec prudence. Il s'agit ici de nous attacher aux choses, et non aux hommes. Si celui-là dit la vérité, que nous importent son nom et nos préventions ? C'est la vérité que nous aimons, et que nous cherchons : ainsi soit-il.

Paris est dans le plus grand calme, et la Convention nationale est dans toute sa dignité depuis trois jours. On n'improuve ni on n'approuve. Que cela serait bon, si les sénateurs étaient des Dieux ; mais c'est de l'opium qui provoque un sommeil funeste.

LXXVII

Paris, 5 janvier 1793, an Ier de la République.

La faction Roland triomphe dans la Convention, et les éruptions volcaniques de la Montagne ne produisent qu'un bruit impuissant. Les Girondins sont d'une méchanceté incroyable. Il me paraît clair comme le jour qu'ils veulent des troubles; et si leur vœu n'est pas qu'ils dégénèrent en guerre civile, ils pourront bien gémir un jour des dissensions sanglantes qu'ils auront excitées. Hier, ils demandèrent et obtinrent l'impression et l'envoi à tous les départements d'une diatribe infâme contre Paris. Aujourd'hui la municipalité de cette ville a présenté le tableau de notre situation politique et morale, très propre à dissiper les préventions que des écrits calomnieux ont répandues contre elle dans tous les départements. Il était juste et naturel d'y envoyer ce contre-poison. Guadet s'y est opposé, en vomissant des flots de bile et de fiel contre les patriotes ; et les trois quarts de l'Assemblée, au moins, ont décrété, sur sa motion, de passer à l'ordre du jour. La faction n'a point abandonné son projet de remplir la ci-devant capitale de troupes départementales, d'y produire quelque insurrection partielle et de s'en prévaloir pour faire sortir la Convention de son sein. Ce dessein est tellement manifeste qu'il faut être aveugle pour ne pas l'apercevoir.

Mes vœux seront toujours pour que les lois soient exécutées, quelque mauvaises qu'elles puissent être, jusqu'à ce qu'elles soient légalement abrogées

Adieu, mon cher enfant, je t'aime avec la plus vive tendresse, et en te confiant à ta propre prudence je mets dans tes mains le dépôt de ce que j'ai de plus cher et de plus précieux. Attache-toi, mon bon ami, à bien connaître les hommes, à les apprécier avec une juste sévérité et à ne pas céder trop facilement aux sentiments de compassion et de générosité que t'inspirent leurs malheurs, quand ils se les sont attirés souvent eux-mêmes par leurs défauts ou par leurs vices.

LXXVIII

Paris, 7 janvier 1793.

J'ai recueilli avec mon cœur cette petite phrase : *Je me porte bien et je suis content*. Mille grâces te soient rendues, mon fils, du soin que tu prends pour épargner la sensibilité de ta mère. Ce mot par apostille m'a paru un trait de délicatesse et de sentiment, d'autant mieux que je compte sur ta véracité ; car c'est sur ce fond que reposent ma tranquillité et ma joie. Il ne faut pas chercher à me nourrir de flatteuses illusions. La vérité perce, quoique à mille lieues ; et puis, la confiance se perd et la sécurité avec elle. Il faut, pour avoir un peu de satisfaction dans ce bas monde, remplir ses devoirs et se conserver l'âme saine, le cœur pur et l'esprit droit. Voilà les deux points les plus intéressants pour moi : santé du corps et santé de l'âme. Ménage-toi infiniment pour jouir de ces deux trésors. Je suis bien curieuse de savoir si tu ne seras pas accablé du poids de ton fardeau, dans lequel cas il faudrait le déposer. Nous te livrons tout entier à ta prudence et à ton courage ; et pourtant, ma vieille expérience me dit qu'à ton âge on présume trop de ses forces, ce qui conduit à l'abus. Prends-y garde et souviens-toi que, pour être un vigoureux athlète, il ne faut pas commencer par combattre des géants. Hercule étouffe les serpents avant de terrasser les lions. Sur le tout, cher ami, conserve-moi mon fils, et ménage au plus excellent des pères, le plus tendre des amis. Tu ne peux t'imaginer à quel point tu lui es cher, et une petite preuve, c'est son impatience sur l'attente de tes lettres et sa sollicitude pour te faire avoir de nos nouvelles ; il me surpasse là-dessus ; c'est le complément de la perfection de son amitié ; car tu connais la mienne.

On est assez content de la nomination de Bournonville ; car il n'est pas du tout Brissotin, et les Montagnards ont toute la gloire de son élévation. Si la vilaine faction était parvenue à y placer Achille du Châtelet qu'elle y a porté, elle aurait repris toute sa maudite prépondérance. Ce qu'il y a de beau, c'est qu'on assure que Pache va être adjoint, général, ou simple volontaire ; tout est égal aux belles âmes, pourvu qu'elles fassent le bien. Je te serre dans mes bras, et puis adieu.

LXXIX

Paris, 8 janvier, an Ier de la République.

Hier la discussion sur le grand procès a été fermée, et on l'a renvoyée à lundi pour la terminer. On peut jouer à croix pile, parier pour ou contre, tant il y a peu d'accord dans la Convention. La majorité semble être pour l'appel au peuple. J'ai dans l'esprit que l'événement trompera les plus habiles, et que la Providence fera encore quelqu'un de ses miracles qui donnera cours à la justice et déjouera tous les traîtres. En attendant, la prudence humaine suppute et calcule; chacun est ici dans l'attente et l'inquiétude. Si nous étions républicains par la vertu d'un décret comme nous voilà en République, il n'y aurait pas la moindre chance à courir; tout irait dans la rigueur de la justice et des lois, ce qui nous ferait des partisans de nos plus chauds ennemis; car je n'ai encore vu que la peur qui les dompte.

L'observation que je fais dans mes connaissances, c'est que tous les aristocrates sont Brissotins. Tu verras *la Révolution de Paris,* cette semaine; elle a toujours fait patte de velours à cette faction qu'elle attaque pourtant, contrainte par la force de la vérité. Barère souffle le chaud et le froid, et je crois qu'il veut nager entre deux eaux, afin d'éviter le naufrage en cas de tempête. Nos braves Parisiens sont calmes et tranquilles, quoiqu'on ne cesse de les calomnier et de les menacer des départements. Je voudrais que tous ceux-ci pussent tenir dans Paris et voir ce que nous y voyons; ils seraient bientôt éclairés comme nous, et nous soutiendraient au lieu de nous combattre. Je te recommande toujours, mon excellent ami, d'être prudent et réservé, surtout en public. Je ne laisse pas que d'être en souci sur les dangers de la carrière que tu commences. Sois maître de toi. Je te rebats ce mot, car il **vaut** tout un livre.

Vois-tu souvent Servan ? Si ce brave général veut recevoir les témoignages de notre estime et de notre gratitude, présente-les-lui pour nous. Parle-moi encore de son fils, il m'intéresse beaucoup, j'ai connu sa mère, qui avait tout le mérite que femme peut avoir, et cet enfant doit en avoir hérité, sans compter ce qu'il doit tenir du côté paternel.

Ménage ta santé, mon bon ami, malgré la jeunesse il ne faut pas en abuser. J'aime ton patriotisme, et je suis toujours touchée jusqu'aux larmes de la bienveillance qu'il t'attire. Sois prudent avec tout le monde. Sois indulgent et bon et surtout aime la justice ; c'est la reine des vertus. Sois toi tout entier, cher enfant ; et comme la mère d'Epaminondas, ma plus grande joie sera dans les vertus de mon fils. Défends-toi des illusions de l'amour-propre ; quant au noble orgueil, il est compagnon d'une belle âme.

Au milieu des douleurs de mon rhumatisme, ta lettre m'a fait verser des larmes de joie. Je trouve tout simple, mon cher enfant, que tu trouves des amis et des admirateurs dans tous ceux qui aiment ce qui est bon et qui s'enthousiasment de ce qui est beau. Mais les méchants te haïront par les mêmes raisons qui te font chérir des gens de bien. La crainte de leur haine, ou même de leur fureur, ne doit pas t'écarter du chemin de la vertu ; mais elle doit t'engager à n'y marcher qu'avec précaution. Suis la ligne droite, tant que tu pourras ; mais sache t'en éloigner un peu, plutôt que de heurter un homme brutal, qui saisira cette occasion de te faire une querelle, et qui t'arrêtera dans ta route beaucoup plus de temps que tu n'en aurais mis à prendre un léger détour. Je ne sais pas pourquoi je te donne ce conseil ; car, à la manière dont tu te conduis ; je devrais sentir que je dois bien plutôt le recevoir de toi. Continue, cher ami, à te conduire avec cette sagesse et cette modestie. Sois toujours ton maître ; c'est le plus sûr moyen de maîtriser les autres. Ne te prévaux pas trop de ta facilité à parler et sache quelquefois renvoyer à une autre occasion les bonnes choses que tu pourrais dire. Il faut craindre d'user l'admiration et de la changer en envie.

Les lettres de Robespierre à Pétion sont de petits chefs-d'œuvre dans le genre ironique ; mais ce genre, où l'esprit brille presque toujours aux dépens du cœur, ne me plaît pas. Il faut bien quelquefois écraser son adversaire ; mais avec une âme sensible, peut-on l'écraser en riant ? D'ailleurs Pétion est loin d'être méprisable, et Robespierre, en paraissant moins le dédaigner, se serait plus respecté lui-même.

Adieu, mon ami, je souffre beaucoup, et je n'ai

pas le courage de t'en dire davantage. Je ne sais quel journal t'envoyer. Louvet fait celui *des Débats* et *des Décrets*. Le *Moniteur* présente les Brissotins sous un aspect trompeur et favorable.

LXXX

Paris, 14 janvier 1793.

Tu commences une carrière aussi glorieuse qu'épineuse, mon cher ami, puisse le ciel protéger tous tes pas et te conserver dans l'intégrité de la vertu. Ton papa et ta sensible maman ne firent pas hier la lecture de ta lettre, les yeux secs. Mon cœur était comprimé et dilaté à la fois par la joie et une certaine appréhension qui est dans la nature des femmes, apercevant d'un coup d'œil les dangers au milieu des rayons de la gloire. Ton papa, qui est profondément persuadé que tu as des principes sûrs et une capacité de tête jointe à une force de caractère qui t'inspirent le courage nécessaire dans toutes les occasions, a le plaisir sans mélange. Il me répond de ta prudence, de ta sagesse, et ne doute d'aucun de tes moyens. La bienveillance du peuple est ce que j'aime le plus au monde, parce que j'en ai le véritable amour dans le cœur. Cette portion de la société, qui en a toujours été la partie souffrante, m'a, dans tous les temps, inspiré un intérêt excité par ses malheurs, et souvent augmenté par ses vertus. Enfin, mon bon ami, tu connais le fond de mon cœur sur ce sujet; mais quelle responsabilité, sur ta jeune tête; tu vas avoir des ennemis, peut-être des persécuteurs ; c'est un stimulant à la vertu.

Mon cher ami, il faut se dire à soi-même : on épie tous mes pas pour me surprendre en faute ; mes moindres paroles, mes actions les plus indifférentes sont surveillées par les yeux de l'envie. Argus est autour de moi avec ses cent yeux, pour scruter ma conduite et mon cœur. C'est actuellement, mon ami, qu'il faut que ta raison, sentinelle active, pèse et commande toutes tes démarches. Si jeune encore, sans guide et sans boussole, livré à un monde corrupteur, la candeur de la vertu dans l'âme, l'aimable confiance de la jeunesse dans le cœur, l'innocence de la vérité sur les lèvres et cet amour des hommes qui est une émanation de la véritable sensibilité, mon cher amour, conserve tout cela. Ne te laisse pas enivrer par la flatterie ; ne te laisse pas abattre par les petits revers ; tiens-toi ferme en suivant ta conscience ; et ne sois touché des caresses de la gloire que lorsqu'elles seront méritées par la plus austère vertu. Sois modeste surtout, pour te faire supporter de tes semblables et réunir leur amour à leur estime. Il faut, en quelque sorte, voiler la supériorité qu'un jeu de la nature nous a donnée sur quelqu'un d'eux. Une recommandation particulière que j'ai à te faire, et ce qui m'a paru la pierre d'achoppement de tous les hommes nouveaux, c'est l'histoire des personnalités. Je te recommande donc d'y être insensible, et de ne jamais te servir de cette arme cruelle et perverse. Je voudrais qu'on fît une généreuse abnégation de soi-même, quand on discute les grands intérêts de l'humanité ; que le moi fût foulé aux pieds, et que cette mouche d'amour-propre, qui vient toujours bourdonner aux oreilles de la raison, n'eût aucun empire sur elle. Certain César Romain vient ici, fort à propos, pour nous donner un exemple. On l'avait calomnié, injurié, on avait renversé ses statues. Les courtisans de crier à la vengeance, et le bon empereur de presser son visage de sa main, en disant : *Quel mal cela m'a-t-il fait?* Ton ami J.-J. Rousseau n'a jamais répondu aux plates ordures répandues même par les mains d'un Voltaire. Je te cite de grands exemples ; ma foi, c'est qu'il n'y a que ceux-là qui soient bons à imiter.

Le numéro de Robespierre, dans lequel il prend si habilement tous les tons pour terrasser Pétion, m'a fait un véritable chagrin. Si Robespierre avait été mon mari ou mon fils, je me serais mise à ses pieds pour obtenir le sacrifice de ce moment de vengeance. Dans l'élévation d'une grande âme, on étouffe tous les petits sentiments. Souvent une explication grave et raisonnée ramène et rapproche des cœurs droits; mais le sarcasme et l'arme du ridicule font des blessures mortelles et produisent des inimitiés invétérées. Si tu veux qu'on t'épargne, épargne aussi les autres; et comme l'amour-propre est, à la honte de l'humanité, pour ainsi dire, la partie la plus délicate de l'homme, songe, mon bon ami, à le bien ménager dans tes relations avec les autres. Je suis si tendrement agitée sur ton compte, que je voudrais te pouvoir infuser la sagesse et toutes les vertus grecques et romaines, pour que tu sois ce que je désire. Pour les vertus françaises, elles n'ont pas encore de force républicaine. L'ignoble amour de l'argent, l'intrigue, l'ambition sont tout.

Je ne te parlerai pas de la Convention nationale; elle est accablée sous le poids de son ignominie. Jamais réunion de talents et de vices ne se trouvèrent si bien assortis pour la honte et le malheur de l'humanité. Ton papa, qui y a porté une âme pure comme le ciel, est au milieu des Spartiates de la Montagne, ou pour mieux dire des Thermopyles. Il y a une vingtaine d'hommes comme lui, dont les intentions sont droites, dont les belles âmes sont vraiment républicaines. Ceux-là, on les appelle factieux. Il leur faut conquérir la parole ; quand ils veulent dire un mot, la tribune leur est interdite. Toujours de mauvais présidents dont l'impudence passe toute mesure.

Notre horizon politique est gros de nuages. Nous sommes tous dans la profonde affliction du cours que la maudite faction donne aux affaires. Si les départements, dont on ne cesse de menacer Paris, étaient au milieu de leurs frères les Parisiens, ils verraient et feraient comme nous. Si tu veux savoir ce que veulent les perfides meneurs, le voici (je le sais, comme si j'étais du complot) : sauver le ci-devant roi, enlever la Convention de Paris, faire à leur gré une constitution favorable aux riches ; et, si la guerre civile se joint ce printemps à la guerre étrangère, nos intrigants n'en seront que plus importants et plus nécessaires.

Pauvre humanité ! Pauvre peuple ! Ton père est dans un mécontentement si pénible et si douloureux que nos maux avec cela nous rendent les plus tristes et les plus malheureux du monde.

Écris-nous souvent ; car il n'y a que de ton côté qu'il nous vient du plaisir. Économise sur tes autres correspondances pour fournir davantage à la nôtre. Tu écris trop, tu veilles trop, je voudrais bien être à la porte de ta chambre, le soir, comme je faisais ici, pour t'engager à souffler ce maudit flambeau, qui forçait le sommeil à fuir loin de toi. Ménage tes yeux, ta santé, ta tête; tout cela s'use comme un pourpoint, quand on ne prend pas de certaines précautions qui les conservent en bon état.

Mon bon ami, ne parle pas tant au club, dans la crainte d'user la prédilection qu'on a pour les jeunes talents; et surtout pour endormir un peu l'envie. Ce conseil, qui a une face superficielle, en a une autre toute solide, et dont ton amour pour le bien public, aussi chaud que le mien, te fera sentir l'importance. L'habitude ôte le charme, et le charme est bien nécessaire dans les grandes occasions; c'est pourquoi il faut, pour ainsi dire, économiser ses ressources, pour en tirer une plus grande utilité. Si tu trouves que je fais trop la maman prêcheuse, dis-le-moi sans façon ; car je ne m'abandonne à mon naturel réfléchi que sous les auspices de l'amitié.

Les départements ne sont pas si aveugles que le pense et le voudrait Roland. On lui renvoie, tout cachetés, d'Arras de gros paquets de diatribes contre les patriotes. La faction attend des fédérés, que les départements envoient, sans réquisition et au mépris de la loi, sans doute pour exciter quelque coup à Paris. Dieu nous garde, et nous sommes bien gardés.

LXXXI

Paris, 20 janvier, an Ier de la République.

Ton papa est rentré, cette nuit, à trois heures. Le sursis a été éloigné, et le décret porte que l'exécution se fera dans vingt-quatre heures, et renvoie au pouvoir exécutif pour surveiller la forme et teneur.

L'opinion publique est si forte, si prononcée, si puissante, si reine du monde, que Paris offre le calme le plus majestueux; pas une réclamation, pas une plainte.

LXXXII

Paris, 26 janvier, an Ier de la République.

Je t'avais consacré la journée, mon cher enfant, et la bonne mademoiselle Canot est venue la passer avec moi. Si je n'ai pas parlé à toi, j'ai bien parlé de toi; car tu es toujours dans mon cœur et toujours le plus agréable objet de mes entretiens. Je n'ai été ni étonnée, ni surprise de l'événement qui t'éloigne de Toulouse. J'en ai été affligée un moment; puis, le courage m'est revenu. Voilà l'application de ma maxime favorite : l'intrépidité et le sang-froid tirent de tout mauvais pas. Tu t'es conduit avec une grande sagesse; continue, mon ami, aie surtou la plus grande réserve dans tes discours sur le généraux, qui sont des enfants dans cette petite vengeance, et qui mettent un enfant dans le cas de se montrer plus homme qu'eux. Tes réponses me paraissent mesurées, laconiques et prudentes. Elles sont d'un Spartiate. Je prends en pitié les honteux détours qu'il faut aux passions pour arriver à leur but; il faut se plier, ramper, et une certaine dextérité mensongère, qui perce dans la conduite de tes deux supérieurs, me font penser qu'ils n'avaient pas l'approbation de leur conscience ni de leur cœur dans la démarche vigoureuse qu'ils exigent de toi. Ils croient te perdre et ils travaillent à ta réputation et à ta gloire, parce que ton amour pour le travail et pour tes devoirs te placera au niveau de tes nouvelles fonctions. Voilà un conseil de mère et d'amie. Si ta santé ou ton bonheur pouvait souffrir de ce nouveau genre de vie, il y aurait une porte honorable pour en sortir. Tout fonctionnaire public doit quitter la place qu'il ne peut pas bien remplir. Ton âge et ton inexpérience serviraient d'excuses légitimes. Il y a toujours de la noblesse et de la grandeur à déposer le fardeau qu'on ne peut porter, et la prudence doit toujours mesurer nos forces, afin de ne rien entreprendre qui soit au-dessus d'elles et qui donne, par là, une prise avantageuse à nos ennemis, qui nous accusent d'une folle présomption. Ton papa me rassure encore, en me disant qu'avec la fermeté de ton caractère et ton ardeur pour le bien public, tu viendras à bout de tout. Il faut penser à la patrie, au bien public, et mettre à cent piques au-dessous de soi l'intérêt personnel et toutes ces petites passions dont tu vois les autres être les tristes jouets.

Je prends en grande pitié l'espèce humaine quand je la considère dans sa partie civilisée et dans ce qui s'appelait jadis *les grands;* mais je suis honorée et consolée quand je tourne mes regards vers le peuple. C'est là où j'ai toujours aperçu la droiture et les vertus incultes qui valent mieux que le vice policé. Mon observation me met en contrariété avec Robespierre, qui dit que la vertu a toujours été en minorité sur la terre. Oui, parce que ceux qui cherchent à gouverner sont avec ceux-là qui sont placés au grand jour; et que ceux qui restent ignorés dans la foule sont comptés pour rien.

La mort du roi s'est passée à Paris comme le bannissement des Tarquins à Rome. Le peuple a déployé un calme et une majesté qui feraient honneur aux plus beaux jours de la République romaine. Nos ennemis, qui sont des lâches, et qui poignardent par derrière, menacent tous les députés qui ont voté la mort de leur chef, de manière que j'ai ma part des terreurs que cela inspire à tous ceux qui prennent un grand intérêt à la chose. Ton papa est intrépide et n'y pense seulement pas. Moi, j'ai le cœur partagé entre vous deux, et je suis toujours dans les angoisses de l'inquiétude. Mon état de souffrance, qui continue, ne contribue pas peu à nourrir les fantômes de mon imagination, de manière que mes jours sont tristes et nébuleux.

LXXXIII

Paris, 30 janvier, an Ier de la République.

Les grands événements politiques qui se sont passés ici n'ont d'autre résultat que d'élever l'esprit public, d'enflammer les vrais républicains d'un amour de la patrie digne de Rome, et de produire un calme si parfait dans la capitale que, depuis quatre ans, elle n'a pas présenté une surface plus tranquille. En vérité, il y a une Providence qui décrète, la Convention ne fait que sanctionner, unie par cette puissance divine qui dirige le monde. Nous nous moquons des étrangers qui veulent nous faire la guerre. Ils sont moins à craindre aujourd'hui que jamais. Ils n'ont plus leurs points d'appui en France.

Ménage ta santé, c'est après la santé de l'âme que la santé du corps est le plus grand bien. Adieu, mon tendre ami, je te presse dans mes bras, je t'accable de tendresses et de caresses ; c'est tout ce que je puis, car mes douleurs me coupent la parole.

LXXXIV

Paris, 1er février 1793.

La permanence de la Convention y a fait résider ton père, le jour et la nuit. Notre ciel commence à s'éclaircir ; tant qu'a duré l'orage, Paris a été dans une effervescence vive et fière, mais sage et calme. Je t'assure que cette grande cité présente une masse de force par la population et par l'opinion, qui fera, dans tous les temps, le salut de la République. Cette nuance variée à l'infini des diverses pensées se confond, dans la circonstance du danger, en un désir mâle et ferme qui pousse tout dans le même sens. Si l'infâme Brissotinage n'avait pas travaillé à nous aliéner les départements par les plus infâmes calomnies, jamais traîtres n'oseraient se montrer à découvert. C'est ici ma pierre de touche, et je prétends que le vaste et noir complot de Dumouriez était combiné avec les coryphées de ce funeste parti. Ainsi le proclament les cent bouches de la Renommée. Le Don Quichotte, qu'on prenait et qui voulait se faire passer pour un petit César, est tombé et englouti dans l'abîme qu'il creusait sous nos pas. On ne connaît pas encore bien son sort; mais, quoi qu'il soit, il ne peut plus influer sur le nôtre, et le ciel a manifesté sa colère contre les méchants par un souffle qui a anéanti leurs desseins pervers. La Convention marche assez bien; mais l'opinion publique est à cent piques au-dessus d'elle, et fait tant d'efforts pour l'élever à son niveau, que l'espoir commence à luire de tous côtés. Beurnonville est jugé depuis longtemps instrument du maître; et la mission dont il a été chargé est regardée comme un passeport d'émigration, et un refuge contre notre juste vengeance. La nomination de Bouchotte à sa place, et celle de Dampierre à la place de Dumouriez, font l'allégresse publique. On s'attend enfin à voir des chefs amis, après en avoir eu d'ennemis.

Voilà l'antipathie de Dumouriez pour Pache bien expliquée. Aussi la gloire de ce bon patriote en reçoit un nouveau lustre, et notre confiance en lui comme maire s'en accroît de moitié. Nos autorités constituées, départements, communes, municipalités, chefs de la force armée, sociétés populaires et la majorité des sections s'accordent sur les points principaux. Ce n'est pas comme au 10 août, où tout cela était en opposition. Aussi, nous avions le double des chances dans le péril de mars ; et les observateurs faisaient fond là-dessus pour compter sur le salut public. Le peuple est resté en mesure, parce qu'il avait une véritable confiance dans ses fonctionnaires. La Convention, à cause de la maudite faction qui la divise, a été notre faible rempart et les députés spartiates ont encore été obligés de combattre dans toutes les opérations pour être vainqueurs. Je ne te dis rien de tout ce que tu peux voir dans les journaux ; mais, en vérité, les travaux de cette Montagne, obligée de lutter contre les ennemis du dedans et contre ceux du dehors, sont ceux d'Hercule ; et quand j'entends faire par ton père le récit du mal qu'elle a fait pour produire le bien, je ne reviens pas de l'aveuglement des hommes rassemblés et de leur sacrilège obstination. Il ne faut qu'une douzaine de scélérats qui tiennent les fils pour faire mourir une multitude d'hommes marionnettes qui sont leurs dupes, jusqu'à ce qu'ils aient été leurs victimes.

Ne crois donc pas ni aux factions orléanistes ni à tous les fagots que l'on répand dans les provinces ; c'est folie. Égalité fils est enveloppé dans l'infamie de Dumouriez ; mais cela ne prouve rien, sinon que ce jeune homme a été pris dans ses filets. Son père est gardé à vue, quoiqu'il aille et vienne ; mais il est si apathique et si peu estimé qu'on n'a pris cette mesure que pour satisfaire ceux qui ont peur de ce fantôme d'homme.

LXXXV

Paris, 2 février 1793.

Notre horizon politique n'a jamais été moins orageux et jamais Paris plus tranquille. Notre Convention se relève ; les Montagnards sont dans leur triomphe et attirent tant de gens de la plaine, que je ne doute plus d'une bonne majorité, quand les circonstances la réclameront. Tu vois comme moi ce qui nous occupe : la guerre avec les Hollandais et les Anglais. Il y a peu d'effroi à en concevoir ; et nous avons des amis chez ces ennemis qui pourraient fort bien donner de la besogne à leurs cabinets.

La Convention nationale organise le ministère de la guerre. Il s'agit de donner six adjoints au ministre, et cela est bien vu, à cause de l'immensité du travail. Mais l'on présume que Pache sera changé. Son patriotisme n'est pas du goût de tout le monde, et l'on se rejette sur la lumière et la capacité qu'on prétend lui manquer. Les patriotes, qui l'aiment beaucoup, lui obtiendront au moins une place d'adjoint général. Je n'entre pas dans les détails des articles décrétés ; tu verras cela dans les journaux.

Robespierre, son frère et sa sœur, dînent avec nous aujourd'hui. Je vais faire la connaissance de cette famille patriotique, dont le chef a tant d'amis et tant d'ennemis. Je suis fort curieuse de le voir de près.

Je voudrais bien que Pache tînt en place, à cause de son véritable patriotisme. Je forme bien des vœux pour lui, et je sens *in petto* qu'ils ne seront pas exaucés. J'ai, je crois, comme Socrate, mon génie, ou plutôt, j'ai un tact sentimental qui ne m'a guère trompée depuis quatre ans.

Bonjour, cher ami, patience et courage dans ta nouvelle carrière ; vertu intègre et sévère dans chacun de tes pas. Souvenez-vous, jeunes gens, que c'est sur vos vertus républicaines que nous fondons le bonheur, le salut et la gloire de la République. Nos barbons ne prendront jamais l'esprit qui convient à la chose; ils sont trop faibles et trop corrompus; ils n'ont pas ce mâle et vigoureux penser des âmes fortes, et les idées nouvelles ne peuvent prendre racine dans les vieux terrains fangeux, qui n'ont jamais produit que des plantes rampantes.

LXXXVI

Paris, 10 février 1793.

Si le pouvoir exécutif français, alors composé de barbons, avait, au mois de septembre, exécuté, comme il a accueilli, le projet d'un jeune homme (un dix avec un sept composait l'âge heureux de cet aimable objet), si, dis-je, le pouvoir exécutif avait exécuté le système bien développé d'éclairer le peuple anglais par les moyens qui lui étaient indiqués, George et Pitt y auraient perdu leur temps et leur argent, comme le perroquet d'Auguste. Nous n'aurions pas eu de guerre avec les Anglais. Te souviens-tu de ta lettre adressée à Lebrun, des approbations qu'elle reçut; et puis, de la négligence de ce froid patriote, de l'insouciance impolitique qui fit abandonner ces mesures de prudence; du Brissotage de toute cette affaire. Le croirais-tu? tout cela est venu me frapper si fort, dans un de mes moments de méditation, que je suis sûre que si le ministre français avait eu la pureté d'âme et la généreuse humanité de mon jeune homme, nous n'aurions pas plus de guerre avec les Anglais qu'avec les Chinois. Je te prie, mon ami, de dire à cet enfant chéri du ciel, puisqu'il l'a doué d'une vue si perçante et d'un amour si sublime pour ses semblables, que je recueille dans mon cœur les traces de ses vertus ; et que je le regarde avec une espèce d'enthousiasme, comme destiné par la nature aux choses les plus grandes et les plus précieuses. Mais la renommée, la gloire ne sont rien, si elles ne sont pas compagnes de la plus austère vertu. Je ne les estime qu'autant qu'elles marchent avec modestie sur les pas de cette beauté mâle, qui a été de tout temps l'idole des hommes de bien. Ta nouvelle place, mon cher commissaire, flatte mon cœur par son endroit sensible. J'y vois du bien à faire et la plus belle des vertus à pratiquer : la justice envers le faible et le malheureux. Il faut prendre le contre-pied de la politique ancienne. Toute la considération, tous les égards, toute la justice étaient pour les grands. Le fretin de l'espèce humaine, qui est ce qui en vaut le mieux, semblait être d'une nature inférieure et ne pas mériter l'attention d'un homme en place. Aujourd'hui, mon cher enfant, tout au contraire, le soldat, dans le poste où tu es, doit avoir toutes les affections de ton cœur. Tous tes soins, tout ton souci doivent être de le préserver de l'oppression habituelle dont il était la victime. Justice à tous; mais surtout au petit et au faible. Ses besoins les plus urgents y sont souvent attachés, tandis que les autres peuvent attendre, étant en jouissance de tant d'avantages que ce qu'ils ont réclamé n'est souvent qu'un superflu de félicité. Justice et bonté; voilà la loi et les prophètes.

J'ai été fort contente de la famille Robespierre[1]. La sœur est naïve et naturelle comme tes tantes; elle est venue deux heures avant ses frères, et nous avons causé en bonnes femmes. Je l'ai fait parler de leurs mœurs domestiques; c'est tout comme chez nous, simplicité et franchise. Son

---

1. A cette date, on trouve dans le livre de compte l'addition suivante :

Lait et crème.	14 s.
Deux pains.	24 s.
Légumes.	6
Salade.	10
Huile.	2
Vinaigre.	12
Poivre.	5
Fromage.	1
Cidre.	18
Une poularde.	8 10

Et en note :
Robespierre et Robert Lindet a diné.

frère a été aussi étranger à la journée du 10 août qu'à celle du 2 septembre. Il est propre à être chef de parti, comme à prendre la lune avec les dents. Il est abstrait, comme un penseur ; il est sec, comme un homme de cabinet ; mais il est doux comme un agneau et sombre comme Young. Je vois qu'il n'a pas notre tendre sensibilité ; mais j'aime à croire qu'il veut le bien de l'espèce humaine, plus par justice que par amour. Au reste, il ne faut que le voir en face pour juger que jamais la nature ne donna des traits si doux qu'à une belle âme. Robespierre jeune est plus vif, plus ouvert, excellent patriote ; mais commun pour l'esprit et d'une pétulance d'humeur qui lui fait faire un bruit défavorable à la Montagne. David, le grand peintre, devient l'ami particulier de ton père. Il est de toutes nos fêtes, son âme est grande et belle ; s'il maniait la parole comme le pinceau, il serait ensemble Cicéron et Brutus, car il a l'âme vraiment romaine. Pache est adjoint sous Beurnonville. Voilà l'homme de bien : il sait monter avec modestie et descendre avec dignité, il est à sa place partout où il peut travailler à la prospérité publique. Il n'y a rien de grand pour une grande âme ; c'est pourquoi un poste un peu plus ou un peu moins élevé, qu'importe, pourvu qu'on pratique la vertu et qu'on soit utile aux hommes.

LXXXVII

Paris, 13 février 1793.

Les Brissotins, ne pouvant plus faire le mal directement, font tous leurs efforts pour nous empêcher de faire le bien ; et ils n'y réussissent que trop. Rien ne presse plus que l'organisation de notre armée; le projet de Dubois de Crancé paraissait bon à tous les patriotes; il semblait qu'il dût être décrété sauf difficulté, sauf quelques modifications aux articles les moins importants. Point du tout; après deux séances très longues et très orageuses, nous n'avons pu encore obtenir que deux choses : 1° l'admission du premier article; 2° l'adoption du principe de la réunion des soldats de ligne et des volontaires. Les divisions qui se sont manifestées dès le principe dans la Convention dureront jusqu'à la fin. Il est un âge où les hommes ne changent plus, et nous avons atteint cet âge. Les méchants ne deviendront pas bons; les caractères faibles ne prendront pas de l'énergie. Quelques hommes de bonne foi, qui avaient été égarés, sont revenus de leur erreur ; mais ils sont en petit nombre. L'opinion publique fait maintenant notre plus grande force. Il s'agit de la maintenir, de l'étendre et de la fortifier. Si tout le monde y travaillait avec autant de zèle et de succès que toi, notre triomphe serait aussi prompt que certain. Adieu, cher enfant, on est fort mécontent du choix de Beurnonville. Pour moi, je n'ai jamais rien attendu de bon d'un ami de Dumouriez. De grands maux nous menacent encore; mais je ne désespère pas d'en voir le terme, et je suis certaine que la cause sacrée de l'humanité triomphera partout à la longue.

LXXXVIII

Paris, 19 février 1793.

Monge a été renommé, hier, à une grande majorité, ministre de la marine. Cela fait plaisir à tous les vrais amis de la République. Notre Convention et notre Paris sont tranquilles comme la surface d'un lac. On reconnaît la majesté d'un grand peuple, qui est pénétré de ses droits et de ses devoirs. Barbaroux et Rebequi sont en telle horreur à Marseille, que de nouveaux députés de cette ville, qui sont venus aux deux clubs des Jacobins et des Cordeliers, ont annoncé que leurs commettants étaient prêts à les rappeler à leur premier acte d'incivisme, et que les portes de la cité républicaine de Marseille étaient à jamais fermées à ces lâches déserteurs de la bonne cause.

J'aime bien l'application que tu fais de la queue du cheval de Sertorius. Prêche la confiance et l'espoir, nous aurons une bonne constitution ; mais il faut, pour ce grand œuvre, polir et repolir plus d'une fois ; et ne pas faire, comme dans l'autre, qui était une vraie monstruosité dont les parties se détruisaient mutuellement. Patience et courage; avec cela on vient à bout de tout. Je voudrais, mon cher commissaire des guerres, pouvoir être à une place comme la vôtre, ou humblement votre adjoint. Je vois tant de bien à faire, tant de douces vertus à exercer, que mon cœur, qui est de la plus belle moitié dans toutes mes actions, me ferait trouver là mille délices. Comme les prisons militaires de ma composition seraient saines et agréables, comme les punitions que je serais forcée d'infliger seraient adoucies par une tendre générosité, comme les hôpitaux, que je surveillerais avec l'amour de l'humanité, seraient tenus avec soin ! Les pauvres malades feraient l'objet de mes plus chères sollicitudes, et ces vaillants défenseurs de la patrie, qui manquent de souliers, comme je me ferais une joie de pouvoir leur en fournir! Je leur donnerais mes vêtements, si je n'avais pas d'autres moyens de les couvrir. Quelle attention à faire droit et justice aux pauvres soldats ! Ma foi, commissaire, j'envie votre place, votre jeunesse, votre activité, le tout pour faire du bien. Mais, comme vous êtes mon fils et que je m'identifie avec vous pour tout celui que vous pourrez opérer, j'acquiers par vous, à qui j'ai donné l'existence, une existence nouvelle et délicieuse. Je ne vous ai donné que la vie, et vous me donnez la gloire et le bonheur d'avoir fait un homme de bien, un tendre ami de l'humanité, un défenseur du faible et du malheureux, le bienfaiteur de tous ses semblables, quand ils auront besoin d'avoir recours à lui. Voilà, mon amour, votre destination par la nature, puisqu'elle vous a donné une âme sensible et bonne. Vous ne la démentirez pas. Quand je compare le plaisir d'une bonne action avec ce goût cupide de l'or, je trouve l'homme si déchu, si dégradé qu'il me fait honte et pitié. Méprise l'or et les richesses, et pour cela fais-toi peu de besoins et tiens-toi bien fermement hors de la dépendance des autres. Ferme ta main à tous les dons que la bienveillance et la pureté même te voudraient faire. Bouche tes oreilles à toutes les insinuations tant soit peu frauduleuses ; il y a des séductions de tant de genres, qu'il faut se mettre en garde envers et contre tous.

Voilà mon petit bout de morale, cela vient comme malgré moi. Adieu.

LXXXIX

Paris, ... mai 1793.

Le vaisseau est battu par les plus horribles tempêtes ; et nos pilotes, jouets des passions humaines, loin de lutter contre les vents, loin de réunir toutes leurs forces pour le lancer dans le port, se divisent entre eux et nous présentent l'image insensée de matelots qui se battent au moment même où les flots en fureur s'ouvrent pour les engloutir. Français, qui allez devenir la honte ou l'admiration de l'univers, prenez donc enfin ce grand caractère qui doit fixer nos destinées. Ce n'est certes pas dans le peuple qu'est l'anarchie ; c'est dans les autorités constituées, qui nous donnent l'exemple des plus funestes divisions. Le Corps législatif, le Conseil du pouvoir exécutif, la Commune de Paris, composés cependant d'hommes amis de la Révolution, s'entrechoquent si scandaleusement, que les aristocrates et les imbéciles amis de la royauté calculent avec avidité le profit qui peut leur revenir d'une si heureuse discorde. *Diviser pour régner* fut la devise des rois. *Réunion fraternelle* sera celle des peuples. Le faisceau populaire perd toute sa force par la division. Combien généreux seraient les hommes qui diraient : unissons-nous tous pour nous sauver tous. Si le zèle des uns ou des autres outrepasse les bornes de son pouvoir, qu'un avertissement fraternel les y rappelle; mais gardons-nous de lutter avec acharnement les uns contre les autres, ou nous périssons tous. Ces petits combats particuliers, au milieu des fléaux publics qui nous menacent et nous étreignent, font paraître les hommes aussi insensés que des enfants qui jouent sur un précipice.

La Commune de Paris a sauvé la France que le Corps législatif laissait perdre dans une conjuration qui étonnera l'histoire par sa vaste étendue et sa profonde scélératesse. La Commune de Paris a sauvé la France. Cette vérité est attestée par le Corps législatif lui-même, dans le décret où il dit : *Qu'elle a bien mérité de la patrie.* Mais cette vigueur qui a été si nécessaire, n'est-ce pas un problème à résoudre, si elle ne peut pas l'être encore? Les Prussiens et les Autrichiens n'ont-ils pas souillé de leur présence le territoire de la liberté? Ne sont-ils pas encore en ce moment sur nos frontières? Les ennemis du dedans ne sont-ils pas qu'étourdis? Tous les fils du complot sont-ils rompus? Il ne faut qu'un moment pour leur rendre toute leur force et toute leur scélératesse. Mais vous dites : la Commune de Paris renferme dans son sein des scélérats.

Imbéciles, gens soi-disant vertueux, vous flétrissez de ce nom ceux-là mêmes qui vous ont sauvés par leur audace et leur fermeté. Il n'y a que les crimes des cours qui, de tous temps, ont été sanctionnés par des préjugés vulgaires. Si nos adversaires avaient vu réussir leurs desseins, un million de Français auraient légalement été suppliciés ; et comme un parlement, ou tout autre tribunal, aurait préparé dans les formes ces sanguinaires exécutions, l'humanité de certaines personnes n'en aurait pu être blessée. Ce seul mot : c'est la loi, aurait tout légitimé. Le salut du peuple, qui est la loi suprême, a commandé, dans les conjectures les plus terribles où puisse se trouver une nation, des sacrifices qui n'ont pas été revêtus des formes légales, et la Commune qui les a favorisés s'est fait de grands ennemis, des faux ou des faibles amis de l'humanité. Roland et Servan, je vous interpelle, parce que je vous crois à tous deux une belle âme. Vous n'oseriez pas commander une chose injuste pour prévenir une chose plus injuste. Vous auriez peut-être déjà payé de vos têtes les nobles scrupules qui vous auraient empêchés de prévenir mille crimes affreux par une mesure illégale et cruelle justifiée par ce seul mot : le salut du peuple est la suprême loi.

Une savante harmonie et le généreux sacrifice

de toutes les petites passions et de tous les faux scrupules, au delà desquels devraient planer les hommes d'État, doit réunir aujourd'hui toutes les autorités constituées. Quand les féroces Autrichiens seront chassés, quand les perfides aristocrates seront vaincus, quand tous les serpents qui sont autour de nous seront étouffés, quand la Convention nationale, comme un géant, embrassera de ses bras vigoureux le génie de la France, alors on pourra purifier le lit du fleuve où ont roulé les flots salutaires qui ont poussé le vaisseau dans le port. Il s'agit du salut de vingt-cinq millions d'hommes, et peut-être du bonheur de l'univers. Certains patriotes forment des factions qui combattent et luttent les unes contre les autres et qui divisent un parti dont toutes les forces réunies suffisent à peine pour vaincre l'hydre contre-révolutionnaire. Chez un peuple vertueux et ferme, Robespiere et Brissot auraient sacrifié leurs dissentiments particuliers pour embrasser l'intérêt général. Thémistocle et Aristide, ainsi que deux fameux Romains, leur en donnent un magnifique exemple. Le législateur, le représentant d'un grand peuple, le véritable homme de la chose publique, n'intrigue point; il n'a pas de créatures, il ne fait point nommer aux places; il ne cherche la considération que par la vertu. Les individus n'existent pas pour lui, l'intérêt général seul fixe tous ses regards; il y sacrifie toutes ses passions. Son plus mortel ennemi est-il propre à y coopérer; il doit le presser dans ses bras et le porter lui-même dans l'arène pour discuter généreusement sur les moyens de faire le bien. Ils diffèrent d'opinion et non de sentiment; tous deux, ils veulent le bonheur et la prospérité d'un grand peuple.

Quelle tache sur des noms que nous avions l'orgueil de placer au nombre de nos libérateurs! Ils ont des satellites qui combattent dans le temple de la liberté. Dans une Assemblée électorale, où réside la souveraineté du peuple, on se dit : c'est la faction de Brissot qui a le dessus aujourd'hui; demain, Robespierre aura son tour. Peuple d'intrigants, prépare les triomphes à tes ennemis! La vertu seule pourrait les vaincre, et elle semble le plus débile de tes instruments. Les cabales, les coalitions, les brigues, voilà tes moyens. Brissot et Robespierre, si vous allez porter vos haines et vos actions dans l'Assemblée qui va prononcer sur nos destinées, pouvons-nous vous compter au nombre des généreux défenseurs du peuple? Sauvez-nous, sauvez-vous! Il n'y a qu'une voie ouverte et sûre, la réunion des patriotes et l'oubli magnanime de toutes les personnalités. L'orgueil d'un homme d'état doit être élevé et noble, comme sa fonction. Il s'identifie à la chose publique, et tout ce qui ne peut pas lui nuire ne doit pas le blesser. L'amour propre d'un législateur doit être placé sous un bouclier invulnérable à tous les traits. Rousseau dit : *qu'il faudrait des Dieux pour gouverner les hommes ;* et moi je dis : qu'il ne faudrait que *des hommes* pour gouverner les Français, parce que ce peuple magnanime, instruit par ses malheurs, et fier d'avoir secoué des fers qui l'ont tenu dans un avilissant esclavage, ne veut plus que des lois sages pour vivre heureux. La Justice, la Liberté et l'Égalité, tout ce qui s'élèvera sur ces bases sacrées sera immortel, comme la divinité d'où émanent ces vertus [1].

1. La correspondance s'arrête là. Il n'est possible de savoir ce qui s'est passé ensuite entre la mère et le fils que par cette note du livre de dépenses :

Arrêté le mois de thermidor (10 août 1794).

Jules est arrivé le 22 thermidor à 9 ou 10 heures, avec la fierté de l'innocence. Il a été se faire arrêter le 23 entre 2 et 4 heures.

FIN

TABLE

	Pages.
AVERTISSEMENT	I

1785

I. — A son fils. Romans, 20 septembre	1
II. — — Aux Délices, 29 —	4
III. — — — 8 novembre	9

1789

IV. — — Romans, 6 septembre	13

1790

V. — A son mari, Paris, 1ᵉʳ juin	15
VI. — A son fils, Paris	18
VII. — — — Le jour de Pâques.	21

1791

VIII. — De M. J. à son fils, 9 mai	24
IX. — A son fils, Paris, 2 août	26

X. — A son fils, Paris, 11 août			29
XI. — A son mari, — 14 —			33
XII. — A son fils, — 20 —			39
XIII. — De M. J. à son fils, Paris, 30 août			45
XIV. — A son fils, — 4 septembre			48
XV. — — — 9 octobre			53
XVI. — — — 20 —			55
XVII. — — — 20 —			59

1792

XVIII. — A son mari, Paris,		16 avril		62
XIX. — — —		20 —		68
XX. — A son mari, Paris,		26 avril		70
XXI. — — —		Pentecôte		72
XXII. — — —		30 avril		78
XXIII. — — —		3 mai		84
XXIV. — — —		10 —		87
XXV. — — —		16 —		91
XXVI. — A son fils, —		19 —		93
XXVII. — — —		23 —		99
XXVIII. — — —		1er juin		102
XXIX. — A son mari, —		6 —		109
XXX. — A son fils, —		8 —		112
XXXI. — A son mari, —		14 —		116
XXXII. — A son fils, —		16 —		123
XXXIII. — A son mari, —		19 —		130
XXXIV. — A son fils, —		23 —		142
XXXV. — A son mari, —		24 —		147
XXXVI. — A son fils, —		26 —		154
XXXVII. — A son mari, —		30 —		162
XXXVIII. — A son fils, —		4 juillet		167
XXXIX. — A son mari, —		5 —		168
XL. — A son mari, —		7 juillet		172
XLI. — A son fils, —		8 —		176
XLII. — — —		10 —		181
XLIII. — — —		18 —		189

TABLE

XLIV. — A son fils,	Paris,	21 juillet............	193
XLV. — A son mari,	—	23 —	....	194
XLVI. — A son fils.	—	26 —	....	195
XLVII. — A son mari,	—	31 —	....	200
XLVIII. — A son fils,	—	4 août............	201
XLIX. — A son mari,	—	5 —	....	205
L. — —	—	7 —	....	208
LI. — A son fils,	—	8 —	....	211
LII. — A son mari,	—	9 —	....	215
LIII. — A son fils,	—	10 —	....	219
LIV. — —	—	10 —	....	226
LV. — —	—	10 —	....	230
LVI. — A son mari,	—	15 —	....	233
LVII. — A son fils,	—	18 —	....	237
LVIII. — —	—	21 —	....	242
LIX. — A son mari,	—	22 —	....	246
LX. — A son fils,	—	23 —	....	252
LXI. — A son mari,	—	25 —	....	255
LXII. — —	—	26 —	....	258
LXIII. — A son fils,	—	27 —	....	263
LXIV. — —	—	29 —	....	267
LXV. — —	—	29 —	....	273
LXVI. — A son mari,	—	30 —	....	278
LXVII. — —	—	1er septembre......	285
LXVIII. — —	—	2 —	......	287
LXIX. — —	—	3 —	......	294
LXX. — A son fils,	—	6 —	......	297
LXXI. — —	—	17 octobre..........	303
LXXII. — —	—	24 —	......	306
LXXIII. — —	—	15 décembre........	309
LXXIV. — —	—	24 —	......	313
LXXV. — —	—	28 —	......	316

1793

LXXVI. — A son fils,	Paris,	3 janvier..........	320
LXXVII. — —	—	5 —	....	321

LXXVIII.	— A son fils,	Paris,	7 janvier	....	322
LXXIX. —	—	—	8	—	324
LXXX. —	—	—	14	—	328
LXXXI. —	—	—	20	—	334
LXXXII. —	—	—	26	—	334
LXXXIII. —	—	—	30	—	337
LXXXIV. —	—	—	1er février	....	338
LXXXV. —	—	—	2	—	341
LXXXVI. —	—	—	10	—	343
LXXXVII. —	—	—	13	—	347
LXXXVIII. —	—	—	19	—	348
LXXXIX. —	—	—	mai	....	351

FIN DE LA TABLE

3027-81. — Corbeil. Typ. et stér. Crété

www.ingramcontent.com/pod-product-compliance
Lightning Source LLC
Chambersburg PA
CBHW070436170426
43201CB00010B/1112